贵州世居民族文献与文化研究

[2016年卷]

卢云辉 杨昌儒 主编

贵州民族大学图书馆
贵州世居民族文献与文化研究中心

中国社会科学出版社

图书在版编目(CIP)数据

贵州世居民族文献与文化研究. 2016年卷 / 卢云辉, 杨昌儒主编. —北京：中国社会科学出版社, 2019.8

ISBN 978-7-5203-4956-7

Ⅰ.①贵… Ⅱ.①卢…②杨… Ⅲ.①民族文化-文化研究-贵州-文集 Ⅳ.①K280.73-53

中国版本图书馆CIP数据核字(2019)第191803号

出 版 人	赵剑英
责任编辑	宫京蕾
责任校对	赵雪姣
责任印制	郝美娜

出　　版	中国社会科学出版社
社　　址	北京鼓楼西大街甲158号
邮　　编	100720
网　　址	http://www.csspw.cn
发 行 部	010-84083685
门 市 部	010-84029450
经　　销	新华书店及其他书店
印刷装订	北京君升印刷有限公司
版　　次	2019年8月第1版
印　　次	2019年8月第1次印刷
开　　本	710×1000　1/16
印　　张	15.25
插　　页	2
字　　数	240千字
定　　价	65.00元

凡购买中国社会科学出版社图书，如有质量问题请与本社营销中心联系调换
电话：010-84083683
版权所有　侵权必究

《贵州世居民族文献与文化研究》
（2016 年卷）

主　　管　贵州民族大学
主　　办　贵州民族大学图书馆

顾　　问　顾　久　张学立　陶文亮　张新民
主　　编　卢云辉　杨昌儒
副 主 编　龚　剑　谭宝刚

执行主编　谭宝刚

编　　委（按姓氏笔画排列）
　　　　　王　力　王富慧　龙海燕　卢云辉　叶成勇
　　　　　龙耀宏　孙朝霞　李锦平　吴电雷　杨昌儒
　　　　　陈玉平　祝　童　柳远超　郭国庆　龚　剑
　　　　　喻　健　谭宝刚　潘朝霖

目　录

黔地域外民族文化研究

巴族的历史及其图腾崇拜 …………………………………… 胡天成（3）

贵州历史名人研究

宋播州冉氏事迹考 …………………………………………… 罗克彬（65）
李端棻年谱 …………………………………………………… 王美东（78）

黔域文化赋

《贵州赋》序 ………………………………………………… 张新民（161）
贵州赋 ………………………………………………………… 刘长焕（163）
都匀赋 ………………………………………………………… 葛明义（170）

贵州文献研究

贵州少数民族口碑古籍的界定、分类与定级 ……………… 印金成（179）
贵安新区马场镇龙山村清代碑刻考析 ……………………… 朱丽霞（186）
清代以来贵州从江洛香镇大团村侗族梁氏墓地碑刻调查
　　研究 ……………………………………………………… 梁海霞（210）

黔地域外民族文化研究

巴族的历史及其图腾崇拜

胡天成①

近年来，一些地域文化研究专家，推出了一批批研究巴族的巴文化以及巴族后裔土家族的土家文化的成果，将巴文化研究和土家文化研究不断推进。这是我国地域文化研究的大好事，可喜可贺。但据笔者的陋识，其中也有一些值得商榷的地方。如有的专家在研究廪君巴人的历史时，忽略了《世本·氏姓篇》"廪君之先，故出巫诞"的记载，致使对巴族历史以及巴族的图腾崇拜等的研究出现某种误差。他们过分强调廪君巴人的次生性质的白虎图腾崇拜，而对其原生性质的龙蛇图腾崇拜的研究有所忽略。这在学术上给建立巴文化学和土家文化学带来不利因素，在保护传统的非物质文化实践中，对建立武陵山区土家族苗族文化生态保护实验区也将造成不良影响。笔者正是从这个角度出发，撰写本文，供学界同仁和政府领导参考。

如前文所述，随着巴文化和土家文化研究的不断深入，建立巴文化学和土家文化学的条件已基本成熟。事实上，已有专家撰写并出版了相关专著，促使略为滞后的长江上游的巴蜀文化研究与长江下游的吴越文化研究、中游的荆楚文化研究同步发展，构建起长江水系传统地域文化体系，成为推动长江经济带发展的软实力。特别是以文化部于2010年5月公布的湖南省武陵山区（湘西）土家族苗族文化生态保护实验区、2014年8月公布的重庆市武陵山区（渝东南）土家族苗族文化生态保护实验区和湖北省武陵山区（鄂西南）土家族苗族文化生态保护实验区为内容的武陵山区土家族苗族文化生态保护实验区的建立，将非物质文化遗产保护的主要诉求与相关的物质文化遗产和生态环境的保护相结合，构成了一种新型的非物质文化遗产的整体性保护方式和特色文化区

---

① 胡天成，男，重庆市文化艺术研究院研究员。

域的可持续发展模式。这对长江水系传统地域文化体系的建立是有力的推动。

武陵山是连贯渝、鄂、湘、黔四省市相邻地带的山脉，绵延420公里，一般海拔高度500—1000米，最高点达2570米。其山水相连，属于一个区位和地貌一体的自然实体。

武陵山区的核心区域面积约10万平方公里，而全区域面积达17.18万平方公里，人口约3686万人（2010年统计）。境内有规模的少数民族9个，主要是土家族、苗族、侗族等。这个连片山区占据我国版图的中央位置，在生态和战略上都十分重要。

武陵山区不仅在地理和生态上是一体的，在行政上也有很长的一体历史，而且具有大致相同的民族构成和文化传统。

武陵山区历史文化积淀丰厚。土家族和苗族及其先民的文化历史悠久，特色鲜明。在历史上，三苗文化、百越文化、巴文化、楚文化以及一般的汉文化都在武陵山区有所留存，既有特定民族对特定历史文化的直接继承，也有多民族文化的相互吸收与融合，从而使武陵山区成为我国文化多样性的重要保留地区。

对此地的巴文化以及土家文化的深入研究，则成为该地区文化生态保护的重要内容和学术基础。

本文无意对巴文化和土家文化做全面研究，只就被学界忽略的巴族的一个历史焦点以及与之相关联的图腾文化做简要的探讨。

应当说明，本文所探讨的亦非巴族全部，而只是它的一支——廪君部族的某段历史以及与之相关联的图腾文化。因廪君部族系巴族的一支至关重要的部族，文中涉及的区域除廪君巴人及其后裔的活动范围之外，也要涉及其他某些部族的活动印迹，因此以《巴族的历史及其图腾崇拜》名之。

一 巴族的起源、形成、发展及其现代遗存

重庆地区是古代巴族的聚居地。据史料记载，从巴族在枳、江州（今重庆）立国建都至秦灭巴国，前后800余年，而巴族在此聚居的历史则更加悠久。在巴族入住江州之前，此地早有先民居住，学术界

称其为先巴民族。因此，研究重庆地区的古代巴人，就必须研究先巴民族。

（一）三峡地区的先巴民族

1. 三峡地区的远古人类

20世纪80年代中期，我国长江三峡联合考察队在巫山县大庙镇龙坪村的龙骨坡，发现了一枚铲形乳门齿和一个带有两枚臼齿的部分左下颌骨化石，以及一些带有人工加工痕迹的骨片、一些原始石器和大量伴生动物化石。科学家们对牙齿化石进行了鉴定，认为这颗铲形乳门齿具有黄种人的特征，颌骨上的臼齿比现代人粗长。前者系七八岁的幼年人门齿，后者则系老年人（或40岁以上）臼齿。他们都已直立，跨进了人类的门槛，因而将其定名为"巫山猿人"。

巫山猿人生活在什么年代？科学家们用磁性地层年代测定法和氨基酸年代测定法检测的结果，证实巫山猿人距今已有204万年。这是自北京猿人和元谋猿人之后的又一次重大发现。与生活在170万年以前的云南元谋猿人相比，巫山猿人早了30余万年，因而他不仅是我们至今发现的我国最早的人类，而且也是亚洲最早的人类。这说明，早在204万年前，在三峡地区这片沃土上，已经有人类生存、活动。

猿人之后，人类的发展即进入旧石器时代的古人阶段。三峡地区"古人"的代表者是"长阳人"。

1956年，我国著名的古人类学家和考古学家贾兰坡带领一支考察队，在清江河畔长阳土家族自治县境内黄家塘的下钟家湾的溶洞里，发现了一段残留两枚牙齿的残破上颌骨和一枚单颗牙齿化石。

长阳人化石与巫山猿人化石在表面上十分相似，均由一颗单齿和颌骨上的两颗牙齿组成。但细考察之，其差别相当大，具体表现在：其一，长阳人的颌骨没有巫山猿人那么前突；其二，长阳人的牙齿个体比巫山猿人的牙齿小，咬衔面的折皱不如巫山猿人牙齿复杂，其冠也要低一些，这是嚼吃食物长期进化的结果。这都说明，长阳人比巫山猿人向前进了一步。

究竟进步多少？即长阳人生活在什么年代？据科学家们考察，长阳人生活在旧石器时代中期，距今20万年至10万年。

三峡地区的旧石器时代遗址，除长阳外，具有代表性的还有丰都县烟墩堡遗址、桂花村遗址和晚期的铜梁文化遗址。

　　烟墩堡遗址系1994年3月在丰都县长江南岸的丰都新城开发区内的一个叫烟墩堡的山梁上发现的。经过先后三次发掘，到1996年共出土石制品1215件，包括石核、石片和石器。这里的石器类型多，主要有石核刮削器、凹缺器、石锥、钝背刀、端刮器、大尖状器、小尖状器、砍砸器、刮削器、似盘状器和复合工具等。其中以石片石器为主。遗址的年代推测为更新世晚期。

　　桂花村遗址位于丰都县高家镇桂花村长江岸边，面积约2000平方米。这里是三峡地区先民的一处石器制造场，石器分布密集。仅揭露遗址面积50多平方米，即清理出砾石石器2200多件，主要有砍砸器、尖状器、石锤、刮削器及石核等，其中以砍砸器数量最多，刮削器数量较少。其年代距今约10万年。

　　1978年，在铜梁县城西郭张二塘发现旧石器晚期文化遗址。共发掘出300余件旧石器和多种动物、植物化石。石器以石片工具为主，石核工具次之。石片和石核的形制都相当原始，粗大而厚重，以刮削器为主，次为砍砸器。动物化石共计4目10种，均为华南广义的大熊猫。其年代距今24450±850年。

　　此外，还在重庆市九龙坡区九龙镇的大堰村和与之接壤的大渡口区相邻地区（旧时合称马王场）发现369件旧石器。其绝对年代不会超过2万年前。

　　这些遗址证明，在旧石器时期，三峡地区的广大范围内已有古人居住。

　　猿人、古人之后，人类即进入新石器时期的"新人"阶段。

　　考古工作者在三峡地区发现更多的"新人"遗址，其中颇具代表性的是丰都玉溪遗址。

　　2006年12月16日记者李心成在《重庆晚报》（第三版）上以"玉溪遗址解密七千年三峡文化"为题介绍："重庆目前发现最早的新石器文化遗存——丰都玉溪遗址，考古研究取得重大突破：由动物残骨和制作石器的残次品组成的70余页'史书'，厚6米，揭开了三峡文化7000多年历史的神秘面纱。"考古人员仅从几十平方米发掘出的骨骼，就识别出了

1398个动物个体，有水鹿、黄麂、水牛、猪、犀牛；还发现大量的鱼刺、蚌壳，以及打磨得通体亮光的石器等。断定在7500—6400年前就有一支以渔猎为生的先民在此生活；6200—5500年前，可能有一群西方人曾来此生活；5500—4600年前，有一种被称为"玉溪坪文化"的文化在此留下印记。这些足证其史前文化的辉煌。在此之后，玉溪文化并未中断。从殷商，经西周、东周、汉代、六朝，及至唐、宋、元、明，都有遗物留存，因此，记者写道："玉溪史堪称三峡通史。"

新石器遗址比较突出的还有大溪遗址和中堡岛遗址等。

自巫山县城下行约45公里，是大溪河与长江的交汇处。这是巫山县的大溪镇。在这片比较开阔的地带里，我国考古学家曾于20世纪50年代和70年代进行过多次发掘，共清理了200多座墓葬，出土了数以千计的石器、陶器、骨器和蚌器等文物。这就是有名的大溪文化。

大溪遗址虽然在巫山大溪镇，但其文化的分布却遍及三峡峡区沿岸和鄂中偏南、湘西北部一带。位于西陵峡口宜昌三斗坪镇的三峡工程坝址中堡岛，也发掘出了不少属于大溪文化的实物，它是大溪文化的又一处重要遗址。据专家考证，大溪文化距今6240—5125年，即新石器时代母系氏族和父系氏族时期。

还有一处新石器时代晚期的重要遗址是魏家梁子遗址。魏家梁子遗址位于巫山县北边巫峡镇大宁河下游左岸的二级阶地上，距县城约7.5公里，系20世纪90年代初期进行三峡水库淹没区文物普查时发现，后进行复查、勘探和发掘。该遗址有打制石器和磨制石器，以及少量的骨器和陶纺轮等生产工具，有陶器等生活用具，还有残破住址一处、墓葬一座。经测定其年代距今4750—4000年。

此外，在忠县忠州镇的沧井沟、合川沙溪乡的沙梁子，以及长寿区的陈家湾、杨家湾、焦石湾等，江北县（今渝北区）的洛碛观音阁、平美桥、唐草湾、朝阳河嘴等，原巴县（今巴南区）的华光村、白沙沱、薛家溪、新房后湾、广阳坝、木洞团结河嘴等，江津市的王爷庙、莲花石等，江北区的羊坝滩、寸滩水文站、朝阳河、前进村、赵家溪等，南岸区的鸡冠石、大沙溪、老君坡等，九龙坡区的娄溪沟、杨树凼、道角、龙凤溪、鱼鳅浩等，都发现了新石器遗址。

这说明，史前的三峡水域，古人类的分布是相当广泛的。

2. 三峡地区的先巴民族

在漫长的岁月中，这些古人类逐步形成具有各自特色的共同体，即我们近代以来学术上称谓的"民族"。三峡地区的古民族，主要有《尚书·牧誓》记载的庸、卢、彭、濮，有《山海经》的《大荒南经》《大荒西经》和《海外南经》记载的诸巫部落，其中濮、庸和诸巫部落在先巴民族中占据重要地位。

濮人是当时三峡地区先民的一支大族。他们主要分布在长江、嘉陵江和綦江一带。嘉陵江与渠江、涪江汇合处的合川，不仅有濮岩、濮湖、蒲（濮）溪等地名，在钓鱼城里，还有濮王坟，系巴王与濮王于此会盟，酒酣击剑，相互致死，并墓而葬。綦江古称僰江，即僰人聚居之地。僰即濮，此地为濮人所居。綦江上游有条支流蒲河，至今亦名。蒲即濮，蒲河即濮河，以所住之居民命名。綦江汇入长江之处曰僰溪口，即今江津之顺江镇。僰即濮，证明此地曾为濮人所居。綦江县横山乡二磴岩崖墓有濮人遗址。

庸国是商周至春秋时期的一个方国，位于重庆云阳以东一带。殷商时，臣服于商，系三峡地区一个较强的方国。周武王率诸侯联军讨伐殷纣王时，庸居首位。武王灭殷后，庸国领土有了进一步扩大，辖区为现今陕西的安康，湖北的钟山、房县，重庆的巫山、巫溪、奉节、云阳以及开县、万州一部分等地。春秋时期，庸附于楚。至公元前611年，为巴、楚、秦联军所灭。

巫山一带的群巫部落，见于《山海经》。其中《大荒西经》载：灵山有"巫咸、巫即、巫盼、巫彭、巫姑、巫真、巫礼、巫抵、巫谢、巫罗十巫"，《海内西经》又载："开明东有巫彭、巫抵、巫阳、巫履、巫凡、巫相"。灵山即巫山；开明即蜀之开明王朝，指蜀地，蜀地之东，当指巫山。《山海经》所载这群巫部落，聚居在巫山。巫咸系巫山群巫之首。这群巫之名，既指部落，也指部落首领。《路史·后纪三》载："神农使巫咸主医。"说明在神农之前巫咸就已强盛，方能引起中原部落的关注，而请他协助神农主持朝中医官事宜。《山海经·大荒南经》又载："有載民之国，帝舜生无淫，降载处，是为巫载民。"在帝舜时，巫咸为巫载所取代。这些诸巫部落在巫山腹地生生息息，实为此地之土著。

（二）巴族的起源与得名

1. 巴族的起源与得名诸说

巴族的史料文献记载很少，对其族源学术界的认识很不一致。在论及巴人的祖先时，一般都要引述《山海经·海内经》的论述：

> 西南有巴国。大皞生咸鸟，咸鸟生乘厘，乘厘生后照，后照是始为巴人。

文中所言"大皞"，系传说中与黄帝同时代的一位东夷部族首领，风姓，其遗墟在陈（今河南省东部淮阳县境）。这说明，巴人是东夷族的一支。这与"西南有巴国"的记述并不矛盾。此句讲的是巴族所建立的国家的方位，而后是追叙其族源。那么，东夷与西南又是怎么过渡的呢？这就涉及古代民族的迁徙问题。近些年发掘的早期巴文化遗址，多在湖北境内，江汉流域和洞庭、鄱阳地区，至今还有许多早期巴人的地名遗存。这说明，早期巴人曾以湖北江汉流域为其活动中心。这与《山海经》记述并不矛盾，因为东夷族大皞的后裔，由河南徙居江汉，是很可能的。

他们以后的发展又怎样呢？《山海经·海内南经》又记述：

> 夏后启之臣曰孟涂，是司神于巴，……居山上，在丹山西。丹山在丹阳南，丹阳居（巴）属也。

晋郭璞注："今建平郡丹阳城秭归县东七里，即孟涂所居也。"孟涂充任司讼之神主的"巴"，已不在江汉，而在建平丹阳。自黄帝至夏启的漫长岁月里，东夷之巴人，经江汉，迁徙至三峡出口一带。

以上所举的巴人源于东夷是一种较为普遍的说法。

与此相应的，还有《世本》和《后汉书·南蛮西南夷列传》等关于廪君源于巫蜑，而兴于武落钟离山的记载。此外，还有学者认为，巴人起源于氐羌等。

关于巴的得名，也众说纷纭。杨铭先生在《巴的历史与文化研究评述》一文中关于"巴的名号",对20世纪30年代以来一些专家学者关于巴字的释义做了梳理,"归纳起来,诸家释巴有动物说:蛇、虫、蟒、鱼、蚕;植物说;地形说:山、水、石头"等。以上诸说中,流行最广的是地形说的"因水得名",即江水蜿蜒三折,其形"状巴"。

其实,"巴"义的水形说非今人所撰。早在唐代,李吉甫在《元和郡县图志》卷三十三《剑南道》"渝州"条里就说:"《禹贡》梁州之域,古之巴国也。阆、白二水东南流,曲折如'巴'字,故谓之巴,然则巴国因水为名。"《太平御览》卷六十五引的《三巴记》里讲:"阆、白二水合流,自汉水至始乎城下入武陵,曲折三回如'巴'字,亦曰巴江,经峻峡中,谓之巴峡,即此水也。"清代高士奇在《春秋地名考略》卷十四里讲:"巴都累迁。江州其最初之都,江水逶其城南,三折如'巴'字,因以名。"民国年间向楚主修的《巴县志》卷一《疆域》也说:"巴之得名,以阆、白二水曲折如巴字。"

以上诸说,有阆、白二水曲折如"巴",也有长江、嘉陵江"朝天汇流"曲折如"巴",显然,这二者所指,不在一地。如果详加察究,前者所指也并非同一河段。在一些世居或旅住于重庆的文人笔下,多将曲折如巴的地段定于朝天门两江汇流之处。比如,明代户部侍郎倪斯蕙在他的别墅巴字园里,即自题楹联一副:"窗临巴水真成字,家对龙门好著书。"即言朝天汇流水状如"巴"。以后,遂有"巴字""巴水""字水"之说,更有"巴字坊"街名。清代书法家徐昌绪在玄坛庙江滨岩石上镌刻了"字水"二字。王尔鉴在《巴县志》里将此处作为重庆观灯夜景补入巴渝十二景中,取名"字水宵灯",既赋诗又作小记。以后,官任奉节知县的著名诗人姜会照又写了《赋得巴江学字流》诗:"一水流成字,潆回恰似巴……双虹盘远势,三折吐奇葩……"他在《巴渝十二景》的《字水宵灯》里,更写下了"巴字光流不夜天"的诗句,更加形象地描绘出了神韵天成的良宵夜景。道光年间重庆知府王梦庚在《渝州十二景》的《字水宵灯》里再将"水如巴字三折,县因得名"写进小序里,对巴县因水得名作了更进一步的强调。因此,人们尤其是重庆人即确认"巴"之得名在于状如巴字的"朝天汇流"。

对于这种看法,董其祥先生早在《涂山新考》一文中就作过评说:"河流弯曲之处多也,何以其他地方不以'巴'字名江,而独以重庆的河道称为'字水'呢？"彭邦炯先生对前述诸说所指的河段作了考证之后指出："江河曲折三回之处甚多，可以说任何一条江河流经之地都可以找到这样的地形。我们若依此说，岂不是都可称'巴'，名巴之地又岂不无定处？这与古代巴族人之称'巴'的本义显然不符！"

那么，"巴"的本义是什么呢？杨铭在比较了诸说之后认为："以论据充分与否而言，当以动物说较为有据。"彭邦炯说得更明确："巴人称巴因蛇说最近历史实际，巴字的本义应是蛇。"

这"字水"说和"象蛇"说，曾有不少学者做过论述，坚持这种观点。

近些年来，随着三峡工程建设的实施，三峡地区文物考古工作也迅速推进，发掘出不少珍贵的考古资料，将古代巴人族源和巴名的研究向前推进了一步。

在巫山县境，已发掘新石器时期遗址十余处，最有代表性的是魏家梁子遗址的发现。它与20世纪50年代和70年代多次发掘出的大溪遗址，使巫山地区的新石器时代文化分为两个发展源流不同的类型。任桂园先生在《大巫山文化》里，比较了这两个遗址后写道："过去曾有学者根据巫山等地区的考古发掘资料，并整合上古传说与古旧史料的有关记载，认为整个长江三峡地区以及鄂西清江流域，即是巴族早期活动的中心地区，而川东鄂西一带，又恰恰是新石器时代大溪文化的主要分布地区，因此，所谓巴族即很有可能源于新石器时代绵延1000余年（距今约为6430±210年—5330±146年）的大溪文化的创造者，生活在巫山大溪遗址的先民们即很有可能就是巴人的祖先。但目前巫山魏家梁子文化类型的发现，则对巴族起源问题的探讨，再次提出了强有力的挑战：所谓巴族，到底是源于大溪文化的创造者呢，还是由魏家梁子文化类型的创造者发展而来？这有待于进一步的考古发掘与研究。但不管怎么说，远古时代的大巫山地区，与早期巴人的活动有着紧密的联系，从目前巫山县内众多新石器时代文化遗址的发掘情况看，早期巴人的聚居地即在巫山。"巴族源于巫山的观点有较强的说服力。

至于巴族之名，张勋燎先生从民族学、民俗学和语言学的角度进行深入研究后，在《古代巴人的起源及其与蜀人、僚人的关系》一文中，提出了巴族族名来源于"鱼"的观点。巴人居于大江之滨，以捕鱼为生。在古代的南方，称"鱼"为"巴"。至今三峡地区一带的民众，还呼鲢鱼为"鲢巴郎"，呼装鱼的竹篓为"巴篓"。这种看法有一定的道理，我们在以后还将进一步说明。

2. 巴族与诸巫部落

巴族源于巫山，巫山聚居群巫部落，那么，巴族与诸巫部落的关系怎么样呢？

《世本·氏姓篇》在叙述廪君巴人与其余四姓部落赛剑、驾船赢得部落联盟首领时说："廪君之先，故出巫诞。"邓少琴先生讲，古代巴人的一支"诞"，《说文》称为"南方夷"。他们世居大巫山一带，故称"巫诞"或"巴诞"。"诞"之初文为"鮨"。《山海经·北次二经》载："湖灌之山……湖灌之水出焉……其中多鮨。"这说明巫鮨即"巫诞"，亦即"巴诞"，其与鱼相关。

还有学者考证，居于清江流域武落钟离山一带与廪君共争部落联盟首领的其他四姓部落，也与巫山诸巫部落有联系。樊姓部落可以从巫凡找到渊源，瞫可读丹，亦由巫诞部落派生出来，郑姓部落其渊源可以追溯到巫真。至于相姓部落，与巫相同名，其渊源关系就不言自明了。

廪君这支巴人是从巫山迁徙出去的最重要的一个部落，该部落后来发展成为巴国的主体，在整个巴族中占据十分重要的地位，他们与巫山诸巫部落的关系，可以代表巴族与诸巫部落的关系，因此，可以这样说，巴族由巫山诸巫部落演化而来。如要追问他们是怎样演化的，就得对他们的生产、生活条件和状况进行研究。

3. 盐业与渔业促使巴族的形成

三峡地区有几十亿年浸没在海水里，盐卤渗进地壳，形成卤盐岩层。随着地壳运动，使本来呈水平状态的盐卤、盐岩发生变化，绝大多数发生倾斜、弯曲和断裂。在地壳构造运动特别剧烈的地带，其岩层断裂更大，以致盐卤溢出地表，形成自然盐泉，盐岩也随老地层出露成地表咸石或咸土。

三峡地区属地壳运动中特别剧烈地带，这里也就形成了自然盐泉，巫溪（历史上曾隶属巫山）宁厂镇的宝源山就有自然盐泉自地底溢出。此外，在三峡地区内，如宝源山溢出自然盐泉的还有彭水郁山镇的伏牛山和湖北省长阳县西的盐水。在生产力极度低下的原始社会里，先民们以自然盐泉熬制食盐是他们力所能及的事。

食盐所含的氯化钠对任何生物都具有一种不可替代的特殊功效，尤其是脊椎动物都离不开盐，养成一种对盐的自然本能的依赖。人类进化到猿人后，这种本能依赖逐步进化为自觉向产盐地靠拢的"趋盐"。因此，世界上一些产盐地即成为人类的发祥地，并逐步演变为经济发达的富庶区。

比如帝舜建都立国的蒲阪，就临近山西产盐的河东解池。解池地处黄河由南折东的转弯处，方圆百十里。这里的自然盐泉不需熬制，而是凭借烈日暴晒和南风劲吹，自然结晶而成食用粒盐。这里因盐富庶，吸引众多先民聚居于此。据考古发现，这里的新石器遗址特多，新石器文化也已相当成熟。

巫山地区诸巫部落中的巫咸，为什么成为群巫之首，就是因为这个部落占据最为优势的盐泉，其名"咸"就是"盐"。以后发展为不织而衣、不耕而食、百兽群处、鸾凤歌舞的原始社会的"极乐世界"巫臷国，其根本原因就是利用自然盐泉熬制食盐，并贩运到周边地区以物易物换回部落所需的衣食等用品。

在诸巫之中，有些部落利用自然盐泉熬制食盐，另有一些部落成员则专门从事贩盐工作。这些人又住在三峡江河岸边，以捕鱼维持生活。这里鱼资源丰富，除了直接食用外，还可贮藏。要想贮藏得时间长久，就需用盐腌制。本地的盐业为此提供了便利条件，于是，就产生了腌制渔业。腌制成品也运往那些需要的地方，更促进了原始贸易的发展。这种看法不是凭空推论，而有考古的出土文物作为理论支撑。下面转述任桂园先生《大巫山文化》的一段实录：

> 在瞿塘峡东口南侧巫山大溪遗址，西陵峡段的秭归、宜昌境内的大溪文化地层中，皆发现有大量的鱼骨、鱼牙和鱼鳃骨。经鉴定，鱼骨种类有青鱼、草鱼、鲟鱼、鲢鱼、鲫鱼、团头鲂、铜鱼、鲍鱼、白鳍豚、鳙鱼等，而最多的鱼种则是草鱼、青鱼、鲢鱼、鲤鱼等。1993年夏秋之际中堡岛的考古发掘，更发现有一鱼骨坑深达1米多，坑口宽达2.6米，坑内鱼鳃骨成堆成片堆积，鱼鳃纹理清晰可见……像这样的鱼骨坑，中堡岛一处大溪文化遗存已发现一

二百个之多。这些鱼骨坑所在地，很可能就是大巫山先民们鱼类生产的加工场地。由此可见，大巫山地区先民们渔业生产的庞大规模及其发达兴旺的情景。将吃不完的各种鱼类去掉肚腹、鱼鳃乃至鱼头、鱼骨，然后用盐腌制以防腐烂，再装船运至周边地区与其他部族进行原始商业活动。

如此规模的捕鱼腌鱼，其运销贸易也一定发达。在贩运销售中，既有腌鱼，更有食盐。

在巫山地区诸巫部落成员中，有的专事熬盐而不擅驾舟楫，他们制作的大量泉盐除自给之外，主要用于交换，以获得各项生活必需品。这就为擅驾舟楫的巴族提供了一个良好的机会，"顺理成章地成了运盐贩盐的'专业户'。他们从少到多，由近及远，从少数人投入到举族参与。大巫山的泉盐通过长江这条干流和它的众多的支流以及翻山越岭的小道，东到江汉平原，东北到豫西平原，北到汉中盆地、关中平原，西到成都平原，南到云贵高原，以解决那些地方的食盐问题，同时换回大巫山中缺少的东西，与巫山诸部进行交换"①。

如前所述，远古时代的大巫山乃至南方的先民们习惯于呼"鱼"为"巴"音，那么，周边部族在与大巫山先民们的接触交往过程中，很可能据其常以鱼类腌制品进行商业活动的特点而直呼其为"巴人"。开始可能是他称，时间久了，就连大巫山的先民们也自称其为"巴人"。这样，巴族就逐渐形成了。

（三）巴族的向外发展

巴族形成之后，他们继续从事捕鱼腌鱼、贩盐贩鱼，同时也从事熬制食盐，这种渔猎盐业生产与原始商业贸易相结合的特定型经济模式，使巴族得到迅速发展，诸巫部落实施这种经济模式的也越来越多，逐步融入巴族之中。

巫山之地蛇多蟒大，巴族对其有一种特殊心理。他们以捕鱼、腌鱼、贩鱼得名。而鱼与蛇同类。《说文》载："鱼，水虫也。"《山海

---

① 管维良：《巫山盐泉与巴族兴衰》，载《礼巫盛典》，重庆出版社2003年版，第51页。

经·海外南经》载："虫为蛇，蛇号为鱼。"郭璞注曰："以虫为蛇，以蛇为鱼。"前文所说，古代巴人的一支"蜑"，《说文》称之为"南方夷"。他们世居大巫山一带，故称"巫蜑"。"蜑"之初文为"魠"。《山海经·北次二经》载："湖灌之山……湖灌之水出焉……其中多魠。"《玉篇》云"魠似蛇"，有四足，龙之属也。可见，蜑人与龙、蛇的关系也甚为密切。巴族对其敬畏、崇拜，逐步演化为本民族的图腾。这支巴人，很可能就是"巴蜑"。

这支以龙蛇为图腾的巴蜑，由于主要从事捕鱼和贩运，就形成了守土性不强而迁徙性明显的生活习性，这从沿江巴文化遗址文化层一般都不厚得到了证实。加之他们四方长途贩运，对沿途路径和销盐地区的情况都十分了解，这就为迁徙创造了良好的条件。因此，巴族在经济繁荣、人丁兴旺，巫山地带难以承受其生存压力的情势下，就举行大规模的迁徙，不断地向外开拓发展。

巴族向外迁徙、发展主要有以下四支。

1. 迁往洞庭、彭蠡的巴蛇部族

洞庭、彭蠡一带，鱼类资源比巫山更为丰富，捕捞也更加方便，除自食外，还有大量鱼类用来腌制。同时，驱舟入峡取盐食用和腌鱼、贩卖也驾轻就熟。因此，巴族中的一支部族即迁往此地。他们依然遵循在本土时的图腾崇拜，因而被称为巴蛇部族。巴蛇部族凭借他们捕鱼腌鱼和贩盐贩鱼的经济模式，在此很快发展壮大起来，成为原始社会末期长江中游苗蛮集团的重要成员。

洞庭、彭蠡巴蛇部族的强大引起了中原华夏集团的关注。既想掠夺巴人财富，又为消除向南扩张的障碍，帝尧就派遣已经并入华夏集团的东夷名将和首领羿率师南伐，在洞庭一带与巴蛇部族交战，巴被羿彻底打败。《江源记》对此做了这样记述："羿屠巴蛇于洞庭，其骨若陵，曰巴陵也。"《浔阳记》也载："羿斩巴蛇于洞庭，委其骨成丘。"白骨成陵成丘，可见巴蛇部落成员死伤惨重。

被打败的巴蛇部落中的一部分成员，被羿强行迁至汉水中游的襄阳一带，在尧的儿子、丹水部落酋长丹朱的监管下生存。顽强的巴人经过数百年的发展后，于商代中期又壮大起来，成了江汉平原北部的一个重要方国，即史书上记载的"巴方"。后又被商打败而臣服于商。其中一支继续西进，居住在汉水上游地区，以弓射箭，箭带细绳，射鱼捕鱼，因而称为弓鱼部巴人。商末，这支巴人因参加周武王组织的诸侯联军讨伐商纣而驰名天下。西周中期，辗转入川，居住在渠江沿岸，后又发展到嘉陵江流域，号称"板楯蛮"。

被打败的巴蛇部族的另一部分成员又回到巫山，附于巫载，因为他们行盐经商，依然被称为"巫蜑"。

2. 迁往清江流域的廪君部族

这支巴人在巴族中颇有影响而备受关注，历史文献对其有比较详尽的记载，今人对其也有颇多研究。这支巴人的迁徙、发展轨迹在《世本》《后汉书·南蛮西南夷列传》《水经注》以及《晋书·李特李流载记》中都有记载。现录《世本》的记载于此：

> 廪君之先，故出巫蜑。巴郡南郡蛮，本有五姓：巴氏、樊氏、瞫氏、相氏、郑氏皆出于武落钟离山。其山有赤黑二穴，巴氏之子皆生赤穴，四姓之子生于黑穴。未有君长，俱事鬼神。廪君名曰务相，姓巴氏，与樊氏、瞫氏、相氏、郑氏凡五姓俱出，皆争神。乃共掷剑于石，约能中者，奉以为君。巴氏子务相，乃独中之，众皆叹。又令乘土船，雕文画之，而浮水中，约能浮者，当以为君。余姓悉沈，惟务相独浮。因共立之，是为廪君。
>
> 乃乘土船从夷水至盐阳。盐水有神女，谓廪君曰："此地广大，鱼盐所出，愿留共居。"廪君不许。盐神暮辄来取宿，旦即化为飞虫，与诸虫群飞。掩蔽日光，天地晦冥，积十余日。廪君不知东西所向，七日七夜。使人操青缕以遗盐神，曰："璎此，即相宜云，与女俱生，不宜将去。"盐神受而璎之。廪君即立阳石上，应青缕而射之，中盐神。盐神死，天乃大开。

《世本》系先秦典籍，此为最先记载廪君巴人的文字。这段文字至少给我们透露这么一些信息：一是廪君巴人的族源，出于"巫蜑"，系巴族的一支，很可能就是先迁居洞庭、彭蠡的巴蛇部族被羿打败后返回巫山的巴人；二是廪君巴人当时所居的处所，即"武落钟离山"，武落即巫落，钟离山在长阳县西，夷水即清江，清江流域的长阳县境为其当时聚居地；三是廪君争得部落联盟首领是凭他掷剑、驾船的高超技艺，即该部落比其他四姓部落在铸剑、造船及其使用、驾驭方面有较高的水平；四是与盐水女神争得盐泉的经过，他不顾盐水女神的友好合作要求，强行射杀盐神而占有"鱼盐所出"的盐阳。

这以后又怎么样呢？《晋书·李特李流载记》和《后汉书·南蛮西南夷列传》做了如下记述：

> 廪君复乘土船，下及夷城。夷城石岸曲，泉水亦曲，廪君望如穴状，叹曰："我新从穴中出，今又入此，奈何！"岸即为崩，广三丈余，而阶陛相乘。廪君登之，岸上有平石，方一丈，长五尺。廪君休其上，投策计算，皆著石焉。因立城其旁而居之。其后种类遂繁。

> 廪君死，魂魄世为白虎。巴氏以虎饮人血，遂以入祠焉。

夷城，今恩施。廪君继续率部西进，到达清江上游恩施，便筑城为都，建立起部落联盟似的国家，部族在此生息繁衍，日益壮大。廪君死后，部族尊崇其卓著功勋，以白虎之猛喻其刚劲健勇的英雄气概，遂以白虎为图腾而加以顶礼膜拜，世称此部族巴人为白虎巴人。

白虎巴人之廪君立国以后，由于樊、瞫、相、郑部落的入盟，加之处于鱼盐之地，生产得以发展，部族人口日益增多，促使其寻求更大的生存发展空间。于是，他们就越过渝鄂山地，进入渝东地区，定居于涪陵，致使"其先王陵墓多在枳（即今涪陵）"，将平都（即今丰都）作为"别都"。经过长时期的移徙、定居、发展，又定都江州。因而白虎巴人在整个巴族中赫赫有名而广为流传。

3. 鱼凫巴人向西迁徙

在三峡上口的现今奉节一带，住有一支巴人。这支巴人也与巫山境内的其他巴人一样，长时期从事渔业生产和贩盐贸易。他们的捕鱼方法与其他巴人不同，其所采用的是驱赶鱼鹰入水叼衔，这鱼鹰叫"鱼凫"，书名称"鸬鹚"，今重庆一带称"水老鸹"。他们长期居住于此，因此该地亦名鱼凫或鱼复，此地在先秦就很有名。他们贩盐贸易，其路线是沿长江溯江西上。西进时,有的载盐前行,有的则滞留在一些地方捕鱼、腌鱼,作为西进贩运的支撑点。这样,也就在西进沿途路上留下了与这支巴人部族相联系的地名。诸如巴涪水,巴即鱼,巴涪即鱼涪或鱼凫,巴涪水即今之乌江;再其上有巴符关,在今四川合江县;又有鱼凫关,在今宜宾;又有鱼涪津,在今乐山市;还有鱼凫山,在今彭山县,以及现今温江的鱼凫城等。这些地方,当是鱼凫巴人长期贩盐至川西平原途经所留下的遗迹。到了殷商时期,鱼凫巴人的势力在川西平原得到扩展,战胜了柏濩,建立了奴隶制蜀国,即鱼凫蜀国,定都今广汉市南兴镇三星村一带,筑鱼凫城,统治蜀地达数百年之久。

在广汉市南兴镇三星村,考古发掘出了世界闻名的三星堆遗址,学者们公认这就是鱼凫王朝蜀国的都城。任桂园先生将其与巫山境内的考古发掘遗址比较后,得出了如下结论:

> 据巫山魏家梁子遗址发掘报告,由魏家梁子出土的文化遗存,竟然与广汉三星堆遗址下层(三星堆一期文化)出土的文化遗存大致相同,二者存在着"不同程度的共同性或相似性"。又据1994年中国社会科学院考古研究所长江三峡工作队所调查、发掘的巫山县江东嘴、琵琶洲、跳石等处遗址的情况看,均存在着确凿的夏商时期文化遗物。这些文化遗物的特征显然与川、渝、鄂西等地区常见的巴文化遗存如出一辙。这些夏、商时期的古遗址所发现的夏、商时期文化遗存,基本上代表和反映了巫山县该时期内巴文化的风貌。这些来自地下的极为珍贵的文物资料,无不默默地在透露着这样的信息:大约从早商时期逐渐强大而后雄踞于川西平原的鱼凫王朝,正是由大巫山地区走出的鱼凫部巴人及其后裔所创建。①

任先生在《大巫山文化》里的这段结论,更加确凿地证实从巫山走出去的鱼凫巴人创建了辉煌的巴人历史。

4. 鳖灵巴人西迁王蜀

鱼凫王朝后为杜宇所灭,杜宇号杜主,称望帝。时有居住在巫山地

---

① 王洪华主编,重庆市非物质文化遗产保护中心编:《重庆非物质文化遗产名录图典》,贵州人民出版社2008年版。

区的白虎巴人中的一支,以"鳖"为图腾,也辗转西迁至川西平原。《太平御览》卷八八八引《蜀王本纪》云:"望帝积百余岁。荆有一人名鳖灵,其尸亡去,荆人求之不得。鳖灵尸随江水上至郫,遂活,与望帝相见。望帝以鳖灵为相。时玉(垒)山出水,若尧之洪水。望帝不能治,使鳖灵决玉山,民得陆处。"此事《华阳国志·蜀志》也有所记:

> 会有水灾,其相开明决玉垒山以除水害。帝遂委以政事,法尧、舜禅授之义,遂禅位于开明,帝升西山隐焉。

鳖灵建立开明王朝后的情况,《华阳国志·蜀志》做了进一步的记载:

> 开明(位)[立],号曰丛帝。丛帝生卢帝。卢帝攻秦,至雍,生保子帝。帝攻青衣,雄张僚僰。九世有开明帝,始立宗庙,以酒曰醴,乐曰荆,人尚赤,帝称王。……开明王自梦郭移,乃徙治成都。

在开明徙治成都处,刘琳校注时转引《路史·余论》:

> 开明子孙八代都郫,九世至开明尚,始去帝号称王,治成都。

以上几段文字说明,鳖灵巴人迁徙川西平原得以发展壮大后,其首领鳖灵被望帝委以相位。鳖灵治水有功,望帝禅位于他,建立开明王朝,都治于郫,有八帝。到了第九任的"尚",开明王朝有了很大的变化:一是将都治从郫迁至成都;二是立宗庙,叙宗法,祀先王,建礼乐,效法中原礼制;三是不忘祖宗好尚,宗庙祭祀时仍演奏"荆乐",各种饰物仍为"赤",以不忘祖宗廪君出自武落钟离山之赤穴。

鳖灵巴人所建立的开明蜀王朝,传十二帝,在公元前316年为秦所灭。

(四)巴国的兴衰与巴族的遗存

在中华民族大家庭里,古代的巴族是个十分活跃的民族,其活动时间，上起新石器时期，下至公元前316年秦灭巴国，其后虽与华夏其他民族主要是汉族融合，但其后裔至今仍然存在，其活动范围，地跨现今重庆全部，以及其周边的川、陕、鄂、湘、黔的相当部分区域。真可谓绵绵数千年，泱泱几省市，对三峡地区的政治、经济、文化的创造和发展产生过十分重要的作用。

1. 巴国的兴衰

由于巴族活动的时间长、范围广，变化颇大，文献记载少，对巴族及其建立的国家的研究正在日益深入地进行。随着三峡工程的快速推进，出土文物渐次增多，为研究巴族和巴国提供了愈益丰富的依据，但现在有些问题尚难达成共识。

以巴国而论，古文献上关于巴族建立巴国的记载有：一是商代后期在汉水中游建立的部落式的方国巴方；二是廪君巴人在清江上游恩施"君乎夷城"，建立起部落联盟的军事酋长国；三是周武王率诸侯联军灭纣后封宗姬于巴；四是《华阳国志·巴志》里记载的巴国，或治枳、治平都，或治江州、治垫江，后治阆中。

人们对方国巴方和夷城巴国的认识基本一致，而对姬姓巴国却提出不同看法。《左传·昭公九年》载："王使詹桓伯辞于晋，曰：'及武王克商，……巴、濮、楚、邓，吾南土也'。"唐孔颖达注："巴，巴郡江州县也；楚，南郡江陵县也。"据此，一般都认为周封宗姬于巴系指江州。近年有的学者提出，周武王封宗姬于巴应是殷商之"巴方"，其说也有依据。如此，对《华阳国志·巴志》所言巴都治所之先后顺序也产生了歧义，因而对巴国的兴衰就难以探讨了。鉴于笔者所占资料有限，在此只提而不论，以存歧义，待以后继续研讨。

至于巴国的灭亡，诸多历史文献均明确记述，公元前316年秦将张仪、司马错"取巴，执王以归"，巴国终结，巴地为秦之郡县。

2. 巴族的遗存

张仪、司马错取江州之后，执巴王归秦，没有东进取枳，巴国尚有部分残余退居枳地。约20年后，楚才灭掉隅居枳地的巴国残余力量。《十道志》载："楚子灭巴，巴子兄弟五人流入黔中。汉有天下，名西、辰、巫、武、沅等五溪，各为一溪之长，号五溪蛮。"

这弟兄五人，相传乃白虎巴人之巴氏、樊氏、瞫氏、相氏、郑氏五姓后裔。先祖部落联盟首领廪君及其后继者，率部西进，建立江州巴国，五姓之君臣和兄弟关系一直延续下来，故而有兄弟五人之说。

管维良先生在《巫山盐泉与巴族兴衰》一文里讲："巴国败亡，五姓东归，居于五溪者只是比较集中的一部分，还有许多部民则广泛分布在大巫山地区，到汉代南蛮三支中，五溪蛮只是三支之一的武陵蛮的一部分，还有广大的巴郡南郡蛮则因为他们住在巴郡、南郡而得名。但就民族而论，则属一个，那就是白虎巴族。"据此，白虎巴族除一部分聚居巴地之外，余则分布在今湘西、鄂西、渝东南和黔东北等地。

聚居在上述地区的这支巴人，随着历史的演进而不断发生变化。特别是秦汉以后，我国的其他兄弟民族主要是汉族逐步与巴人融合，古代巴地的大部分巴人即渐次汉化，但是，这支巴人却保持着古代巴人的民族特色。这支民族，在我国历史上长期没有确定的称谓：或从历史渊源上，称其为"廪君种""廪君蛮"；或从崇拜的图腾上，称其为"白虎夷""白虎复夷"；或从居住地域上，称其为"巴郡南郡蛮""建平蛮""武陵蛮""五溪蛮"；或从土司政治制度上，称其为"土人""土民""土蛮"等。直到清雍正初年，清政府推行"改土归流"政策，汉人大量迁入这片地区，为别于"客家"汉人，才出现了"土家"的称谓。这支巴人有自己的语言，属汉藏语系藏缅语族彝语支，但没有本民族的文字。"土家"系汉语称呼，土家语称此为"毕兹卡"或"毕基卡"。中华人民共和国成立后，国务院根据中国共产党的民族政策，派出了历史学家和民族学家，对这支几乎被历史淹没的民族进行了考察和识别，于1956年10月，正式确定为单一的民族，并以"土家"作为族称，成为祖国民族大家庭中光荣的一员。

二 原生图腾的龙蛇崇拜

中华民族是崇拜龙的民族。龙是中华民族共有的图腾。龙崇拜源于蛇崇拜。记述南方和西方之域史事奇闻为主要内容的《山海经》中的神多为蛇身，其中有不少是对巴地的蛇的记载。巴族与蛇有千丝万缕的联系，因而对龙有一种更为特殊的感情。

（一）龙蛇是廪君巴人的原生图腾

在古代巴人活动的洪荒时代，人民少而禽兽众，人民不胜禽兽虫蛇。巴人活动的中心地带巫山，更是蛇的世界，故《山海经·海内北经》有"蛇巫之山"之称。在大巴山一带，蛇蟒亦甚。所以，官于巴地通州的元微之，惊叹"巴之蛇万类，其大蟒尤甚"。《山海经·海内南经》更有"巴蛇食象，三岁而出其骨……其为蛇青黄赤黑，一曰黑蛇青首"的记载。其《海内经》还载有："又有朱卷之国，有黑蛇，青首，食象。"郭璞注："即巴蛇也。"毕沅校："此似释《海内南经》巴蛇也。"《楚辞·天问》也讲："一蛇吞象，厥大何如？"柳宗元也说："巴蛇腹象。"《文选·左思〈吴都赋〉》则称："屠巴蛇，出象骼。"李周翰注："巴蛇，大蛇也。能食象，故杀之出其骨也。"宋人范致明在《岳阳风土记》中做了更进一步的叙述："今巴蛇冢在州院厅侧，巍然而高，草木丛翳，并有巴蛇庙，在岳阳门内。"他还写道：有"象骨山。《山海经》曰，'巴蛇食象'，暴其骨于此，山旁湖谓之象湖港。"

在《山海经·海内南经》里，郭璞在"巴蛇食象"的注中说："今南方蚺蛇吞鹿，鹿已烂，自绞于树，腹中骨皆穿鳞甲间出，此其类也。"在巫山，也有蛇吞鹿的记载。吴敬恒在《避巴小记》中转述了清代乾隆年间的一则笔记："有人游瞿塘峡，时冬日草木枯落，野火燎其峰峦，连山跨谷，红焰烛天。忽闻岩洞间訇然有声，驻足伺之，见一物圆如大围，堕于平地。近视之，乃一蛇也。遂剖而验之，蛇吞一鹿，在于腹内。野火燃烧，坠于山下。所谓巴蛇吞象，信乎有之。"上述可证，巴地蛇大。

巴地蛇多，除前引"蛇巫之山"外，又有近代笔记为证："栾巴寺在通江县西10里，相传栾巴真人所建，法座下有石穴。每岁仲夏，一蛇三尺许，先出。群蛇大小颜色不一，络绎随之，弥于殿堂几榻橱器之间，或至数日。不畏人，亦不伤人，人亦不相害。僧必具食以饲之。其先出者，先至穴口，俟群蛇毕入而后入。传有四万八千尾之多。今尚然。"笔者儿时也尝听老人讲，余所居之重庆市巴南区木洞乡间，常有"蛇齐会"事象发生。届时，各种蛇等聚集在田畴土坝，密密麻麻，成百成千，甚至累万。乡人备办酒醴，焚香秉烛，给予虔诚奉祀。近时尚犹如此，可见古代巴地之蛇确实不少。

许慎在《说文》里讲:"龙,鳞虫之长,有鳞曰蛟龙。"蛟似蛇,与巨蛇蟒相近。《山海经·南次三经》载:"祷过之山,……浪水出焉,而南流注于海,其中有虎蛟,其状鱼身而蛇尾。"郭璞注:"蛟似蛇,四足,龙属。"蛇龙皆虫类,古人常以蛇龙连称,有的地名称谓也如此。如古代巴人活动地区的通州之南的170里处,就有蛇龙县。

《山海经·中次八经》载:"荆山之首曰景山(郭璞注:在今南郡界中;毕沅校:今湖北房县西南二百里),……东北百里,曰荆山(郭璞注:在今新城标乡县南;毕沅校:在今湖北南漳县西北)……漳水出焉,而东南流注于雎(郭璞注:出荆山,至南郡当阳县入沮水),其中多鲛鱼(郭璞注:鲛,鱼类也,皮有珠文而坚,尾长三四尺,末有毒,螫人)。"《山海经·中次十一经》又载:"荆山之首,曰翼望之山(毕沅校:山在今河南内乡县),湍水出焉,东流注于洧(郭璞注:今湍水经南阳穰县而入清水),贶水出焉,东流注于汉,其中多蛟(郭璞注:似蛇而四足,小头细颈,有白瘿,大者十数围,卵如一二石瓮,能吞人)。"其说之蛟,系四足之蛇,龙属。鲛,鱼也,虫属,与龙、蛇同类。

《说文》载:"鱼,水虫也。"将鱼也号为虫,进一步证明鱼与龙、蛇同类。《山海经·海外南经》载:"虫为蛇,蛇号为鱼。"郭璞注曰:"以虫为蛇,以蛇为鱼。"古代巴人的一支"蜑",《说文》称之为"南方夷"。他们世居大巫山一带,故称"巫蜑"或"巴蜑"。"蜑"之初文为"魠"。《山海经·北次二经》载:"湖灌之山……湖灌之水出焉……其中多魠。"《玉篇》云"蜑似蛇",有四足,龙之属也。可见,蜑人与龙、蛇的关系也甚为密切。《世本》在记载廪君争得部落联盟首领的事迹时写道:"廪君之先,故出巫蜑。"更见巴人与龙蛇之密切关系。

邓少琴先生在考证了巴岭山巴蛇之巴后,得出如下结论:"巴蛇之巴,盖就其所在自然界形象言之,人亦就物称之,如蜀为蚕,而以蜀名国,胸忍为虫,而以胸忍名夷。故夏殷称之为龙,以其为具四足之蛇;周秦称之为蛟,蛟亦龙也。《山海经》则总名之曰蛇,此大巴山而有蛇山之名也。"他还进一步指出:"蛇在殷世,则以'龙'称之。甲(骨)文龙字作'🧿',像巨口长身之虫,盖即'巴'字。龙为神化之巴,可无疑焉。"

以上所述,足以证明,先民巴人居住之地多有蛇蟒(将其神化和美化则为龙），而使其地得名为"巴"。当然，要确定其族之为巴族还需进一步论证。古代之"巴"字即今之"蛇"字。许慎《说文·巴部》载"𢀖，虫也，或曰食象它。"这里的"它"，即蛇也。蛇是后起字。自"它"加虫旁之后"它"才与"蛇"分为音义都不同的两个字。段玉裁注曰："'巴，虫也'，谓虫名。《山海经》曰：'巴蛇食象，三岁而出其骨。伯加切，古音在五部。'"徐错释《说文》"巴"字中的一竖，即为所吞食之物。

《尔雅·释鱼》载："蟒，王蛇。"章太炎在《文始》中说："《说文》无蟒字。盖本作莽，古音读如佬，借为巴也。"这就进一步从文字音韵学的角度指出了"巴"的本义是"大蛇"或"王蛇"。

巴即大蛇，在《淮南子·修务训》《左传·定公一年》和《路史·后记十》等古文献中也有相关的记载，它们称之为"修蛇""长蛇"。郭璞在《山海经·图赞》里说："惟蛇之君，是谓巨癖。小则数寻（八尺），大或百丈。"他又在《山海经·海内南经》的食象巴蛇的注里说它"长千寻"。"千寻"虽是一种夸张之辞，然其大而长则无疑。

以上所述，"巴"即"蛇"，即"癖"，巴族、巴国、巴地之得名，即与蛇、蟒有密切的关系。在中国乃至整个世界的民族中，以其居住地所有之物而命名者不乏其例。所以，清人何秋涛在《王会篇笺释》中写道："按《说文》巴象蛇形，巴蜀之得名，盖其地所有之物为名，如朐忍县（今重庆市云阳县）多朐忍虫，即以为名，正是其例。"

彭邦炯先生对甲骨文做了深入研究，认为甲骨文中象蛇形的"巴"字有五种写法：

图 1（《合集》33249）；图 2（《合集》32879）；
图 3（《合集》21825）；图 4（《合集》672 正）；
图 5（《合集》14353、14354）

他在列举了作为国族、地名或人名使用的第五例蛇形繁体（如图

5）后，得出结论说："此盖古代巴人在甲骨卜辞中的反映。"笔者结合前述甲骨文中"龙"字的形象，大胆地推测，此乃巴人龙蛇图腾在甲骨卜辞中的再现。巴蜀铜器特别是重庆市巴南区冬笋坝出土的巴矛的图饰（如 ），过去，一些研究者称为"心手纹"或"花蒂手"。近些年来，有的人认为是"手捧蛇头纹"。这是龙蛇图腾的一种曲折反映。

在原始社会中，氏族的初民们认为某种动物、植物或无生命物与自己本氏族有某种神秘的关系，而把它作为本氏族的标志和符号并加以顶礼膜拜，即构成本氏族的图腾。氏族成员达到规定年龄，即举行图腾入社仪式；对图腾必须虔诚崇敬，遵守约定俗成的整套特殊祭祀礼仪；同一图腾氏族的男女禁止通婚；等等。这种制度称为图腾制，这种信仰则称为图腾崇拜。

图腾是人类氏族社会的一种普遍存在的文化现象。我国古代巴人也不例外。据一些专家学者研究，龙蛇就是他们图腾崇拜的对象。说得确切一些，龙蛇是巴族初民的原生图腾。

这些巴人祖先的原生图腾崇拜深深地刻印在民族记忆里。因此，它总是顽强地通过多种形式表现出来，后文即将叙说的伏羲鳞身、女娲蛇躯的图像，则是龙蛇图腾的一种遗迹。

（二）对人首蛇身伏羲女娲的崇拜

图腾作为一种超越于人类社会之上的绝对权威的统治物，虽然随着氏族社会的崩溃而衰退，但作为一种文化现象，它却一直没有退出历史舞台，并时常见于后世的宗教生活、社会生活和家庭生活之中。前述的蛇头纹，是骁勇剽悍的巴人战士在战斗生活中对祖先龙蛇图腾的信仰，希望得到它的保佑。本节将作重点研究的则是伏羲、女娲图像在后世人们生活中的作用及其社会意义。

伏羲、女娲是我国上古时候神话传说中的两位圣哲。伏羲仰则观象于天，俯则观法于地，观鸟兽之文，与地之宜，近取诸身，远取诸物，于是始作八卦，并作绳而网罟，制嫁娶之礼仪。女娲一日七十变，以化万物，抟土造人，并炼石补天，燮理阴阳。他们是两个信奉龙蛇图腾的氏族部落首领，后世幻化出他们的形象都是人首蛇身。《风俗通》称

"女娲，伏希（羲）之妹"。以后，则有伏羲、女娲兄妹成婚创造人类的传说，并出现了人首蛇身的伏羲、女娲双尾交合的多种图像。这种龙蛇图腾的遗迹，在华夏大地广大范围内都有流布，尤其是古代巴人聚居的地方，这种遗迹更多。

据董其祥先生考察，这类图像就质地而言，有石刻的，有砖焙的，有绢绣的，有陶型的，还有铜铸的；就时代而言，上起战国，盛于东汉，衰于南北朝，止于宋代；就分布的地域而言，四川、河南（主要是南阳）最多，山东次之，魏晋以后，传至新疆边远地区。比如四川郫县出土的东汉石棺的后档上，右边刻伏羲，左手举日轮，轮内有金乌；左边刻女娲，右手举月轮，轮内有蟾蜍。他们人首蛇身，双尾四环交结。类似这种图像，在重庆也发现近十处十余幅。

在古文献中，关于伏羲、女娲图像的记载也不少。这些记载，也多是人首蛇身、手举日月、二尾相交。这与图像之形完全一致。

文献记载和地下出土的这些图像，多数刻于墓冢，也有的绘于殿堂。古人刻绘这些图像，其目的是因袭上古图腾信仰的遗意，希望消灾免难，荫庇佑福。

古代巴人聚居之地，有关伏羲、女娲兄妹成婚繁衍人类的故事传说也广为流传。远古时候，洪水泛滥，生灵俱毁，唯伏羲、女娲犹存。有神撮合他俩结为夫妻，他俩不同意。经过两山滚下石磨而相合、两山点燃烽烟而相绕、丢针线下河而线穿针等，证明他俩结合实为天意。于是，他俩结为夫妻，十个月后，女娲生下一个肉球，切成肉块后挂在桃、李、杨、柏等树上，这些肉块都成了人，并以树为姓，人类又得以繁衍。

这种祖先崇拜的信仰而使人们把伏羲、女娲尊为始祖神，逐步衍化成傩坛祭祀中的傩公和傩母（或傩娘），而受到人们香烟酒醴的奉祀。

"凡酬愿追魂，不论四季，择日延巫祭赛傩神。祭时，必设傩王男女二像于庭中，旁列满堂画轴神像。愿大者搭台演傩神戏。""供傩神男女二像于堂，荐牺牢馈醴。巫者戴纸面具，演古事如优伶。……逾日乃已。"以上两段文字，系清同治年间修纂的湖南《保靖县志》和《龙山县志》所载。它们记述了湖南保靖、龙山等地在祭祀傩神和演出傩堂戏时，坛内必须供奉男女二傩神的规制。

这男女二傩神是谁？重庆《巴县志》则作了他们是伏羲、女娲的明确回答："今民间或疾或祟，即召巫禳赛驱逐之，曰禳傩。其傩必以夜。其术名师娘教。所奉之神，制二鬼头。一赤面长须，曰师爷，一女面，曰师娘，谓是伏羲、女娲。"

笔者曾于1994年2月11日在重庆市巴南区双新乡新槐村桐秧农业生产合作社郭仕珍家亲眼观看过祈求神明赐祥去灾以益寿延年的接寿延生祭祀仪式，其中的《迎圣下马》和《倒傩送圣》两坛仪式，就是迎请傩母降临法坛卜问吉凶，并祈请她恩赐祯祥，保佑信人福寿绵延。2006年元旦，笔者于重庆市巴南区石滩镇先锋村观看了张忠良家举行接寿延生祭祀仪式，其中的"祈傩"，也是祈请傩母赐福延寿。其奉祀之傩母造型，确如《巴县志》中记载的形象。可见古代巴人之图腾遗迹至今犹存，且在民众的心灵中仍有一定的影响。

渝东南的彭水苗族土家族自治县的木蜡庄傩戏班在演出税戏时，要供奉傩公傩母，还要演出题名为"抛傩"的剧目。

该戏为独幕小戏，出场人物有法师、伏羲、女娲和金龟道人。法师先唱述混沌元年涨了七天七夜的滔天洪水，淹死了世间所有人，唯有伏羲、女娲兄妹躲进葫芦里幸免于难之后，伏羲、女娲上场。他们在两个山峰点燃沉香，两股香烟绕合一起。在两山上各推一扇磨碛下山，两扇磨碛重叠为一。女娲藏于松林，经金龟道人指点，被伏羲找到。于是，金龟道人为媒，兄妹成婚。然后，法师唱述女娲生下肉团，用刀劈开，挂在李子、橙子多种树上，就有了李姓、陈姓等人类，将伏羲、女娲尊奉为始祖神而顶礼膜拜。

在古代巴人世居的大巴山区的金州平利，即今陕西省平利县，有女娲山，与伏羲山相接，上有伏羲、女娲庙，其间关于伏羲、女娲的传说颇多。在重庆，关于伏羲、女娲的传说也为数不少。现举"巴子石"为例略加说明。

巴子石，在古代巴人建立巴国的治所江州城（今重庆）的巴县衙门内。清乾隆本《巴县志》载："巴石，在县署内左厅阶畔，一石耸竖，计蕊二十七磊，叠如桃状，石质苍坚，天然秀拔，又名巴子石。"

关于巴子石的由来，重庆广泛流传着这么一个故事：盘古开天辟地时，天上到处有洞漏水，地上洪水泛滥。玉皇大帝派女娲去补天。女娲到三山五岳去采了九百九十九块五色石头，炼了七天七夜，即以所炼之石补天。补了之后，发现南边天上还有一个洞。期限快满，她就顺手捡块花石头把洞堵住。到了春秋战国时期，雷公电母在南天门外对阵，将那块没经炼过的石头震掉，落在巴国都城。臣民禀报巴国国王，国王跑去观看，只见石形犹如桃花，花中有三九二十七颗石蕊，真是天上的宝石！落在巴国都城，是巴国的吉兆。他便传旨全国，大庆三天，并将此石命名为"巴子石"。

这个传说，把女娲炼石补天的圣绩与巴国联系起来，重庆人在传述这个传说时还颇有一种自豪感。正因为如此，一些文人学士才为其撰文写诗。如清人王汧在《巴子石》诗中赞叹："君不见江州县中拳拳石，累卵错落相堆积。雨雪风饕年复年，苔色斑驳无崩璨……女娲炼补荒天余，或坠尘埃成奇魄……"巴县知县王尔鉴在《巴石铭》中也啧啧称道："……咄咄斯石，磊磊具形。根拔地厚，顶摩天青。炎寒一碧，风雨难倾。俨累卵而弗危，若蜂房之上擎。天工耶？人巧耶？吾莫得而名，用以名吾亭。"

（三）龙蛇后裔禹娶涂山氏的争讼

大禹，这个传说中的古代部落首领，领导人民疏通江河，治理洪水，发展农业生产，可谓功惠万世；娶妻涂山，四日离去，三过其门而不入，真乃亮节高风。因此，禹的高功圣节世代传颂，广布中华。尝留其圣迹的涂山也名播遐迩，成为人们凭吊的古迹。

然而，对此古迹的处所，却世代都有争论。

有的据《左传·哀公七年》"禹会诸侯于涂山，执玉帛者万国"和杜预注"涂山，在寿春县东北"的记载，认为涂山在今安徽淮南市境；有的据《史记·夏本纪》《索隐》"今九江当涂有禹庙，则涂山在江南"的记载，认为涂山在今安徽马鞍山市境；有的据《越绝书》"涂山者，禹娶妻之山也，去县十五里"和《会稽志》"涂山在山阴西北四十五里"的记载，认为涂山在今浙江绍兴；有的据《汶志纪略·山川》"涂禹山，俗呼同灵山，土司住宅在江外；或云：山上旧有瓦寺，故曰瓦寺山也"和《禹迹考》"加渴瓦寺土司署在治（汶川）西北十里，谓之涂禹山，与刳儿坪相距十里有奇，盖即涂山故国"的记载，认为涂山在今四川北川县；还有的根据《华阳国志·巴志》"禹娶于涂山，辛、壬、癸、甲而去，生子启，呱呱啼，不及视，三过其门而不入室，务在救时。今江州涂山是也，帝禹之庙铭存焉"等记载，认为涂山在今重庆市南岸区。

对于涂山所指何地的争论，一些有识之士早就提出了自己的看法。元代贾易岩在《涂山禹庙碑记》里对此做过精详的考证；清代张问陶也写了"巢县争涂山，会稽争禹穴。夏王不再生，此疑谁能决？南指吴越西指蜀，两地相争人欲哭。圣人之圣不在此，神禹闻之当捧腹"的诗句；今人董其祥还专门写了《涂山新考》一文，以历史文献、考古资料等材料，说明禹娶涂山之所指。

对历史上的这场争论及其所涉及的问题如何考证，那是史学家们的事。笔者仅按本文题旨，从文化心理结构角度去探讨巴人对这场争讼所取的态度及其所反映出的文化内涵。

巴人及其后裔对禹娶涂山氏确信在重庆市南岸区，并因此而感到十分自豪。

如前所引，晋人常璩在《华阳国志·巴志》里就记有"帝禹之庙"，接江州县郡治后又具体记述"涂山有禹王祠和涂后祠"。这说明至迟在晋以前巴人就在重庆南岸的涂山上修庙建祠，奉祀大禹及涂后。此地的涂山及帝禹庙、涂后祠在多种史志中都有记载，一些文人学士多为之写诗作赋、题碑撰文，有关传说也在民间广为流传，一些禹涂胜迹亦陆续出现。这些诗文辞赋和民间传说与涂山胜迹相互辉映，充分反映出巴人对治水英雄大禹的倾心崇拜。

四千多年前，大禹继承父亲鲧的遗志，手提开山斧来到江州（今重庆）治水，巧遇美丽善良的涂山氏女。在真武老妇人的撮合下，他俩结为夫妻。以后，老妇人赐禹子午针和乾坤带，黄山老人又赐禹太极寻，降伏了恒星潭里的独角神兽，驱使它拱开了铁山，开通了铜锣峡。尔后，又打开了巫山三峡，疏通九河，根除了华西水患。禹为治水，三过家门而不入。涂山氏在江边伫立盼夫而化为石头。

巴人世世代代传颂着这美丽动人的故事，并据此而建庙立祠，留下了若干胜迹：回龙桥对面山岩下有涂山氏父女曾经居住的"涂洞"；附近的田畴山野，有因涂山女居住而命名的"涂村"；山上低凹处，是涂山氏替禹磨开山斧留下的痕迹"黄桷垭";南天门附近竖立有铭记涂山氏泣别大禹的"禹娶涂山呱呱泣别处"石碑;山脚江边,有涂山氏送禹离去依依惜别的"遮夫滩";两江汇合的江心,有涂山氏望夫归家而化为石头的"呼归石";附近有大禹归来,但见涂山女化为石头,悲痛地对着石头喊一声"启",石头应声而启,滚出孩儿的"诞子石"(即今弹子石);禹把启置于涂洞岩下小溪旁,一只老虎天天来喂奶而留下有"虎乳岩"和"虎乳溪"等。

  一些重庆本籍和旅居重庆的历代文人为禹涂写了不少诗文。著名的有:唐代杜甫的《禹庙》,白居易的《涂山寺独游》;元代贾元(易岩)的《涂山禹庙碑记》;明代傅光宅的《禹庙》,吴礼嘉的《登涂山》,张稽古的《登涂山后作》,曹汴的《重建涂山禹庙碑》;清代曾德升的《望涂山》,顾汝珍的《舟泊朝天门望涂山悠然有作》,龙为霖的《登涂山还憩觉林寺》,张兑和的《涂山禹庙》,王尔鉴的《登涂山题涂君祠》,周开丰的《登涂山微雨集句》,王梦庚的《涂山怀禹迹八首》《涂洞》《涂村》,陈瀚的《涂山赋》;近代王闿运的《登涂山题涂君祠》,邹容的《涂山》等。特别是清末重庆的一位候补七品知县、书画家陈竹波(外号小扫把)继道光二十三年(1843年)镌刻的"夏后涂山"摩崖题刻之后,用大扫把蘸石灰水挥写镌刻的"涂山"这两个高20米、两字合宽21米的擘窠大字,成为全国最大的摩崖字刻,雄浑磅礴,苍劲有力,更为涂山增色添彩,使之成为"涂山叠翠"的"陪都八景"之一。它在人们尤其是重庆人的心灵中更占据十分重要的地位,重庆人都以有此涂山胜迹而自豪。这正体现了他们对帝禹和涂后的景仰和崇拜。

  重庆人为什么如此尊崇禹涂?这种崇敬之情为什么逾越数千年而不衰减?这只以一般的英雄崇拜去阐释是不够的。

  笔者以为,之所以如此,是因为大禹与古代巴人有一种特殊的亲缘关系。

  据《大戴礼记·五帝德》《帝系姓》和《史记·五帝本纪》等文献记载,禹系黄帝之后代,以熊为图腾。但据有的专家考证,禹实出于崇拜龙蛇图腾的氏族:

  "禹"字即象龙蛇。《山海经·海内经》郭璞注引《开筮》云:"鲧死三岁不腐，剖之以吴刀，化为黄龙。"别本引作"剖之以吴刀，是用出禹。"禹即黄龙。《夏本纪》说，禹为姒姓，其后裔名杞，姒以巳，"㠯""巳"同文。《说文》："巳为蛇，象形。"又说："㠯"，从反"巳"，象蛇尾左屈形。"巳""蛇"同字，皆有蛇形。"禹母修巳"（《世本》亦云），原是一条长蛇。这个以龙蛇为图腾的夏禹，其母系当出自伏羲族的后裔。在今四川地区关于夏禹与涂山氏的传说特别流行，不能不说在族源上不会没有千丝万缕的联系。

禹娶涂山氏，出自《史记·夏本纪》。《索隐》引《世本》云："禹娶涂山氏，名女娲，是生启。"又据《帝王世纪》载："女娲氏，亦风姓也……蛇身人首，一号女希，是为人皇。"既然涂山氏即女娲，姓风，而风（古作"風"），从"虫"，与蛇相近。

正因为如此，古代巴人才在涂山禹庙的经楼禅房描绘了不少龙蛇。这有唐代诗人杜甫的《禹庙》诗为证。诗曰："禹庙空山里，秋风落日斜。荒庭垂橘柚，古屋画龙蛇。云气生虚壁，江声走白沙。早知乘四载，疏凿控三巴。"

本文前引《山海经·海外南经》"虫为蛇，蛇号为鱼"以及郭璞注"以虫为蛇，以蛇为鱼"，说明在先民看来，蛇、鱼同类。而禹父鲧，也从鱼，其与龙、蛇之关系昭然。

对于夏禹与巴人的特殊亲缘关系，我们还可从禹的出生地点找出有力证据。

据《帝王世纪》《蜀本纪》《华阳国志》《元和志》等记载，"禹乃汶山郡广柔人。其母有莘氏感星之异生禹于石纽广柔。隋改广柔为汶州。石纽在茂州，域隶石泉军。所生之地方百里，夷人共营之，不敢居牧，灵异可畏"。禹出生的具体地点名为刳儿坪，此地有唐宋人书于摩崖的"石纽""禹穴"。

此引证实禹生于四川。"禹为蜀人，生于蜀娶于蜀，古今人情，不大相远。导江之役，往来必经，过门不顾，为可凭信。"

古时川西虽主要为蜀族所居，但巴人与之交往密切，且多有巴人徙居蜀地。如前文叙写巴人历史时所记的，在商代中叶，鱼凫巴人即西迁到川西建立鱼凫王朝。特别是巴人的一支"鳖灵"（或鳖令），取代了杜宇的地位，建立了开明王朝，先治南安（今乐山市），又治广都，后治成都。蜀族、巴族发生了更加密切的交融。有的专家认为，"鳖灵"即"扁轮"，即"中扁"，她与夏禹部族同属颛顼族的后裔，同时共存于巴蜀地域。其亲缘关系的密切程度不是不言而喻了吗？

禹娶涂山氏女事始于夏初。巴人在江州建国则为周初。夏、商、周三代的准确年代，经史学家们多年研究的结果确定为：夏代的起点是公元前2070年，商代是公元前1600年，周代是公元前1046年，至秦始皇公元前221年统一全国为止，三代历时1849年。按此推算，禹娶涂山氏女至巴人江州建国，相距千年左右，但从商代中叶鱼凫巴人即在川西建立鱼凫王朝的历史看，早有巴人西迁重庆等地是有可能的。因此，禹涂传说在巴族及其后裔中得以广为流传。

这里，还附带说一说涂山更名为真武山的问题。

宋代皇帝笃信道教，崇奉真武祖师，各地修建真武庙。重庆府道官员也将涂山寺改名为真武庙，涂山改名为真武山，还出现了真武祖师从缙云山狮子峰来涂山落脚的传说。此后，涂洞也改名为老君洞。

有的认为，涂山发生的这种变化，是地方官员迎合圣上喜好的结果。笔者以为，这种论断当然有一定的依据，但民众能够接受这种变化，自然还有其他原因。这从真武神的来历中可以寻到一些答案。

真武神的来历有多种传说。其中较为普遍的如：朱熹《朱子语类》卷一百二十五载："玄，龟也；武，蛇也。"真武神的原形就是一条长蛇拥抱一只乌龟。孙作云在《敦煌画中的神怪画》里指出，真武源于禹之父水神鲧（鮌）。禹父鲧为鳖灵氏族酋长，死后化为三足鳖。鳖为其氏族图腾。相传鲧的妻子名"修巳"，修巳即长蛇。鲧为龟或鳖，其妻为蛇，正是龟蛇相交，即玄武图上的龟蛇交尾之像。

由此不难看出，涂山改为真武山的内在情缘。这从另一侧面证实了这是巴人的龙蛇信仰在新的历史条件下的一种体现。

（四）蛇坛供奉与祭龙祈龙

星移斗转，沧海桑田。我国古代巴人虽然已随时间的推移远去了几千年，但他们创造的文化以及由此形成的民族心理却绵延不断地被传承下来。当然，随着社会历史的演进，民族心理也发生相应的变化，但某些固有的特色却仍然顽强地传衍不辍。古代巴人的龙蛇信仰自然也就渗透进巴人后裔的社会生活和人们心理之中。

过去,在三峡地区的一些家宅,将蛇作为"坛神"加以供奉。《巴县志》载:"坛神,名主坛罗公,黑面,手持斧,吹角,设像于室西北隅,去地尺许。岁则割牲延巫,歌舞赛之。""今市井及乡里古宅在百年前者,往往有之(即坛神——笔者注)。"

坛神的种类很多,其中之一叫"蓝蛇坛"。在古宅堂屋右侧,用石板设坛座,上置坛礅,插坛枪,墙壁上贴坛神牌位。蓝蛇坛有两种设置:一种是在坛座上铺撒香灰,香灰上竖置三个鸡蛋,成三足鼎立形,坛礅置于鸡蛋上。坛礅下的三个鸡蛋中间的香灰上,放一条小拇指大小的活的蓝蛇,不吃不喝不动,弯曲盘卧于此。另一种是在墙壁上贴蓝蛇神牌。在长约二尺半、宽尺许的纸上,绘一条弯曲的头朝下、尾朝上的蓝蛇。蛇尾侧写"太洪宝山"四字,绘一个插着花的聚宝瓶。蛇头处画一"老君洞",有的在蛇头上画一顶青色纱帽,表示此蛇已被封为蓝蛇大将。

在举行庆坛祭祀仪式的"拆坛"仪式时,法师作法,蓝蛇从坛座沿新白布牵搭而成的法桥梭出堂屋门外,"迁坛"时,又沿着法桥梭回坛座上。

蓝蛇,传说是黄帝时期的一位武将,姓蓝名天豹。他原是一条蓝颜色的蛇生下的蛇蛋,一位名叫生会的人在去茅山八景宫向李老君学法的途中把蛋拾起,埋在黄河渡口的沙坝里。蛇蛋受了日精月华,炼度成精,蜕变人形,也去茅山向李老君学法。因他没有仙家根本,被李老君逐出茅山。他便兴妖作怪,残害人民,扰乱轩辕社稷。李老君派生会下山,收降蓝蛇。一说是李老君将捆仙绳、斩仙剑、温良帽赠予弟子赵侯,由赵侯收降蓝蛇,打为坐骑,并封赠他为坛神,在民间领受香火。

在庆蓝蛇坛的时候,就要演出上述内容的《降蓝蛇》(也叫《收蓝蛇》)这出戏。

重庆近郊以及渝东南土家族苗族聚居地区的民众除崇奉蛇蟒之外,还对龙有一种特殊的感情。每逢比较大型的祭祀仪式,都要去井旁祭祀龙神,祈赐圣水,烹制斋肴供品。有的还把龙神请进堂屋,上供祀奉。每到春耕播种时,即举行安龙奠土祭祀仪式,祈求保佑风调雨顺,五谷丰登。在民间,龙的传说,以龙名水、名洞、名地等随处可见,至于玩龙灯、划龙船的习俗，已逾千年。其中最有特色的是龙王祭祀庆典和舞龙敬神娱人。

每年农历七月初三，传说是龙王菩萨的诞辰，民间就以村落或更大范围为单位举行公众性祭祀仪式"龙王会"，以求风调雨顺，五谷丰登。有的遇到天旱，也要举行龙王会祭仪，主要是祭祀龙王菩萨祈降甘霖，因此这种祭仪也称"祈雨会"。一般都要到有长流水的地方（龙王居住的圣地）去请水。请水过后如果普降喜雨，解除旱情，就还要举行谢雨祭祀仪式，也称"打谢雨醮"，以酬谢龙王降雨去灾之恩。这种祈雨祭祀活动规模大，参与的信众多，一般要做三到五天，有的一直做到天下大雨才停止。

巴南区接龙镇85岁的老艺人孙国昌，曾在20世纪40年代的一年夏初，参加过南沱地区一千多人聚资在南沱寺举行的祈雨醮，前后共做了四天。在第二天举行请水仪式时，四人抬着寺内供奉的木雕川主神像走在前头，接着是二十八宿神将，然后是各种幡旗、剑戟、斧钺，然后是法师和吹打乐队，最后是参与打祈雨醮的信众，浩浩荡荡，向数十里外的綦江县的三渡水走去。

三渡水这个地方，长年都有像大碗口粗的一股龙洞水。请水仪仗队伍到这个地方后，将川主神置于龙洞口前临时设置的法坛上，法师作祈雨仪式，用马锣舀三马锣洞口长流水装在仪仗队带去的新茶壶内，壶口和壶嘴用蜡封紧。回到南沱寺后，川主神像归位，盛水的茶壶置于神像前。

四天醮仪做完，天降喜雨，旱象解除，五谷丰收。秋收后，就举行谢雨醮仪。仪仗队到三渡水去酬谢龙王。这次，不抬川主神像，而抬一只杀死刨净的肥大的猪牲和其他祭品，盛水的茶壶也要带去。据说，这茶壶里所请的是龙王恩赐的鱼神和虾神，请回的几个月里，鱼虾在壶里繁殖、生长。在举行酬谢龙王仪式时，将壶水倾入龙洞口的泉水里，马上就有一群鱼虾来把壶里生长的鱼虾接引往龙洞游去。

无独有偶。《江津县志》也记载了向川主神祈雨的仪式：

  清源宫，距城百八十里，在石蟆场。邑进士苏州同知周文权有记。记云：蜀自战国始并于秦，设郡县以治。维时太守李冰督子二郎凿江开堰，灌溉蜀郡，为万世利。故至今全蜀城乡无不尸祝以祀，庙号川主。每遇水旱，有祷辄应，春祈秋报，由来久矣。……余闻神像造自前明。里之父老云：合江县木广场山下古刹之侧，有塘曰龙潭，深广不测。正德五年五月一日，塘中忽浮现大木，光怪陆离，僧灵性异而取之，截其木为三，皆刻作川主像。唯此像最巨，故俗称为大老爷。云，遇旱祷雨，必迎神像，走数百十里，至木广古刹供养，与庙内二神像合享。然后，迎神至塘侧，道士持瓶渡塘，向塘后石岩请水。香楮祝毕，共见干燥岩隙中，忽然清泉涌出，急用瓶盛接：泉中有生物虾虫入瓶者雨大，或崖石屑者雨微，以此为验。得水，迎神归至旱处，凡瓶水所洒，甘霖立沛，无不酣足。神之来往于赤日中也，上必有密云覆盖，如凉伞然。然神最严明，偶不敬，立示谴责。或无赖假公干没者，即自暴其私，取刃立刎以死。故凡有祈于神，每兢兢焉。环神居数十里，鲜旱。岁即乾隆戊戌，赤地千里，而吾乡犹半获焉，余维神之在吾蜀也。山以上公众性祭祀，祈川主镇江护民，以免除洪水之患，自是对其河神神性的景仰；祈川主降甘霖以除旱象，也与其河神神性紧密相关。可见，公众多是从川主的主要神性的角度，对其进行隆重的祭祀，这保留了崇奉李冰父子和赵昱治水功绩的遗风。

由此可见，巴族及其后裔对龙的祭拜和祈佑是何等虔诚，何等热烈！

（五）样式繁多龙蛇习俗与舞龙活动

古代巴族及其后裔活动的区域。尽管这里经过多次移民，土著巴人的数量已不甚众，但移居此地的民众几被"巴化"，巴人的一些习俗以集体无意识的形态世代被覆式地传承下来，留存在民众日常生活的方方面面，现略举十端，可窥一斑。

一是蛇祖宗。一般人都觉得蛇蟒可怕，甚至还流传着"一朝被蛇咬，十年怕井绳"的俗语，但是，在重庆近郊和渝东南的土家族苗族地区却流传着"蛇祖"的传说。随手翻开重庆市及其区县的《中国民间故事集成》，都可以见到一些对蛇十分崇敬的篇什，木洞的"蛇祖"便是其中之一种。

在这些地区，民间对屋基蛇都十分崇敬，认为它们是保护神，普遍流传着"屋基蛇是老祖宗""屋基蛇打不得"的俗语。在巴南区木洞镇，过去有一雷姓人家，系当地一个颇为富裕的地主，人们称其为"雷万石"（即收万石租谷）。他的家龛上，不供"天地君亲师"五福神位，而供一条纸画的大蛇。据传，他家老祖宗就是一条蛇。他常年不在家里沐浴，而去附近的一个山洞里洗澡。一次，他的妻子出于好奇，跟踪他至山洞。他的隐迹被识破，遂得病而死。妻子后悔不及，怄气伤肝，也一病不起。临终前，她将此事告知子女，嘱咐他们画条蛇像供奉在家龛上。从此，雷家子子孙孙都虔诚地敬奉"蛇祖"。这个传说不仅载入《中国民间故事集成·重庆市巴县卷》，而且至今在木洞一带还广为流传，一些上了年纪的人都能口述，有的还能指出雷家过去所住的地址及其附近雷祖洗澡的山洞。

余云华先生编著的《巴渝民俗风情》，在转述了此一传说后指出，这家主人姓雷，即揭示出他是巴人的后裔。他转引了早在周代就成书的《山海经·海内东经》的记载："雷泽中有雷神，龙身而人头……"后说，这"龙身而人头"就是"蛇身而人头"，乃伏羲"蛇身人首"的翻版。

类似的传说在重庆其他地区也有流传。余云华先生还列述了在重庆一带至今人们还信奉蛇是他们的祖宗。其蛇有的是"青蛇"，有的是"赤蛇"，这也印证了《山海经·海内经》关于巴人初始图腾为"黑蛇，青首"以及《山海经·海外西经》记载的"左手赤蛇"图腾的记载。

二是蛇仗义。在丰都鬼城里，供奉着两尊面目可怖却疾恶如仇的鹰将蛇神，神像两侧有一副对联。那"蛇神魍魉令邪恶忘形"的联语蕴含了一段不平凡的往事：宋代一位儒生，护蛇有情。他离家赴考，蛇即化为金甲神为其护家。后来，官府以蓄藏妖孽罪名杀了儒生。义蛇复仇，伤人无数。朝廷惊恐，只得封儒生为护国镇海侯，玉皇大帝亦封义蛇为蛇神，永享人间香火。由此可见灵蛇仗义之一斑。

三是蛇报恩。也是在丰都鬼城里，还传说着一个实有其人的动人故事。丰都籍的明代成化二十三年进士杨孟瑛，在外为官清廉，告老还乡后，乘马车在平都山察看地形，突遇雷电交加，大雨倾盆，辕马受惊，车至悬崖却被九条大蟒连挽带挡稳住而幸免于难。夜梦九位姑娘向他诉说情由：他在任杭州知府时，废除了每年用童女祭祀钱塘江神的恶习，许多少女从此幸免沉江之难。此前九位葬身江底的姑娘，得知姐妹从此不再重遭她们的厄运，对他十分敬重，始终在冥冥中保护他。今日见他有难，故化作巨蟒相救。丰都据此即在崖边修了一座九蟒殿，梁柱上缠绕九条神态各异的蟒蛇，九蟒爷爷杨孟瑛端坐正殿，身后彩云簇集，伫立着九位仙袂飘飘的美丽女子。

江津四面山风景区的入口处，有一条小河沟，河边有座观音庙，庙旁住着一位姓杨的石匠。有一年，山洪暴发，观音庙前来了母子三人。母亲是个后娘，硬逼前妻儿子背她的儿子过河，结果两个儿子都淹死了。后娘后悔不及，就跳河自溺，杨石匠拉住她，救了她的性命。她就留在观音庙当尼姑，还牵头募捐钱粮，由杨石匠修了一座桥，免除人们涉水过河之危。

杨石匠在修桥时在桥下挂了一把斩龙剑。在四面山有一条青色大蟒，修炼万年，即将成龙随水游往东海。它为了避开斩龙剑，只得飞身过桥。但它离开河水，两眼就什么也看不见。它就化作一个白发老翁，请杨石匠凿开它的双眼。到了大蟒成精时辰，雷雨大作，河水暴涨。这时，杨石匠睡梦正酣，只见白天请他开眼的老翁来到床前，告知它将趁着暴涨的山洪飞过石桥游往东海归位，洪水快要冲淹小屋，叫杨石匠赶快奔走上山。杨石匠翻身起床，冲出房门，又看观音庙也快被淹没，便去叫醒尼姑，一同上山。刚离开庙门，洪水就把观音庙和杨家小屋卷走了。大蟒为报杨石匠开眼之恩，救了他和尼姑的性命。

四是蛇吞象。这有两种传说。一种是说行人走在坡上，看见两条蛇你从我尾部将我吞进你的肚里，吐出过后，我又从你尾部将你吞进我的肚里，如是者三，便用刀砍下蛇的头部，偷偷拿去放在端公庆坛的法桌上，接受他的祭奠，使之具有灵性法力。然后，在赌钱时，将其藏于衣袖内。头朝内则赢钱，头朝外则输钱，输赢由你自己掌握，保证赌运亨通。

还有一种说法是，有一人曾经救过一条蛇，后蛇长大成龙。适逢公主生病，皇榜征求龙肝。那人禀告大龙，龙张开嘴巴，让人进肚割龙肝为公主作药引。公主服后病愈，那人被封为相。后来，宫中又有嫔妃生病，那人又去割龙肝。多次割肝，献肝受赏。龙很恼怒这人的贪心，在他再次进肚割肝时，闭上龙嘴，吞相于肚。这则"蛇吞相"故事，龙由报恩转而惩贪，给人以除去贪欲的告诫。因此，民间还流传"人心不足蛇吞象，狗心不足挨两棒"的箴言。

这"蛇吞相（象）"的传说，应与《山海经》中"巴蛇食象"有一定联系，系该母题的延伸余绪。

五是蛇齐会，即蛇聚集在一块。过去，在三峡地区，这种事象时有发生。笔者在叙说巴人先民所居之地蛇蟒众多时，对此已有述及。在此，再引《蜀中名胜记》卷二十五的一段记载："一曰巴蛇洞，……每岁端阳前后，有蛇自柱础间出，沿阶满室，大小颜色非一种，然不为害，昔人传云三万四千尾，不可数也。按此即巴蛇洞云。"

六是蛇禁忌。笔者儿时常听长辈谆谆告诲，在野外碰见蛇时有三戒：一为遇到蛇爬树，或者爬竹，与你比高低，你要旋即脱下衣服，往空抛掷，务必高过爬树或爬竹的蛇，你才不会生病，否则，将大病缠身，甚至丢命。二为碰见蛇脱壳，你要把衣服裤子赶快脱光，要比蛇先脱完，否则，也要生病，甚至死亡，即使不死也要脱层皮。三为碰见蛇交尾，要马上躲开，不能观看，并解下裤带，套在树上，并说："我什么也没看见，树子可以作证。"否则，就要走霉运。

七是蛇抱蛋。这是一种游艺竞技性质的习俗。这种习俗在三峡地区广为存在，而且至今不辍。其做法是在地上画一圆圈，圈内置三颗石子，或将石子置于圆圈中的三角形内，一人匍匐其上，手脚着地，将身子护住石子，意即蛇在孵化小蛇。匍匐者如孵化幼雏的动物那样，千方百计甚至舍命护"蛋"，免受他物掠取。参与游戏者可三人、五人，以划指或拈阄决定输赢，输者抱蛋，赢者抢蛋。抱蛋者伏地护蛋，以腿扫打抢蛋者，以触其身体为赢，被触者为输。输者与赢者换位，去伏地抱蛋。如果三颗石子全被抢走而又未触及抢蛋者人体，抱蛋者就输了一局，继续抱蛋。不同地区，玩法都大仍其体而略有差异。

《巴渝民俗风情》作者阐释蛇抱蛋的文化内涵时说，它是蛇祖观念的再现，演绎了蛇的祖宗生育护子的民族精神。在世界民间文化中，圆圈、三角形可代表女根，其中的石子代表蛇蛋，匍匐其上的人便是母系氏族社会时期祖宗的化身。其整个作为就是孵雏护子繁衍后代的演化，具有追思远祖的缅怀之意。

八是占龙脉。过去，巴人及其后裔民众认为大地由龙托起，山势的走向即龙脉的外化，生住死葬的位置与龙脉息息相关，并与吉凶相连。因此，无论是修阳宅，或者是选葬所，都十分讲究所占龙脉的吉凶。

九是龙饰物。将龙形修饰在多种物件上。大者如建筑，梁柱门窗上画龙、雕龙，门环铸龙头形，署衙宅院显处，雕塑龙体，墓额和石栏上著龙者亦常有之；小者如衣帽荷包，也绣龙形，连图章上也镌刻龙的图案。还有将龙的九子按其特性饰于相关地方，诸如将生性喜水的蚣蝮雕刻于桥柱，将喜好冒险的嘲风铸像置于殿角，将平生好吞的螭吻塑于殿脊，将状似螺蚌性好闭目的椒图塑为铺首衔环的形象，将生性好杀喜血腥之气的睚眦刻于刀柄，将力气特大喜负重物的赑屃刻于石碑下端，将平生好鸣的蒲牢的头像刻于大钟的钟钮，将喜欢蹲坐的狻猊刻于佛像底座，将性喜音乐的囚牛刻于胡琴琴干上部等。可以说，生活中相当多的用具，都饰有龙或龙子的形象。连在江河中航行的船只有的也叫"蛇船"，乌江支流郁江上航行的首尾上翘的木船即是。至于龙舟的装饰那就自不待言了。

十是取龙名。以龙取名者以地名居多。这些地名的由来，都有它的依据。或传说，或实事，或象形，或寓意，虽难细考，也可窥其概貌。就以重庆城区为例，即可见出以龙取名的事象不可小觑。

据20世纪80年代统计，当时重庆城区以龙命名的路、街、巷、村、社、区共104个。较为有名的如龙门浩、望龙门。其名由来传说为：大禹曾在此地治水，得黄山老人赐与的太极寻，降服了恒星潭里的独角神兽，驱使它拱开了铁山，开通了铜锣峡。尔后，又打开了三峡，疏通了九河，原盘踞此地的龙离开处所，顺着洪水东下入海，此地即名龙门浩。有未走之龙望着同伴经浩下行，便有了望龙门。再有较为有名的是化龙桥和龙隐路。前者因当地曾有一孽龙为患，民众即修一桥镇之，故名化龙桥。孽龙隐没之地当然就叫龙隐路了。为什么此地这么多以龙取名的地方？有人云此地原是一大湖泽，藏龙甚多。其实，这恐怕与"巴"的治所有关。试想，巴人在此建国800余年，"巴"的"龙蛇"遗迹的留存不是十分自然的吗？

从公元前316年秦灭巴国至20世纪80年代，历时2000余年，经过若干历史风雨沧桑，重庆城区尚且留下这么多古老巴人图腾崇拜的遗迹，那么，在广袤的农村，这种遗迹的留存就可想而知了。事实上，只要稍一留意查看，一些区县以龙命名的乡镇、村社和河道、溪潭，就真是数不胜数了。

在如此厚重内蕴和丰富事象熏陶下的巴族及其后裔，采用舞龙形式来抒发他们对龙的崇拜之情是顺理成章的事。当然，他们持龙舞蹈还有其直接的功利因素，就是为了驱凶纳吉，祈瑞祯祥。

舞龙习俗是怎么形成的？《中国民间故事集成·重庆市巴县卷》里载录了此地流传的舞龙来历：伏羲、女娲兄妹创制人烟，为了人类的生息，便拄起拐杖成年累月地奔波被累死后，拐杖受了日精月华，变成了有头有尾、有脚有爪、有角有鳞、细颈大肚的似蛇非蛇的长虫，不仅能在地上爬，水里游，而且还能在天上飞，人们就给它取了个名字叫"龙"。

那时，经常山火爆发，瘟疫流行，人畜痛苦不堪，但人们发现，只要龙在哪里，哪里就没有山火和瘟疫。从此，人们便把龙视为吉祥物，当神一样敬奉。

后来，又遇山火和瘟疫，却不见龙的踪影。人们去山里寻找，发现龙已死去。人们就把龙皮剥下，攘进树桠荒草，用棍支撑，像活龙一样舞动，居然熄了山火，灭了瘟疫。有一年春节期间，黄帝娘娘生病，黄帝就招请人们去舞龙，黄帝娘娘看后，病体痊愈。黄帝下令，各地在过年期间都舞龙。久而久之，就形成了大家遵循的习俗。

龙是伏羲、女娲遗留的拐杖变成，实为人首蛇身的伏羲、女娲的幻化，乃巴人龙蛇图腾崇拜的余绪，揭示了巴族及其后裔舞龙的深层内蕴；所舞之龙，系树桠荒草攘就，便道出了此地早期多玩草龙的来由；舞龙是为了灭火驱瘟，则为后世舞龙祈雨纳吉的目的找到了依据，展示了由龙的施雨布水本性而产生的舞龙的基本功能。

过去，在巴族及其后裔聚居的一些集镇，一般从正月初九开始，至正月十五元宵节，每晚都有舞龙活动。舞龙前，人们以木为架、以篾制体、以纸糊形、以布为皮、以麻为须制成几节、十几节甚至数十节的龙体。龙身彩饰，腹内置灯，故名"龙灯"。龙头多由有名望的男子执掌，龙身一人执一节，耍龙尾的多为滑稽可笑的小丑。开龙前，先到禹王宫敬禹王，以喻禹王附体。然后出龙，各家各户在门前摆上祭品祭祀。舞龙者扎头巾，着短裤，赤膊上阵，边走边舞。舞者协调连贯，龙体上下翻腾，活灵活现。人们频频地将事先熔化了的铁水用木板打向空中，发光的铁屑撒落在龙身上，或用焰火喷烧龙体，火花四射，满天飞舞，故名火龙。火龙前，一个持有带响声"元宝"的人，逗龙起舞。全场锣鼓震天，鞭炮齐鸣，洋溢着昂扬欢腾的气氛。从正月初九日起，夜夜如此，一直到正月十五晚上，才将龙体烧掉，是为"化龙"。

这种舞龙活动十分活跃。比如，重庆市巴南区姜家镇的附近几个乡镇，定时进行火龙聚舞，以至形成九龙盛会的热烈场面。还有的多至数十条，甚至百余条。如清同治年间刻本《酉阳直隶州总志》卷十九《风俗志》里载：

> 初三四日之后，有龙灯之戏。州属市镇乡村皆有之，唯龙潭镇为盛。四乡之龙，皆集于镇。夜数十条，或百余条，至上元夜而后止。其万寿宫一龙曰老龙，系乾隆四年所制者，龙瑰奇，长约三十丈，大三围，执以四十八人。又天后宫一龙，曰鸭子龙，龙须长八九尺，大亦二三围，执以三十六人。二龙之出，锣鼓震地，烛火灼天，诸皆不敢抗。此升平之盛事，市镇之奇观也。

此段文字记述了渝东南酉阳土家族聚居地区尤其是龙潭镇春节舞龙的时间、规模。"州属市镇乡村皆有之"，则道出了酉阳地区春节舞龙活动之普遍。

春节舞龙习俗经过长时期的推衍，发展成了种类繁多、形式多样的舞龙活动。除前述如火龙外，常见的还有：一是菜龙，包括萝卜龙、白菜龙等。竹竿上插萝卜或白菜，以绳相连，多在腊月二十三舞之以祭灶。二是柑子龙，又名橙子龙，有的地方叫橙子为橙柑，故名。该龙以橙为本，以竹为把，以香插形，以绳相连。其义取橙喻"呈"，橙子即"呈送儿子"，多由童子在八月十五舞动，与中秋节给未孕媳妇送瓜风俗相连，形成破瓜送子的综合习俗活动。三是稻草龙。收稻挞谷期间，就地取材，用稻田谷草扎成龙形，舞动以庆丰收；也有在年节舞动，以贺节庆。四是黄荆龙。用黄荆桠条和其他野草等扎成龙体，在祈雨抗旱时舞动，以求庄稼生长茂盛，五谷丰登。五是孝龙。以白布牵扎成长龙，为祭吊老年死者舞动，以寄托后辈的哀思。六是墨龙。因龙体和舞者衣裤均为黑色而得名，多在春节期间舞动。七是小金龙，又名小彩龙、童子龙、龙崽崽。龙体小巧，多用彩色布料制成，一般在新春时节和庙会舞动，也有为求子舞玩。八是彩龙，又称滚龙、布衣子龙。多用纺织品裱糊、彩绘而成，常在春节、庙会和一些祭祀活动时舞动。九是虾子龙。用竹篾扎制，用白绸或皮纸裱糊、彩绘，因形似虾而得名，多在节庆场合舞动。十是肉龙。龙头、龙尾扎制，龙身即舞龙者的赤膊身躯，一般在春节期间表演。十一是扁担龙，又称箩筐龙、笆圈龙。用扁担当龙把，插入箩筐或笆圈，扎制成龙宝、龙头和龙身，再用筐的棕绳连接，常在节庆时舞动。此外，还有板凳龙、旱龙、鱼龙、脱节龙等。

中华人民共和国成立以来，舞龙活动有了新的发展。重庆市铜梁县的舞龙队多次进京参加比赛和表演，其舞龙形式有大蠕龙、火龙、小彩龙和鲤鱼跳龙门等 20 余个品种，舞龙技艺也有所提高。如大蠕龙，以前只有"龙出行""线 8 字""螺丝绞""龙抱柱"等几个简单的套路，经过改进后，发展为"龙出洞""三抖须""大出宫""拜四方""双环套""舞天花""如意梭""慢游龙""三环套""大盘龙""马步""大回宫"共 12 个套路，深受人民群众的喜爱，而被誉为"中华龙"，成为国家级非物质文化遗产保护项目。列入重庆市级非物质文化遗产保护项目的则有石柱土家族自治县的板凳龙、彭水苗族土家族自治县的火龙等 19 个。

三 次生图腾的白虎崇拜

廪君巴人的次生图腾白虎崇拜，《世本》《后汉书·南蛮西南夷列传》等有所记载，但语焉不详。这支巴人及其后裔土家族人有语言但没有文字，历史传承就靠老人特别是祈神使者"梯玛"[①] 的口头转述。关于其次生图腾白虎崇拜则主要从他们及其民众的口碑、习俗等得知，当然也要运用汉文记载的一些相关资料予以佐证。

---

① 梯玛：土家族古老宗教的祭祀人员，汉语称"土老司"，即巫师。

（一）尊崇白虎为族祖

不少学者在论及巴人族祖的时候，都引用《世本》和《后汉书·南蛮西南夷列传》关于廪君死而魂魄化为白虎的记述。

那段文字，既可看作信史，但其间也包含着浓厚的神话成分。与该段文字记载相联系的是土家族民间广泛流传的关于虎奶养育族祖、虎人相配繁衍土家人的神话。

神话一：卵玉喝虎奶长身。很早很早的时候，宇宙是一片滚滚烟尘，无天无地，昼夜不分。后来，不知在什么时候，刮起一阵狂风，吹散烟尘，飘来一朵白云。白云里有一个蛋。蛋壳慢慢裂开，跳出一个姑娘，这个姑娘名叫卵玉。她跳出蛋壳后，喝虎奶长身，吃铁砣砣有劲。她见天地粘连，就用箭射裂开来，从此才有了世界，才有了山川河流。卵玉创制了天地后，又按照女娲娘娘的指点，顺着河流行走，见有八个桃子和一朵桃花漂流而来。她拾起吞掉，便身怀有孕。怀了三年零六个月，生下八儿一女。从此，才有了土家人。

神话二：蒙易喝虎奶长大。从前，有个叫蒙易的姑娘，从小没有见到过父母，靠喝虎奶长大。有一天，她去井旁洗衣，不慎将戒指掉进井里，便解衣宽带下井里去拾捡。这时，一条白龙从井水里跃出，向她闪射三道白光，于是怀孕，一胞生下三个儿子。这三兄弟后来被尊为白帝天王，成为土家族最受崇奉的英雄神。

神话三：八部大神①吃虎奶长大。古时候，有个名叫苡禾的姑娘，上山采菜，嚼了把茶叶解渴，因而怀孕。三年零六个月后，生下八个儿子。弟兄太多，苡禾无力抚育，就把他们丢进山里。这八弟兄靠吃虎奶长大成人，本领超群绝伦，在土王破嘎冲手下为将，作战有功，封地于

---

① 八部大神：传说较多，其中一说是五代时任溪州刺史的彭士愁，即土王彭公爵主，有九个儿子。每逢正月初三，要举行一次杀牛祭祖的摆手舞。有一年，彭公爵主外出买牛未归，而祭祀的时间又到了。怎么办？八个弟兄商量，父亲买牛未回，祭祖摆手误不得。老幺年纪小，又是个哑巴和跛子，活在世上也没益处。他们就把老幺捆起来杀了祭祖神，跳起摆手舞来。正当摆得热闹时，彭公爵主回来了，发现他们把老幺杀了，一气之下，就把八个弟兄赶了出去：老大住在永顺的老司城，老二住在龙山的农车，老三住在龙山的洗车，老四住在龙山的岩纳坪，老五住在龙山的靛房，老六住在龙山的水八洞，老七住在龙山的措咱，老八住在龙山的哑东。后来，他们在开拓湘西有功业，死后土王封他们为八部大神。

龙山、永顺交界地区，号称八部大王。死后，谥封为八部大神，并立庙祭祀，被土家人尊为始祖神。

神话四：补所、雍尼吃虎奶、龙奶长大成人。很久很久以前，有个老妈妈生了七个儿子，一个女儿，分别名叫气力、蛮哥、长手、长脚、杉卡、沙索、补所和雍尼。他们吃虎奶长大，喝龙奶成人。老母病笃，想吃雷公肉，弟兄们捉来天上雷公，关进铁笼，去作宰杀、煮熬的准备，留补所和雍尼照看。雷公向补所和雍尼讨了一点火和水，借此逃脱，返回天庭，决心要降大雨淹没人间。为了报答补所、雍尼的救命之恩，送去葫芦种子。七天过后，葫芦长成仓屋大，并张开大口。补所、雍尼跳进去后，雷公就擂天鼓，下暴雨，九天九夜不停，涨了齐天大水，地上没有了人烟。在天神的撮合下，经过若干周折，补所、雍尼兄妹才成婚，生下一个肉团。他们借天上落下的金刀砍成120块，甩地成人，繁衍了人类。

神话五：虎娃繁衍土家人。远古时候，有只老虎与人结合，生下一个孩子，脸呈半人半虎形象。他既有人的聪明，又有虎的勇敢，人们都称他为"虎儿娃"。他走到山上，百兽尊他为王，受惊的烈马见了他也站立不动。有一年，京城皇帝的三公主被魔王抢走，四处张榜，谁救出了三公主，就将三公主许配给谁。虎儿娃揭榜，去到魔王洞口。魔王吐出雾气，大树连根拔掉，可虎儿娃纹丝不动。虎儿娃进洞斩了魔王，救出了三公主。皇帝遵守诺言，将三公主嫁给了虎儿娃。他们所生的孩子，就是后来的土家人。

神话六：芭梅姑娘配白虎，繁衍土家七姓人。① 远古时代，有个老阿公，带着孙女芭梅上山放羊，将羊赶放了这坡，又赶放那坡，在风风雨雨里过日子。老阿公的胡须被霜风染白了，叹气说："哪个能帮我放

---

① 土家姑娘配白虎的故事还有一说：古时候，有个放羊的土家姑娘，到竿垃放羊，住在半垃上的岩洞里。竿垃这个地方，豺狗很多，经常咬噬羊群。有一天，姑娘说："哪个能帮我赶走豺狗，守护好羊，我就嫁给他。"话刚讲完，突然跑来一只白虎，将豺狗撵得无影无踪。放羊姑娘见是只白虎，很为难。晚上，她将羊赶回岩洞，白虎也跟了进去，眨眼变成一个英俊的小伙子，姑娘与他成了亲。从此，白天，变成白虎到坡上守护羊群；夜晚，变成小伙子与姑娘住在岩洞里。他们生育了七男七女。姑娘教他们呼白虎为"利巴"。一天，白虎与姑娘正在山上放羊，突然天上响起一阵惊雷，白虎化成一颗白亮亮的星星飞上天去了。放羊姑娘恍然大悟，白虎原来是天上白虎星君变的。竿垃周围方圆千里都没人烟，这七对兄弟姐妹只好互相成亲，繁衍了土家人。

羊，我就招他做孙女婿。"天上白虎星神听见了，就变成个小伙子，来帮老阿公放羊。老阿公见他长得标致，放羊到坡上，豺狼老远就躲开，很是喜欢，让孙女芭梅与他成了亲。有一天，芭梅上山去送饭，只见羊群，不见放羊人，找到山坳，见坳口树上挂着斗篷和赶羊鞭子，树脚躺着一只白虎，芭梅被吓得晕倒在地。在昏迷中，芭梅仿佛觉得白虎在身边绕了三圈，就不见身影，只见一颗白灿灿的星子飞上了天。这时，老阿公才明白，原来是天上的白虎星神下凡。芭梅婚后，共生下七个儿女，人们称之为白虎崽。长大之后，繁衍成了土家族的田、杨、覃、向、彭、王、冉七姓人。

神话七：白虎伢崽成为"流落"① 祖师。从前，有个土家族姑娘到坡上去掐蕨菜，见有只白虎走在前头，地面上留下了虎脚印。她踩着路上的虎脚印，浑身惊抖了一下，没走几步，肚子痛了起来，好像有胎儿在动弹，心里很害怕。心想自己是个妹仔，怎么就怀孕了？真没脸见人呀！走着，走着，肚子痛得更加厉害，便往路边一个岩洞走去，在洞里生下个伢崽。过一会儿，那只白虎走进洞来，不但不伤害她，而且还给她送来开水，叼来野兽肉，捧来锦鸡蛋。夜里，坐守在洞口，不让豺狼伤害她。她见白虎善良心好，很是感激，就住在岩洞不走了。白虎很喜欢那个伢仔，白天，驮他到山坡上玩，捉梅花鹿给他骑；夜里，讲天上星宿故事给他听。白虎出门，或者遇到凶煞事情，就取本书来看。平时，那本书没有字，有事翻开，字就显了出来，能占卜吉凶，禳灾避祸，是本无字天书。有一天，孔雀鸟屙了坨屎在白虎的背胛上，孔雀鸟屎有毒，白虎的背胛腐烂已看得见脊骨，不久，白虎死了。伢崽长大后，拿着那本无字天书，与母亲一道走村串寨，帮人家占卜吉凶。神桌上摆只木雕白虎，翻看无字天书，非常灵验。人们酬谢他时，总要问他的姓名和家世，以便传扬。他不好讲，只含糊其词地说自己是四处流落之人。人们误听为他姓刘名罗，称他为"刘罗"祖师，实则应是"流落"祖师。

土家族民间，关于虎为族祖的神话很多，几乎随处都可听到。从上述几则比较典型的神话里，我们可以看到这样几种情况：（1）被尊为生育神的女子喝虎奶长大，从而繁衍了土家人；（2）生育女神所生的

---

① 流落：土家族巫师的称谓。

儿女靠虎奶的哺育，长大之后繁衍土家人；（3）生育女神直接与虎（甚至明确说明是白虎）结合而生虎崽，繁衍土家人；（4）生育女神与虎结合，不仅生育虎崽，而且还传授天书，成为土家族的宗教祭祀仪式的主持者，甚至是政教合一首领的"流落"祖师。这些神话十分明确地表明，土家人自认是虎的后裔，把白虎尊为自己的族祖。

这种以虎为族祖的观念，不仅体现在人们口头传扬的神话里，而且还渗透进土家族的社会生活中，成为一种重要的风情习俗。

土家妇女生小孩，"捡生娘"不用剪刀剪脐带，而用白线结扎小孩脐带。她们认为，白线是白虎的虎须象征物，婴儿是白虎的子孙，以此求得虎祖佑护。以后，要给小孩穿虎头鞋，戴虎头帽，盖"猫脚"花被衾，脑门上还用锅烟子画个"王"字。

土家姑娘出嫁前一天要举行簪冠礼。其间，要追思由神蛋所生，喝虎奶长身的先祖卵玉。在"开脸"时，用男家送来的两个煮熟的红鸡蛋在脸上滚三下，还要用虎骨酒招待前来伴嫁的姑娘们。在结婚时，新郎不直接到女家去接亲，而是确定一个新郎的代表者混杂在接亲队伍的青年男子中。接亲队伍到了女家后，伴嫁姑娘在接亲队伍中找新郎代表者，往他脸上抹黑锅烟。这新郎代表者，土家语称"摸米"或"莫毕"，其意是"猫仔"。土家讳虎为"猫"，"猫仔"就是"虎仔"，就是虎的后裔。将新娘接到男家后，男家正堂屋的大方桌上，要铺上虎毯，以示祭虎祖。

土家的老人死后，孝眷亲友要围绕灵柩"跳丧"。跳丧唱的《十梦》丧歌里，有"三梦白虎当堂坐，当堂坐的是家神"等唱词，并配合丧歌舞跳"虎抱头""猛虎下山"等舞姿。

除了在人生四大礼仪——诞生礼、成年簪冠礼、婚礼、葬礼——中融入虎祖习俗外，在其他的日常生活，祭祀仪典甚至起名、造物等事象里，也有不少虎祖习俗。

土家人跳摆手舞，摆手堂的神桌上要供奉虎或虎皮；跳者要披虎皮，现今没有虎皮，则披土花锦被，以象征虎皮五彩斑斓。家龛上，一般都供奉木雕或纸绘的虎像，过年祭祖，要将虎皮供奉于神桌中央，且禁闻猫声。巫师跳神，手舞五彩柳巾，也是用此来象征虎的斑斓条形花纹。据说，用这样的虎纹柳巾，才能噬食鬼魅，驱灾除祸。凤凰、吉首一带的土家族，祭神盟誓，不喝鸡血酒，而喝猫血酒。如前所述，猫是虎的避讳之称，如将砍柴用的斧头称为猫头。因斧、虎两音相谐，故以猫代虎。喝猫血酒，表示自己是虎的后裔，与虎有血缘关系，没做愧对虎祖之事。

　　土家人还以虎来做造物印记。一些土家人的大门顶上雕琢白虎，门环铸成虎头。在古代的战具上，常铸白虎印记。比如錞于，本是中原华夏族作战用的军乐器，但传为土家族先民巴人作军乐器后，便在錞于上铸一只白虎为钮，作为族徽，史学家们称为"虎钮錞于"。作战用的戈、剑，都铸镂有虎头形或镂刻有虎形花纹。在20世纪80年代，湘西古丈县还出土了一颗白虎铜印。至于用虎来命取人名、地名，古今皆是，不胜枚举。比如永顺县土家族传说，他们来到永顺的祖先，一个叫铜老虎，一个叫铁老虎。又如保靖县土家族传说，他们来到保靖的三个祖公，老大叫飞山虎，老二叫过山虎，老三叫爬山虎。他们因替皇帝平寇征战有功，被分封于保靖。老大飞山虎住普戎，老二过山虎住踏梯，老三爬山虎住耀坝四方城。所以，至今保靖土家族很爱以虎取名，表示他们是虎的后代，以弘扬虎祖的虎威为荣耀。

　　以虎为祥瑞的观念和企求虎祖护佑的事象，惯存于土家族亘古以来的历史长河之中，而且至今不衰。湖北省长阳土家族自治县成立时，土家族群众就扎了一只白虎抬着游行，既显示自己是白虎的后裔，也具有希望虎祖庇护，使裔孙繁衍、地方兴旺的含义。

　　应当说明，土家人虽然自认为是白虎的后裔，十分崇拜白虎，但是也驱赶白虎。他们将白虎分为两种，前者为坐堂白虎，是家神，要崇敬；后者为过堂白虎，是邪神，要驱赶。土家人传说，从前，土司王有个幼妾，因被遗弃，愤而投河，死后变成过堂白虎，残害土司王的子孙。凡婴儿降生，男孩三天之内，女孩七天之内，须备牲醴，请巫师作法驱赶过堂白虎，否则，小孩就要生病，甚至夭折。有些地方，当老人去世时，家人立即在其住房四周，插上多副竹弓竹箭，或用桃树枝做弓箭七把，防止过堂白虎来咬尸。出殡时，将弓箭置于棺木上，安葬后，则插于坟前，继续防止过堂白虎对尸体的伤害。

　　这种驱赶白虎的事象，虽然在土家民间已成为一种习俗，但从整个土家族的信仰心理看，它居于十分次要的地位，土家族还是以崇拜白虎为其族征的。

（二）族祖廪君成虎神

《世本》和《后汉书·南蛮西南夷列传》所载之"廪君死，魂魄世为白虎。巴人以虎饮人血，遂以人祠焉"即已表明，廪君不仅被巴人尊为族祖而倍加推崇，而且还奉为神明世代祭祀。在鄂西长阳、恩施、建始、巴东、五峰等地，均建有廪君庙宇，以享牲祭。

廪君魂魄化为白虎，土家人将其视为虎神。那么，这廪君与虎又是怎么联为一体的呢？

据史学家研究，古代的巴人语与现今的土家语一脉相传，他们皆呼虎为"li"。由于巴人及其后裔土家人没有正规的文字，人们将其"li"音记载成汉字时，写成"廪"字。廪读"lin"，与"li"音近。清江流域的巴人以虎为他们所崇拜的图腾，而图腾是指原始社会中同一氏族的人所奉为祖先、保护者及团结标号的某种动物、植物或无生命物，白虎也就成为清江流域这支巴人的标志。

在远古时代，人们多以民族标志的图腾为本氏族的称号，即出现最初的姓氏。因此，清江流域的巴人即以虎为姓，对其男性首领尊称为虎君，汉字记音为廪君。后来，由于汉族姓氏的兴起，土家族及其先民巴人这种以图腾虎而称为廪姓者，也就被一些汉族史学家写成李、林等姓氏。这种称虎为廪，进而演化为李、林等姓氏，也与土家语呼公虎为"利巴"同理。土家语称虎为"li"，汉字记音也可记作"利"。土家语称父亲为"阿巴"，"巴"近乎汉字"爸"，即父亲之意，"阿"是发语词，无实际意义。既然称父亲为"巴"，那么，前述神话六注之竿垃放羊姑娘教她的虎崽呼其虎父为"利巴"，也就顺理成章了。此外，虎"li"，汉字也可写作"帝"，后文即将叙说的因白虎神异而被尊为白帝天王，即是一例。

廪君死后化作白虎，不仅史书有所载，而且在土家人聚居地域还有实地可查，此地称为"白虎垅"。清同治《长阳县志》载，"县西二百三十里，昔廪君死，精魂化为白虎"，故称为白虎垅。民国《重修县志四区采访册》亦载："白虎垅，在渔峡口东村之右，与村左青龙寺相对。维石岩岩，虎视眈眈。旧志指廪君化白虎处指此。故渔峡口东西两村称为白虎垅。"此地既为廪君逝世魂魄化为白虎的圣地，自然也就成为历代土家人凭吊、瞻仰、祭祷、祈祥的圣地，廪君自然也就演化成了白虎神。

在清江流域一带，将廪君作为白虎神祭祀的同时，还把他当成向王天子而加以崇奉。

土家人为什么把廪君当成向王天子呢？据《长阳县志》载："廪君世为人主，务相开其国，有功于民，今施南、巴东、长阳等地立庙而祀。土语讹相为向耳。"《向氏家谱·先世遗迹》亦载，其先祖曾在三龟坪立向王庙，云："向王者，古之廪君务相氏，有功夷水，故土人祀之。"清代土家族诗人彭秋潭也写竹枝词云："土船夷水射盐神，巴姓君王旧有闻。向王何许称天子，务相当年号廪君。"

以上所述充分说明，巴子务相，既被众姓氏族共举为君长，称其为向王天子也就不足为奇了。

既被尊为向王天子由"土人祀之"，当然也就得立庙供奉。据《长阳县志》载：仅长阳县境，修建向王天子庙即多达41座。这些庙宇，多建于岩穴或高石崖上。如廪君发祥地武落钟离山的赤、黑二穴洞顶，就建有向王庙，周围悬崖绝壁，十分险峻。这也成为土家祖神供奉的一大特色。

土家人们对他们先民的图腾崇拜和祖先崇拜结为一体的虎祖廪君——向王立庙供奉，其祭祀也就十分虔诚。

据《后汉书》所载，廪君——向王庙里的祭祀，"以虎饮人血，遂以人祠焉"，即杀人血祭。到了北魏时期，朝廷禁止杀人血祭族祖的习俗，"宜以酒脯代之"，才改为椎牛杀猪，用牛首猪头代替人头，祭祀祖神。但在端上牛首猪头祭祀时，巫师仍须用杀猪刀往自己的额上划道血口，俗称"歼头"。出血之后，将血滴在长串纸钱上，当众悬挂于神堂，以祭祖神，祭后烧掉。参加祭祀的人，每人持根木棍，往神桌上的猪血盆里戳一下，然后，相互往额头上画去，画起道道血痕。画时，不准讲话，不准发笑，不准涂抹。此举俗称"夹巴画"，即为"开血口"，象征人头血祭。土家人认为，只有"歼头"和"夹巴画"，祭祀才生效应，祖神才会显灵，护佑人畜兴旺，年岁丰稔。现在，恩施县大集乡向、覃二姓的土家民众，还举行这种祭祀仪式。他们称此为"还相公愿"。整个祭仪,要进行三天三夜,其中有一堂祭仪叫"歼头",其大致做法即如前述。在举行还相公愿的时候,必供血坛缶钵,钵内写有"千千雄兵,万万勇将"。这是祝愿向王天子多多招兵买马,这也反映了土家族先民巴人的战斗生活。

作为祖神的廪君——向王,在土家族民众的心目中占有神圣的地位。每逢过年,他们用猪头祭祀,杀了猪,必用生猪头祭。武落钟离山西随母溪一带的土家人,从腊月二十四开始,每天都祭向王天子,一直祭到除夕夜才停止。清江流域的船工,对其更加崇拜。在《创世歌》里有"向王天子一只角,吹出一条清江河"的赞词,以不忘向王开拓清江流域的丰功伟绩。他们对向王天子的祭祀更加虔诚。每年六月初六,定为祭祀向王节,所有船只都要停泊靠岸,杀鸡于船头以血祭。平时,舟筏路过向王庙,必以香纸祭祀,以求行船平安。

(三) 白虎化为民族神

土家族民众,普遍信奉白帝天王,并建立庙宇予以祭祀。据史学家考证,白帝天王庙早在唐五代时就有了,杜甫的诗中就有白帝天王神庙的记载。此庙的兴建,始于四川奉节一带。以后才逐渐传开,直至湘、鄂、渝、黔接壤一带的土家族聚居之地,不少地方都建有白帝天王庙。

关于白帝天王的由来,众说纷纭。

《庙志·通祀》载:"白帝天王庙之祀,始于湖南……湖督某奏请入祀典,部议从之。然未言白帝姓字与其所自始。"该志还对史传之白帝做了一番考证:"考《通志》,夔州府有白帝祠,所祀则公孙述。"他如《汉书·郊祀志》:"秦献公时,栎阳雨公自以为得金瑞,故作西畴,而祀白帝。此白帝盖少昊之神也。《华阳国志》:开明帝始立宗庙,每王薨,取大石为墓。《唐书》开元十八年闰六月,礼部奏请八月十六日千秋节休假三日,村间社会并就节赛白帝报田祖,坐饮散之。"最后,该志得出结论:"白帝之祀,唯见此数书,皆与湖南无涉。"

也有的志书叙说了白帝天王的来历。清同治《来凤县志》载:"白帝天王之祀,始于湖南。……白帝姓杨氏,湖南乾州雅溪人。母感龙而孕,一产三男,各有勇力,武艺绝伦。遇苗人不靖,集村人数十讨平之,时宋南渡后也。事闻朝廷,召至杭,见其状貌英异,恐为边患,颁以鸩酒,拿归共妻孥饮之。未至家,苦热,开瓶取饮,三人俱中毒死。而不昧,屡著神异,官民立庙祀之,故称白帝天王。第三郎尤显应。"有的据此考察古史,认为此志所说的杨姓白帝天王即是宋末湘西地区最有影响的苗民首领杨再兴。

杨再兴家世南蛮,为唐末五代"飞山蛮"杨再思的后代。杨祖籍湖南城步,其先祖曾于唐末五代建立"飞山蛮"政权,时称"十峒蛮酋",管辖城步、绥宁等地。杨再兴为宋代抗金名将,骁勇非凡,以身殉国,世代为人们传颂。有的学者据《鹤峰州志》而言白帝天王即土家族和白族信奉的大、二、三神。该志的《杂述志》载:"大、二、三神,刻木为三。其形怪恶,灵验异常。求医问道者,往来相属于道。神所在,人康物阜……"有的则言,这大、二、三神是帮助女娲补天的、顶天立地的三个后生。他们力大无穷。为了不使天塌下来,老大右手托天,左手叉腰,硬撑得满脸通红,人称他为红脸大人;老二双手顶天,不能走动,故被女娲炼石的黑烟熏烤,后来成了黑脸大人;老三用头顶天,脚踩白石,脸上沾满了白石灰,结果成了白脸大人。把天补好后,他们变成了三棵樟树。后人为了纪念他们的功绩,把三棵樟树砍来雕成三尊神像,脸上分别涂上红、黑、白三种颜色。还有的认为,白帝天王就是前述神话六所讲的白虎星君。还有的干脆说说他们是巴人始祖廪君及其同争君长的族团祖先:白色面貌者,即指魂魄世为白虎的廪君;红色面貌者,即代表由武落钟离山赤穴繁衍出来的这一族团的先祖;随廪君西迁的其余四姓皆由黑穴出来,故黑色面貌者即这一族团的先祖。

从白帝天王庙祀奉始起于四川奉节等的研究材料看,似以白帝城白帝庙白龙化身故事近乎情理。《土家族风俗志》载:

> 据历史学家考证,白帝天王起源于川东奉节白帝城白帝庙白龙化身典故。……白帝天王母亲蒙易神婆,感井中白虎闪射的三道白光而孕生白帝天王三弟兄,很显然是白帝城白帝庙白龙传说的化身。故事还说,白帝天王三兄弟,从小就人材出众,长得魁梧高大,被皇帝调征贼乱,作战勇猛无比,有功于朝廷。皇帝怕他们造反,谋夺江山,于是,假诏进京晋爵。兄弟三人,带着田、杨两位将士,苏、罗两位厨官,林、谭、吴三个马夫,进京受爵。皇帝赏

赐他们三坛御酒，要他们回到故地，方能开坛而饮。他们回乡途中，开坛饮酒。大哥先饮，只饮一杯，脸变雪白，溜落马下死去；二哥次饮，喝了两杯，脸变赤红，溜落马下死去；三弟后饮，连喝三杯，脸变乌黑，溜落马下死去。原来，皇帝赏赐他们的酒是鸩酒，故意暗暗将他们三人毒死。兄弟三人死后，化成三只白虎（承白虎图腾），张牙舞爪，怒目横眉，坐于皇帝金殿上。皇帝吓得胆战心惊，知悟事情败露，数封了种种神位，三只白虎皆不愿离去。最后，封为白帝天王，立庙祭祀，三只白虎点头而去。

土家语呼虎为"利"。"帝"与"利"谐音，皆可呼虎之音。所以，封为"白帝"，既为本民族虎神，又为至高无上的天帝，一语双关，三只白虎方点头飞身而去了。神位，说是皇帝赐封，只不过是为"正名"；至于称"天王"，那是佛教传入，受佛教影响加上去的桂冠。由此可见，白帝天王是土家族的民族神。

作为民族神的白帝天王，土家人自然立庙祀之。在白帝天王庙里，供奉三尊大神，人称"三位王爷"。其神位安在大雄宝殿内，正中为大王爷，脸呈白色，留有稀疏的胡须；左位为二王爷，脸呈红色；右位为三王爷，脸呈黑色。凤凰县城的白帝天王庙大雄宝殿外的厢房，还塑有白帝天王的三个马夫，每人牵一匹马，分别为白色、红色和黑色。大雄宝殿的后宫，供奉白帝天王的母亲蒙易神婆。大雄宝殿的对面，则是雄峙高大的戏台。

土家族对民族神白帝天王尊崇备至，不仅建庙祭祀，而且将其绘于巫祝祈神仪式的神轴正中，居于众神之正位。每年三月初三，相传是白帝天王诞辰，土家人开庙杀牛杀猪祭之，其祭必有"奸头"仪式，以祈天王护佑。清《龙山县志》卷一一载："其祀白帝天王尤虔。有病赴庙祈佑，许以牲醴。愈则酬之，张雨盖大门外，供天王神位。封牲，陈醴馔，热黄蜡香，以巫者祝而祭之。既，招族姻席地畅饮，乃散。乡邻忿争，或枉屈不得白，咸誓神前，立解释。"如果要出兵征战，或者聚众"打冤家"，则去庙里祭祀请旗，因为每位天王都有一面神旗插在大雄宝殿殿堂内。如果请得三王爷的神旗，定会凯旋而归。传说三王爷本领最高，打仗最勇猛。

除了在庙中祭祀白帝天王外，在土家族的一些地方，如凤凰、吉首、泸溪等地，每年还要举行封天王斋。即从临小暑节的辰日开始，封斋14天，小暑节后，逢巳日开斋。封斋前，家家户户要把锅盆碗橱洗刷干净。封斋时，不准屠宰，不准钓鱼，不准打猎，不准卖酒沽酒饮酒，不准吃油荤，甚至不准穿红着绿，不准动乐唱歌。即使外族人挑猪牛肉，也不准从土家寨子穿过，也不准外族人穿着红衣过寨，或在土家寨内唱歌作乐。开斋时，每家都蒸糯米甜酒，供祭于堂中的神桌之上，全寨人则杀牛在庙内敬祭白帝天王。以上祭仪和禁忌，人人必须遵守，如有违犯，白帝天王就会降灾全寨，所以，全寨人互相监督，十分严格。为什么要封天王斋？传说是白帝天王三弟兄在回乡途中，喝鸩酒毒死，历经14天，才将尸体搬运回寨。因此，吃14天斋，以示哀悼。

土家人对白帝天王的崇奉，除在庙宇以牲醴祭祀外，还在其他祭仪中渗入一些相关内容，以表达对民族神明的缅怀之情。最能体现这种缅怀之情的莫过于丧礼中的"打廪"祭仪。

打廪，是土家族广泛流传的跳丧习俗中的一种。廪，即廪兵；打，是从事的意思。打廪，就是在跳丧的时候，模仿、从事廪兵作战的一些表演。打廪时，跳演者手执竹弓盾牌，所以也叫"跳牌"。

家里的老人寿终正寝后，在堂屋布置好灵堂，即砍一根约一丈多长的竹竿，竹竿上捆扎"烧纸"和"金裱纸"。捆扎的数量，按死者年岁计算。如享年80岁，则在竹竿顶端捆扎80扎烧纸和80挂金裱纸，同时还在竹竿顶端包捆一包茶叶、朱砂、大米，俗称"扎大令"，即作战的军旗。另外，还砍桃树枝，扎绷成七把弓箭，与"大令"一起置放在灵堂棺椁头上。然后，按跳牌的单双形式，砍竹做竹弓。若跳单牌，为二人，做两张竹弓；若跳双牌，为四人，即做四张竹弓。

跳牌时，一人击鼓指挥。若跳双牌，就由四人装扮成白帝天王的将士，俗称"廪兵"或"阴兵"，倒穿蓑衣，手握竹弓和盾牌，立于灵柩前。这时，巫师身穿法衣，头戴法帽，肩扛环刀（据传是白帝天王的战刀），在灵柩前念咒作法，以祭亡灵。祭毕，将环刀一挥，指挥者咚咚咚擂鼓三通，即打廪开始。巫师和廪兵踏着鼓点，挥舞环刀，拉弹竹弓，绕着棺木，跳演白帝天王征战武功。

从披挂点兵，跳到击鼓冲锋陷阵，最后鸣金凯旋收兵。全堂打廪，要擂击三堂小战鼓，三堂大战鼓，跳演六六三十六堂跑马射箭，八九七十二堂破阵，不断发出"嚙嚙喂——杀！"的冲锋呐喊之声。在打廪的中途，还要"嘎斋"，吃猪羊肉，表示犒劳三军。在跳演白帝天王的武功时，击鼓者领唱"廪歌"，众帮腔和声。廪歌包括"廪歌""喏歌""摆歌""齐歌""十二月花歌"五个部分。内容为唱白帝天王生平事迹和战功、民族迁徙、生产农事、渔猎射鹰和生活琐事等。这是一部格局庞大的军葬战歌，歌词长达上千行，皆用古代土家语唱，颇有特色。打廪祭仪，从掌灯时候开始，直到第二天拂晓才结束。

安葬时，一人扛"大令"和桃木弓箭在前引路，抬丧人扛抬灵柩跟随，巫师扛环刀在灵柩后押丧，孝子们随着送丧，孝女儿媳及亲族女眷在后面哭送，沿途浩浩荡荡，俨如行军阵势。棺木下葬后，"大令"插于墓顶，桃木弓箭则插于墓前。

（四）虎勇浇铸民族魂

土家族先民巴人生性劲勇，尚武好胜。在参与周武王伐纣的战斗中，以"巴师勇锐"载入史册而流传千古。在出土的一些男性巴人墓穴中，戈、矛等战具成为他们的主要殉葬品。历代的巴人民族英雄层出不穷，以致多种史书有"巴有将，蜀有相"的记载。巴人这种骁勇尚武的民族精神，在一些宗教祭祀和民俗活动中代代相传，至今尚可看见诸多遗绪。

比如，在湘西、鄂西和渝东的部分土家族地区，至今还广泛地保存了"绕棺"和"跳丧"的古老葬俗。据专家考证，这种葬俗是古代巴人的一种军事葬仪。这种葬仪，源远流长。《隋书·地理志》载，土家族先民"蛮左"，对死者的葬礼是"无衰服，不复魂。始死，置尸馆舍，邻里少年，各持弓箭，绕尸而歌，以箭扣弓为节。其歌词，说平生乐事，以致终卒，大抵亦犹今之挽歌，歌数十阕"。《蛮书》卷十引《夔府图经》云："夷事道，蛮事鬼。初丧，鼙鼓以道哀。其歌必号，其众必跳。此白虎之勇也。"又云："巴氏祭其祖，击鼓为祭，白虎之后也。"这些史家认为，巴人这种军事葬仪是白虎后裔所代代承传的虎祖之勇的反映。现今土家族的葬俗，虽与古代葬礼相比有了若干变迁，但依然大仍其体，不改古风。

土家老人去世，停灵柩于堂屋，请巫师作仪式祭祀，绕棺乃祭祀仪式的高潮，场面隆重而热烈。绕棺时，灵堂红烛高照，香炉紫烟缭绕，棺木右角下的长明灯闪烁跳动。巫师将法咒一念，昭告亡灵，绕棺就开始了。参与绕棺的人数，以灵堂场地大小而定，但一定要成奇数。场地若小，至少三人，一般五至七人；场地若大，那些参加办丧事的人甚至观看热闹的人，都可参加。绕棺既唱且跳，一人执"引导灯"领头，称为"引导开路"，余者随后，在鼓、锣、镲、钹等打击乐器的伴奏下，围绕灵柩跳唱。所唱丧歌，有领有合，其内容多是亡人生平或神话传说之类。所跳丧舞，多以膝部松弛、含胸下沉、出胯、颤抖等动律为其特点。其内容有的表现农事生产劳作，有的表现日常生活，有的表现神话传说，其中尤以表现古代军事战斗和原始渔猎生活的"怀弓抱月""猛虎下山""黄龙缠腰""鹭鸶伸腿""鹞鹰展翅""鲤鱼板滩"等最有特色。

　　跳丧，与绕棺一样，也是一种丧葬性的歌舞活动①。土家族的老人终寿，附近的乡邻，哪怕比较疏远甚至有怨隙的人，不须报请，都携酒提豚、凑钱聚米，主动到丧家为死者跳丧。跳丧一般在夜晚进行。如果参与跳丧的人较少，则在灵堂进行；如果人多，则在地坝或草坪上进行。跳丧场内，置放一面直径尺余、高二尺许的牛皮大鼓，此为"跳丧鼓"。跳丧前，在灵堂门前，"嗵嗵"几声三眼铳鸣响，跳丧者闻声而至。他们来到灵堂门前，向站在那里迎接跳丧者的死者家属致哀悼礼节后，即随着跳丧鼓的鼓点边唱边跳。其唱词有的颂赞土家族先民披荆斩棘、开疆辟域的英雄事迹，有的唱叙农桑渔猎等生产活动和风土人情等。每唱完一段，众人都要齐唱"呃——跳丧儿嗬——呃喂！"跳丧者头、手、肩、腰、臀一齐扭动，跳着变化多姿的舞步：或绕臂穿肘，形似凤凰展翅；或翘首遥望，犹如犀牛望月；或扭肩擦背，模仿水牛擦痒；或下蹲跶脚打旋，好似虎豹跳跃，不时迸发出狂呼吼号，双脚踢跳，离地二尺，恰如猛虎下山，矫健勇武，气氛十分热烈。跳丧，先跳什么，后跳什么，都有一定的仪式程序。一般为：（1）待师；（2）跳

---

① 跳丧：有两种情况，一种是鄂西长阳、五峰、巴东等县流行的"打丧鼓"，又叫"跳仗鼓"；另一种是湘西凤凰、泸溪等地区流行的"打廪"，又叫"跳牌""跳流落"。这里叙述的是前一种跳丧。

丧；（3）摇丧；（4）跐丧；（5）穿丧；（6）退丧；（7）哭丧。从入夜开始，一直跳到第二天清晨起丧上山安葬才结束。

巴人的骁勇尚武精神，在土家族的摆手活动，尤其是以表演军功战事为主要内容的大摆手中更为突出。

大摆手舞的起源，据专家考证是巴人参加周武王伐纣时所跳的"巴渝舞"，土家人传说则是明代嘉靖年间，土家族士兵赴东南沿海平剿倭寇，凯旋而归，土家父老乡亲杀猪宰羊，庆贺胜利和团聚，酒酣兴起，手舞足蹈，演跳剿倭杀寇战况，讴歌狂欢，演化而为大摆手舞。

土家族的大摆手舞，盛行于龙山县的马蹄寨和来凤县的卯洞。这里跳大摆手舞的场地，布置在供有八部大神神庙前的坪坝。摆手前，要备好各种旗帜：一是长条大旗，一般长约一丈、宽约五寸，旗沿镶制鸡冠花形彩边，中绣双龙抢宝、双凤朝阳和白虎怒吼，此分别名曰龙旗、凤旗、虎旗；二是三角形或长方形小旗，长约二尺，宽约一尺五寸，或对角线裁破，或保持长方形，其色多为黄色；三是各种彩旗。旗帜越多越好。摆手场地布置十分隆重。神庙披红挂彩，香烛高烧；神桌供奉着丰盛的供品，如猎取有老虎则供全虎，否则，也要供放虎皮。庙前坪坝中央，竖立一根红色旗杆，杆顶悬挂绣着腾云的龙、欲飞的凤、长啸的虎、湖蓝色幡旗和五色大灯笼；旗杆下，设一彩旗环绕的鼓台，台上放置指挥摆手的鼓锣。坪坝四周，插着写有"天下太平""国泰民安""五谷丰登"的牌灯；靠庙的两边，插立刀枪剑戟等各种兵器。

开摆那天，各队在领队的带领下，按白龙旗领先，后跟龙凤虎旗队、彩旗队、摆手队、乐队、溜子队、小旗队、披甲队、炮火队，浩浩荡荡，开赴摆手堂。掌堂师扫邪、安神、祭神之后，登上鼓台，挥动鼓槌，"咚——咚——咚——！"三通锣鼓敲响，摆手正式开始。这时，巫师梯玛"头戴官罩，身穿八幅罗裙，手持齐眉棍和神刀领头，众路队伍跟后，鸟铳三眼炮、土号、牛角、溜子、咚咚喹、鞭炮齐鸣，加上梯玛领喊众呼应的'噢——喂！'呐喊声，汇成了震天动地的雄浑交响乐，在山谷回荡。摆手各路队伍里，最引人注目的是身披'灯花铺盖'、象征盔甲的披甲小旗队。他们每人手执一面镶有锯齿形的花边小旗，或红，或蓝，或黄，彩色纷呈，远远望去，俨然像古战场摆设的阵式，气势磅礴，蔚为壮观"。摆手队伍围成环形，男女混杂，蹈蹈进退，律动齐一。队前有"导摆者",队后有"押摆者",队间有"示摆者",舞姿有"套摆""展翅""雀跃""踏波""乐太平"等,踏着二板、三板、四板的锣鼓点,模拟各种军事动作。除集体合跳摆手舞之外,还表演冲锋陷阵、缴获敌人军械和比武等军事战斗场面。

大摆手三年举行一次,参加者上万人。"龙山县的马蹄寨、农车摆手时,湘、鄂、川三省边区土家族人民从百里甚至数百里以外赶来参加,少则两三万人,多则五六万人。1982年和1983年初,保靖在县城迁陵镇、龙山在马蹄寨举行摆手年会,内容丰富多彩,民族特色浓郁,得到五六万观众赞赏。中央和省有关文化单位百余人前来观光,中央电视台拍成电影向全国人民放映。"[①]

巴人骁勇尚武的民族精神,还在土家人开展的民族体育活动中得以充分地表现。

为适应长时期的渔猎、农牧、军战生活,土家人创造了种类繁多、独具民族特色和地方色彩的民族体育活动,其中以耍刀枪、射马弩、打拳棍最突出,此三项号称土家人的武术"三绝"。

据《土家族风俗志》载,土家人爱好习武有历史根源。宋代,在土家族地区建立了土司制度。土司为巩固其统治,建立起土军武装。土军武装分为常备军和全民性预备军。土司将其辖地设"旗"。旗,既是行政单位,又是军事建制。旗有旗长,统领若干旗丁。如发生战争,旗丁即入伍为兵;没有战争,旗丁则从事生产。因此,旗里的旗丁平时皆要练习刀枪、弓弩等武术。土司制承袭800余年,习武也就成为土家人带有强烈民族色彩的体育活动。

由于土家人惯于习武善战,刀枪弓弩娴熟,清代改土归流后,将刀枪弓箭强行收缴,并不准制造和习练。土家人只好练拳耍棍,因而拳术棍术也相当高明。拳术中,最厉害的是粘功、策手、点穴。所谓粘功,即内功和外功;策手,为攻防擒拿解脱之术;点穴,又名神打,即击穴位致命。棍术,分策棍和花棍两大类。策棍又分为单头和双头。单头棍策击有"朝天一炷香""隔山棍""老牛摆尾""一棍破九州""古树盘根"等棍法;双头棍策击有"黄龙缠腰""双剥皮""五马破槽"等棍

---

① 湘西歌谣大观编委会编:《湘西歌谣大观·摆手歌》(上)"附记",湖南文艺出版社1990年版,第294页。

术。花棍策击则有"小四门""大四门""单六合""双六合""雪花盖顶""四路冲程""八封棍""猴儿棍""鲤鱼撑天"等套路。

这些武术性体育活动,既是"白虎之勇"的体现,又培养锻铸了土家人那种天性劲勇、争强好胜的民族性格。

四 坚韧不拔而又勇猛顽强的民族精神

从前述文字的叙说中,我们比较清楚地看到,我国古代的巴族曾经有相当长的一段时期在蛇蟒群生的穷山恶水中进行游猎和粗放式的农业生产。这种低下的生产力和特定的自然环境,使他们对蛇蟒十分敬畏,进而形成一种特殊心理。他们由蛇的形态、习性,构想出似蛇而又比蛇灵异的龙的形象,产生了强烈的龙蛇信仰。

从前述文字的叙说中,我们还比较清楚地看到,土家族先民巴族将白虎奉为自己的族祖,进而尊为祖神、民族神,并渗透进民族心理,形成了虎勇族徽,以及巴族白虎信仰的产生、形成、发展和对巴族及其后裔土家族的影响。

古代巴地,早在200多万年前就有古"猿人"在此生活,中经旧石器时期的"古人",到新石器时期的"新人",他们也以渔猎和粗放式农业为生。巴族形成并逐步发展之后,逐步与这些土著先民融合并占据了统治地位,其龙蛇和白虎信仰亦在民众中逐步传播。经过周武王"以其宗姬封于巴"而建立姬姓巴国的约800年的演进,巴族在此根深蒂固,这种龙蛇和白虎信仰也就牢牢地深扎于民族心理之中。秦汉以后,尽管中原文化不断渗入,并与巴文化逐步融合,但巴族的这种心理特质依旧保存下来,龙蛇和白虎信仰亦流传不辍,尤其是巴族后裔土家族,这种信仰更为鲜明和强烈。

巴族的这种古老信仰,是人类社会的一种图腾文化。

在初民社会里,人们往往把与自己族团的生存和发展有特殊关系的某种动物、植物或无生命物,作为本族团成员的崇拜物以及本族团区别于他族团的"徽帜",从而形成图腾崇拜。

从人类社会发展的历史进程看,图腾崇拜的产生是在母系氏族社会的初期。随着母系氏族社会发展到兴盛繁荣,图腾崇拜则日益盛行。而到母系氏族社会向父系氏族社会过渡的时期，图腾崇拜则逐步走向衰落，开始带上祖先崇拜和英雄崇拜的色彩。

仔细比较廪君巴族的龙蛇和白虎图腾崇拜，我们就会发现，它们并不是同一社会历史时期的产物。

文中列举的诸多白虎崇拜事象，源于《后汉书·南蛮西南夷列传》关于廪君死后化为白虎的记载。廪君率领族众从夷水至盐阳，不愿与盐水女神共居而射杀女神，然后"君乎夷城"。这说明母权制社会已经逐步崩溃，父权制社会开始建立。换句话说，巴族白虎图腾信仰产生的时代，是原始母系氏族社会向父系氏族社会过渡时期。这一点，我们从文中叙述的凤凰县城白帝天王庙将白帝天王供奉于大雄宝殿正堂，而将其母蒙易神婆供奉于大雄宝殿后宫的格局，也可得到佐证。

文中征引的巴族白虎崇拜事象，既有祖先崇拜，也有英雄崇拜。很显然，廪君升华的白虎图腾，不是土家族先民巴族的最早崇拜的图腾。那么巴族最早崇拜的图腾是什么呢？

细读文中巴族的龙蛇信仰，我们就会发现，龙蛇才是巴族最早崇拜的图腾。按照图腾层次论的观点，龙蛇是巴族的原生图腾，而白虎则是巴族的次生图腾。

在原始氏族社会里，某一族团的图腾崇拜是伴随着该族团的生产发展而演变的。恩格斯在《家庭、私有制和国家的起源》中指出，人类生产包括两种：一种是生活资料即食物、衣服、住房以及为此所必需的工具的生产，另一种则是人类自身的生产，即种的繁衍。生活在生产力极端低下的原始社会的人们，通过氏族的血缘纽带进行谋取物质生活资料的生产以求得自身的生存和繁衍，从而构成氏族、胞族、部落、部落联盟的社会组织，而氏族是这种社会最基本的生产和消费单位。这种单位既担负着生活资料生产的任务，又担负着人的繁衍的任务。在同一图腾崇拜的氏族集团中，是不允许互相通婚的，他们只能与其他氏族通婚。而当氏族内部人口不断繁衍增长后，部落内部的通婚范围即日趋狭窄，人们谋取生活资料也日益困难，氏族就不断产生分裂和迁徙，从而衍生出新的氏族或部落。作为氏族徽号的图腾，也就因氏族的分衍而增加，从原来的氏族图腾分衍出新的图腾。这个氏族最先存在的图腾就是原生图腾，由此图腾分衍或再分衍而产生的新图腾则是次生图腾或再生图腾。巴族从龙蛇图腾分衍出的白虎图腾，正是巴族氏族自身不断发展而分衍、迁徙的结果。

由原生图腾分衍为次生图腾，不是随意的，互不联系的，相反，它们之间有密切的联系。那么，龙与虎有什么联系呢？

在《水经注》里，龙有"水虎"之称。郦道元记述了这么一则传说："汉水……又东过中庐县东，……又南与疏水合，水出中庐县西南，东流至改县（今湖北宜城）北界东入沔水，谓之疏口也。水中有物，如三四岁小儿，鳞甲如鲮鲤（穿山甲），射之不可入。七八月中，好在碛上自曝，鄹头似虎，掌爪常没水中，出鄹头。小儿不知，欲取弄戏，便杀人。或曰人有生得者，摘其皋厌，可小小使，名曰'水龙'者也。"邓少琴先生在《巴史探索》里说，疏口小儿状曰鲮鲤，此乃旧称水中之龙，今乃"水虎"称之。此足以反映在此区域之中，"巴蛇之巴"势渐衰竭，而"白虎之巴"已渐强大，故"龙"而被"虎"之称也。

据上所述可知，巴族由龙蛇图腾崇拜而分衍为白虎图腾崇拜，其间之相互联系便不言自明了。

巴族的图腾由原生的龙蛇向白虎衍化，本文所引事象也有一些可证。比如神话四中所说的补所、雍尼兄妹吃虎奶长大、喝龙奶成人就带有由龙蛇衍化为白虎的痕迹。

巴族在其发展过程中，随着氏族集团的不断分衍，加之渔猎生产、生活方式和部落之间战争的影响，其在广阔地域内向多方位发展，因而形成若干分支氏族。这些氏族的图腾崇拜也因此而发生变化。除白虎图腾之外，还崇拜鱼凫、鳖等图腾。在白虎图腾崇拜中，又有崇白虎和恨白虎、敬白虎和赶白虎的区别。据《华阳国志·巴志》载：

秦昭襄王时，白虎为害，自秦、蜀、巴、汉患之。秦王乃重募国中："能有杀虎者，邑万家，金帛称之。"于是，夷朐忍廖仲药、何射虎、秦精等乃作白竹弩于高楼上，射虎，中头三节。白虎常从群虎，嗔恚，尽搏杀群虎，大响而死。秦王喜之曰：虎历四郡，害千二百人。一朝患除，功莫大焉。欲如要，王嫌其夷人，乃刻石为盟：要复夷人顷田不租，十妻不算，伤人者论，杀人雇死倓钱。盟曰:"秦犯夷,翰黄龙一双;夷犯秦,翰清酒一盅。"夷人安之。汉兴,亦从高祖定秦有功。高祖因复之,专以射白虎为事,户岁出钱四十,故世号"白虎复夷",一曰"板楯蛮",今所谓"弜头虎子"者也。

这说明,在秦汉时期,巴族中的"白虎复夷""板楯蛮"即衍化为射杀白虎的氏族了。在土家族里,敬白虎和赶白虎的习俗共存,这正是人类社会图腾崇拜复杂衍化的印记。

由此,我们可以得出这样的结论:廪君巴族在母系氏族社会初期,以龙蛇为其原生图腾;到母系氏族社会向父系氏族社会转化时期,出现了白虎次生图腾;而在以后的历史长河中,又随着巴族的不断发展,图腾崇拜也产生了新的衍化,因而出现多层次的图腾崇拜。这种多层次图腾崇拜,并不因由一层次衍化为另一层次,前一层次的图腾崇拜就消失,而往往是多种层次的图腾崇拜并存。古代巴族的支系繁多,所处的地域辽阔,在生活生产和自身生产的进程中,某一氏族族团分裂出新的族团,新族团可能仍沿用原族团的徽帜,也可能采用新的徽帜,因此,同一层次的诸多图腾和多种层次诸多图腾并存的事象也就十分自然了。正因为如此,在古代巴地上居住的民众,尤其是在渝、黔、鄂、湘边界山区居住的巴族后裔土家族中,龙蛇图腾崇拜和白虎图腾崇拜同时存在,其遗迹也时有所见,只不过因各地区人们生产、生活的环境不同和传承相异而呈现出信仰相异、程度各别罢了。

廪君巴族的龙蛇图腾崇拜和白虎图腾崇拜,其实就是原始社会巴族的宗教信仰。这种信仰深深地烙印在先民们的脑子里,像遗传因子一样,世代被覆式地传承下来,因而残存在现今人们的宗教生活、社会生活和家庭生活之中,并构筑着人们的心理素质。廪君巴族信仰龙蛇和白虎,蛇的阴柔、龙的灵异和虎的骁勇不断影响着巴族及其后裔的心理,而产生一种与之相应的民族特质。巴族及其后裔那种坚韧不拔的精神和勇猛顽强的性格的铸就,不能不说得益于这种龙蛇和白虎图腾信仰的熔炼。这种龙蛇和白虎图腾崇拜也就成为巴族民族文化的一种源头。

贵州历史名人研究

宋播州冉氏事迹考

罗克彬①

播州之有冉氏，以现存文献考之，宋淳祐十年（1250年）《冉彦正墓志》、咸淳四年（1268年）《杨文神道碑》记载冉彦正、冉从周父子事，为其发端。其次，《宋史·余玠传》《通鉴续编·理宗纪》记载冉琎、冉璞兄弟故事则详，播州冉氏声名遂显。而明景泰《寰宇通志》、天顺《大明一统志》，成化、正德、嘉靖、万历川志，从周父子、琎璞兄弟事迹辗转记述，渐多遗漏，进而讹误。清及民国，史志笔记叠加记载，播州冉氏事迹，文献层层累积，遗漏讹误，复甚于前。乃至中式科名，父子关系，张冠李戴，支系误接。今且搜罗诸家记述，交互比对，试作考辨，明其真伪，补其遗漏，缀连故实，力图梳理出较为准确、可信的冉氏父子、兄弟事迹。

一　族属难辨，冉氏之先本濮阳

冉氏族属，或以为苗。谭其骧《播州杨保考》谓"至今言播州人才者，郑黎以前，厥推冉氏。按冉氏非汉亦非杨保，属冉家蛮。冉家蛮者，苗族也。播州之冉，源出珍州。其移居时代，当在杨保有播之后。琎、璞、从周虽居于播界，以播士显于世，间犹称珍籍云。其子孙仍还居正安（《府志》古迹）"。或与酉阳冉氏关联，类同土家。李泽民、李泽君《土家族抗元英雄冉琎、冉璞》通过珍州冉氏，将播

---

①　罗克彬，贵阳市云岩区人，遵义播州籍。贵州历史文献研究会理事、遵义历史文化研究会会员、季高书院山长。

州冉氏与酉阳冉氏关联，再以酉阳冉氏为土家，推出播州冉氏亦为土家①。二说皆为推测，细考并无确据。近年出土的《冉彦正墓志》，开篇即云"宋冉氏派自濮阳，公之父□□始游播而家焉"，足见冉氏来自中土。清代郡人程生云亦称冉氏来自濮阳，其诗《怀冉琎冉璞兄弟》云："一门并产双南金，文武才名耀古今。余玠雅能资妙略，蒙哥何得陷孤岑。濮阳禋祀终宜永，湘水宗祧远莫寻。叹我后君生已晚，春风徒惆冉家林。"

今考濮阳，位于河南省东北部，地在濮水之阳，因以为名。古颛顼之墟，夏时为昆吾国。春秋曰帝邱，为卫国都。战国曰濮阳，仍为卫都。秦始皇五年置东郡，前汉以濮阳县为东郡治，后汉因之。晋咸宁三年，改置濮阳国，仍治濮阳县。东晋后，郡移邺城，以濮阳为属县，后魏因之。隋属东郡，唐属濮州。五代晋天福三年改置澶州，四年移濮阳县入州治。开运元年，升为晋宁军节度。宋曰澶州澶渊郡，镇宁军节度。崇宁四年，建为北辅，五年升为开德府。宣和二年，罢辅郡，属河北东路。金仍曰澶州，皇统四年改曰开州，属大名府路。元因之，明洪武初以州治濮阳县省入，仍属大名府。清朝因之。民国三年，复改澶阳县。1983年改澶阳市，1987年复置澶阳县②。

笔者以为，濮阳在今河南东北，中州腹地，播州冉氏，来源此地，难以苗族、土家论之。其实，中华民族，华夏边缘不断演变，夷夏界限日益外延，今为夏者，昔或为夷；今为夷者，明或为夏。自家以为夏者，他者或以为夷；自家以为夷者，他者或以为夏。夷夏分别，想象多于事实，辨识多无价值③。

---

① 参李泽民、李泽君文《土家族抗元英雄冉琎、冉璞》，载《贵州文史丛刊》1991年第2期。又，吕金华《影响世界历史进程的绥阳人：南宋名贤冉琎冉璞传略》谓："有部分专家据冉氏多居于绥阳、正安、道真、酉阳等少数民族聚居区一线，断定冉氏为苗族或土家族，其理由是不充分的。据渝黔冉氏族谱记载的冉氏族源，冉氏应来自北方儒业世家，而不是土家族聚居的湖南、湖北、贵州三省，不应该是土家族，而是世代受儒家文化熏陶的汉族。"

② 参见四库全书本《钦定大清一统志》卷二十二。

③ 参见王明珂《华夏边缘：历史记忆与族群认同》（增订本），浙江人民出版社2013年版。程诗见郑珍《播雅》，又见于莫友芝《黔诗纪略》。

二　冉氏祖籍，本贯播州改珍州

冉从周，或谓为珍州人。由是播州冉氏，详其籍贯，则为珍州。道光《遵义府志》郑宜传谓："郑宜，字垂裳。弱冠为诸生，家贫，昼耕夜读。尝以州自改流无以科目著者，而罗云师辈又以州无人，借籍以显，益肆力经史，尝终夕不寐。知州汪曾垣过其门，召见，叩其志。曰：'宜得为珍州冉从周，足矣。'汪大喜，曰：'果尔，余当迎君于驷马桥。'后果中康熙辛卯四川乡试，汪迎之如约，颜其楣曰'破天荒'。自后设教闾里，弟子岁常数十。州人知力学，取科第者，皆宜倡之也。"①

今考从周父子、二冉兄弟里居、葬地，均非珍州。其为播州人，殆无疑义。谓其为珍州者，盖因冉从周历官珍守，子孙世居故也。前据道光《遵义府志》，冉氏子孙居正安，绥阳本邑无人。从周、二冉里居绥阳，宋为播地。子孙别居正安，宋为珍州。后以子孙世居之地逆推先祖籍贯，是为从周、二冉为珍州人说法之来源。今道真县上坝乡，清正安州地。播州冉氏子孙，宋元鼎革，隐德弗耀，别居珍州正安，即为此地。清人于钟岳诗《长官司上坝场示冉氏诸生》"旧俗相沿重读书，家家种树绕茅庐。高低田水明如镜，深浅云林可绘图。幽处自应人罕到，空山惟听鸟相呼。不知画地为军阵，可有当年琡璞无？"是证冉氏子孙

---

① 郑宜小传，见道光《遵义府志》卷三十四列传二"正安州"下，亦见咸丰《播雅》卷八《郑举人宜谢汪牧诗二首》题注。《播雅》传云："宜，字垂裳，正安人，康熙辛卯举人。其先出于唐宰相畋，畋长子开成荫边镇，四子开成官淮南节度使，娶朱温女，始入播。嘉熙间元兵犯蜀，剽掠珍州，其裔昌孙率民兵御之。事闻，授本州总制。至元，世为珍州蛮夷总管。明洪武五年，总管瑚内附，诏改为真州长官司，即以瑚为长官。从傅友德破伪夏，擒其将江中立，入觐赐印绶。十传至葵，以征播率先归附为乡导，改流后授州同知，世袭，国朝裁之。垂裳，其族也。弱冠，为诸生。苦贫，昼耕夜读。尝以州自改流无以科目著者，而罗云师辈又以州无人，借籍取显，益肆力经史，每终夕不寐。知州仁和汪曾垣过其门，召见，奇之，叩其志。曰：'宜得为珍州冉从周，足矣。'汪大喜，曰：'果尔，余当迎君于州界上。'后果中蜀闱，曾垣迎之如约，颜其门曰'破天荒'。自后设教里间，弟子日众。州人知笃学，取科第，皆垂裳倡之之力。诗文一无见录，世传谢汪牧诗，亦艺林佳话也。"《播雅》载其《乡荐归，州牧汪公枉驾远迎，马上口占奉谢二首》诗云："三蜀贤书偶挂名，却劳贤牧远相迎。都濡江水深千尺，不及汪伦此日情。降珍不降已千秋，举子山名空自留。不赖文翁能教授，破荒哪得冉从周。"

而冉氏后人，别居珍州之外，散居播州遵义，时或有之。明何乔新《勘处播州事情疏》载成化二十二年三月内，重安长官张渊访知杨爱要去雷水祭扫，密令朱留等前去地名三木垭伏候，令马奴已死弟三奴在彼帮助。不期杨爱往地名冉家上坟，朱留等各散回家。地名冉家，即道光《遵义府志·古迹》记载所称"冉家林"者，其侧即为官坟嘴、俗称皇坟的杨氏墓葬群，其地当为播州冉氏零星散居之地②。清播州康熙《罗氏族谱》亦载，郡有冉和尚者，茕茕无依，舍身玉皇观。遵邑名士罗良佐念为琎、璞二人后裔，名贤之嗣，凋落若斯，乃赎之以归，以中表之女妻之，由是冉氏子孙继续不绝③。

三　世系紊乱，冉璞从周非父子

故老相传，冉璞从周为父子。郑珍闻之，载入道光《遵义府志》卷十古迹冉琎墓条，遂为定说，沿袭日广，鲜有疑者。志云："冉璞墓，在绥阳金里徐阳台，与其子从周同兆，今碑记无存。"时隔数年，郑珍也不敢遽然肯定冉璞从周之为父子。其辑《播川诗抄》，始存疑惑："或告余，从周即冉璞子，墓并在绥阳金里徐阳台，未审有实验否。"④其后民国年间，谭其骧著作《播州杨保考》，第五部分杨保同化诸族

---

① 于钟岳诗《长官司上坝场示冉氏诸生》，载民国《黔南丛书》第六辑于钟岳《伯英遗稿》外二种之《西笑山方诗钞》第二帙《正安集》。诗题自注"地多冉氏"，诗末复注："冉琎、冉璞，宋时人。今冉氏诸生，皆其后裔也。"又，于钟岳诗《长官司上坝场示冉氏诸生》，亦载民国《绥阳县志》卷铁成篆《二冉故宅》诗后，题《示冉氏诸生》，无诗题、诗末二注。署名"前人"，或谓铁氏之作。四川人民出版社1988年12月第1版秦立编注《钓鱼城诗选》第49—50页收录铁成篆诗，即为于钟岳《长官司上坝场示冉氏诸生》，因本民国《绥阳县志》，径直署名铁氏，题目、二注皆同后者。同一出版社2000年11月第1版王利泽主编《钓鱼城诗词释赏》第95—96页收录铁成篆一首，亦为于钟岳《长官司上坝场示冉氏诸生》，径署铁氏，诗题亦同、二注亦无。

② 参见何乔新《堪处播州事情疏》，在《纪录汇编》卷五十一，商务印书馆《丛书集成初编》影印本第57、58页；道光《遵义府志》卷十古迹二冉故宅、杨爱妻田氏墓条，卷三十一土官播州宣慰使司杨氏条。

③ 参见王炳《待赠处士太封翁罗公（良佐）行状》，载康熙《罗氏族谱》，清罗尔经、罗上梦、罗自遂合纂，康熙五十一年镌版刊行，刻本尚存，藏贵州省档案馆。

④ 郑珍：《播川诗钞》，咸丰间镌版时改名《播雅》，此处引文在《播雅》卷八《郑宜谢汪牧诗》郑珍注文。

中，亦疑此说，谓"《府志·古迹》即以从周为璞子，据《播雅·郑宜传》知未有实验"。今以冉氏族谱、彦正墓志驳证，冉璞、从周非为父子，殆无疑义。吕金华据渝黔冉氏族谱立论绍介播州冉氏，世系生卒亦详，遽难断定确否，亦足参考。且列七代，存案备考：

二冉高祖冉贵宝，业儒。曾祖冉继业，业儒。祖父冉任重，业儒。生父冉茂隆，业儒，生于淳熙二年（1175年），卒于淳祐七年（1247年）。娶张氏，生冉琎。继娶王氏，生冉璞。冉琎，生于庆元元年（1195年），卒在宝祐六年（1258年）。娶李氏，生子，迁徙正安。冉璞，生于嘉泰元年（1201年），卒于景定元年（1260年），娶王氏，生冉胜。冉胜，字克明，生于嘉定十五年（1222年），卒于咸淳七年（1271年），娶王氏，生二子：仲权、仲叔。冉仲权，生于淳祐四年（1244年），卒于泰定五年（1328年）。四传，有裔冉轲①。

而据《冉彦正墓志》，别见彦正、从周之为父子，与冉璞、冉胜父子另一世系传承。兹据墓志同列于此以为分辨：迁播始祖冉某，生子彦正，字明道。生于淳熙五年（1178年），卒于淳祐七年（1247年）。子二人：长从周，以"春秋学"登庚子第。次兴周，业进士。孙五人：梦龙、化龙、应龙、□龙、士龙，皆世其业。

四 兄弟居住，城郊郭县两宅第

二冉，播州名士，谓冉琎、冉璞兄弟。二人居住，一在郭县，生长于斯；一在城郊，为其别业。

乾隆五年《贵州通志》卷七《古迹》、乾隆二十四年《绥阳志·古

---

① 吕金华：《影响世界历史进程的绥阳人：南宋名贤冉琎冉璞传略》，见农文成主编《600年贵州》下册，贵州科技出版社2015年版，第33、37页。吕文还说：道真冉氏族谱中有冉子于诗《颂冉琎冉璞兄弟》"承郎事务作公卿，琎璞接生又克明。愿颂从周擢进士，高才俊似海东青"。提到了承事郎冉琎、事务郎冉璞，及冉璞的儿子冉克明和进士冉从周，意谓冉氏一族人才辈出，都是像海东青一样的俊杰。诗中的海东青译自满语，指的是世界上飞得最高的鸟，有"万鹰之神"的含义，传说中十万只神鹰才出一只海东青。

迹》均称平木山，至民国十七年《绥阳县志》卷一《古迹》则称平母山①。今其乡人称平木台、平母台。山、台合一，亦称平木台山或平母台山。平母台的地名来源，今人李泽民、李泽君等言之甚详："冉琎、冉璞生于绥阳县洋川区雅泉乡青山村平母台山中。平母台原叫平木台，因琎、璞兄弟一为前母所生，一为后母所生。继母贤淑，明达事理，待琎如己出，视兄弟如一人，当地人遂改平木台为平母台。"②之后，还有贫母台的称呼，见《冉琎冉璞简介》一文，说冉琎三岁死了母亲，一年后有了一位后母。不久，降生同父异母弟冉璞，冉父不久也因病去世。后母是个很贤惠的人，照顾冉琎胜过照顾亲儿子冉璞，辛苦地供养两个儿子读书，使他们成长为杰出人才。为了纪念冉母，人们把冉家住地一带叫成了贫母台③。

曹学佺《四川名胜志·遵义府》云："城北门有廖孝廉故宅，城东

---

① 民国《绥阳县志》卷一《古迹》："二冉故宅，在城西南十五里平母山，其遗址尚存。今为周氏所居，二冉墓待考。按，二冉故址，即今周氏住宅。四面峰峦，争奇竞秀。前有炉帽、冠子等山为之屏照；后开云锦大帐，蝉联而下，连叠三池，为之养荫。左萦右抱，中空而平，状如公署埔墙，天然形胜。古所谓人杰地灵，嵩生岳降，良非偶然。数千年仅乃一见，则急起直追，继美相贤，不得不望于后之学者。"

② 李泽民、李泽君：《土家族抗元英雄冉琎、冉璞》，《贵州文史丛刊》1991年第2期。

③ 2009年4月25日，洋川镇人民政府、绥阳县诗歌学会、绥阳县文化广电局联合举办2009年中国诗乡青山生态旅游与二冉文化研讨笔会，笔会散发作品中，有《冉琎冉璞简介》一文，作者未知。该文初在绥阳网站发表，后又删去，然其内容辗转出现于其他关于冉琎、冉璞的网络文章中，影响颇广。文章叙述二冉，尚算简洁，然其想象推理之处亦多。或据乡人传说，颇多创作，难以为据。既启衅端，经由他文演绎，二冉故事，愈益具体，小说家言，查无实据，不足凭借。克按，二冉家境，足资为学，并不算差。贫母台说，小说家言，虚构而已。渝黔《冉氏族谱》载，冉琎与冉璞确系同父异母兄弟，冉琎的母亲姓张，冉璞的母亲姓王，但冉琎与冉璞的年龄只相差两岁，而不是五岁；他们的父亲冉茂隆生于淳熙二年（1175年），卒于淳祐七年（1247年）。吕金华《影响世界历史进程的绥阳人：南宋名贤冉琎冉璞传略》分析认为，冉茂隆去世时，冉琎、冉璞正在合州修建和驻守钓鱼城；而从二冉皆具文武之才这个事实来看，他们是受过良好教育的。清人于钟岳诗《长官司上坝场示冉氏诸生》写出了冉琎、冉璞耕读的具体情况，从中可以看出冉琎、冉璞兄弟当年是有比较舒适的读书环境。1993年版《绥阳县志》也有这样的记载："冉氏兄弟少年时代就学于播州学堂，兄弟俩情义甚笃，聪颖勤奋，敏于行而寡于言。稍长，遍游蜀川名胜，关隘重镇。目睹南宋王朝弊政和官场腐败，便隐居山林，躬耕自资。闲余，互相砥砺，深研行营列阵之法。播州杨氏土司闻其才，多次邀其出山辅治，兄弟俩坚辞不出。"同样可看出，二冉兄弟读书的环境是并不太差的。

郭有二冉故宅，司北有苗斋郎故宅。"① 乾隆《贵州通志》卷七《古迹·遵义府》云："冉琎冉璞故宅，在府城东十里，地名冉家林。二冉故居，在绥阳县西南五里平木山，其址尚存。"道光《遵义府志》卷十《古迹》云："二冉故宅，《陈志》在遵义城东十里，今地名冉家林。按，《陈志》无平木山故宅，《通志》并列之，以冉家林者称冉琎冉璞故宅，以平木山者称二冉故居。今验二处，以绥阳平木山者为是。其宅址今为周氏所居，二冉墓亦在附近。其遵义之冉家林，《陈志》谓为故宅，想非无据，岂二冉兄弟或当时在遵义有别业耶？"②

咸丰《播川诗钞》程生云诗《怀冉琎冉璞兄弟》郑珍按云："冉家林，在遵义县东四十里，其侧有地名官坟嘴，明宣慰使杨爱妻田氏墓在焉。旧《府志》谓二冉故宅在此，而《绥阳志》谓县西南五里平木山有二冉故宅，《通志》则两处并列之。今验二冉子孙居正安，琎墓在绥阳郎里凤凰山下汪家园，璞墓在绥阳金里徐阳台，皆久圮无识者。嘉庆五年，周时庵霖孝廉过汪园，见石棺中广，因入窥之，棺髹漆如新，以铜环双纽悬石盖下前和署金字为'冉琎'名。始知是先贤墓，令掩其

---

① 引文亦见万历刻本《蜀中名胜记》卷二十、崇祯刻本《四川名胜志》卷二十、乾隆四库全书本《蜀中广记》卷二十，万历、乾隆二本明言引自万历《遵义军民府志》。崇祯刻本《四川名胜志》三十五卷、《贵州名胜志》四卷，乃曹学佺《大明一统名胜志》系列之一。自万历三十七年除四川右参政，三十九年升任四川按察使，至四十一年罢职回籍，《蜀中广记》主要成稿于曹学佺任职蜀中的四年时间。万历四十六年，林茂之将其中的《名胜记》刊刻于南京，钟惺序其书云："吾友曹能始，仕蜀颇久，所著有《蜀中广记》。问其目，为《通释》、为《方物》、为《著作》、为《仙释》、为《诗话》、为《画苑》、为《宦游》、为《边防》、为《名胜》诸种。"《蜀中广记》成书后，曹氏并未将其付梓刻印。由于见不到全书的最后定稿，后来的收藏者只能将曹氏或其他人单独刻印的各记组合拼凑起来，也就有了今人能看到的不完整的明刻本。而曹氏手抄定稿乾隆间为扬州盐商马曰琯兄弟所得，清修四库全书，其子马裕将此呈送，也就有了今人能看到的唯一的完整的钦定四库全书本。与明刻本相比，四库全书本的特点是它的完整性与系统性，将相对独立的十二记，以统一的义例编排在一起，颇能体现出全书"广记"的宗旨，这大概也是曹学佺修书的初衷所在。而从两个版本的内容来看，由于《边防记》触及清廷的诸多忌讳，四库本因此作了较多删改，至于其他各记则基本能保持原样。参严正道文《〈蜀中广记〉成书与流传考》，《四川图书馆学报》2013年第5期。

② 二冉故居，后为周氏所居。今周氏亦迁，基址尚存，阶垒依然。怀古者至，沧桑百味。吕金华《影响世界历史进程的绥阳人：南宋名贤冉琎冉璞传略》云："周氏搬迁后，遗址尚存。其屋基长18米，宽12米，石阶保存较好。屋基上还留有一口长1.2米，宽0.6米，高0.8米的石水缸。"又，故居意象，唯明力子2013年2月22日新浪博文《二冉故里（遵义绥阳平母台）寻访记》得之。明力子，赵姓，遵义籍，贵阳人，供职黔中史馆，余无考。

石缺封之。棺上又有金字七言绝句一首，时庵曾写记，惜已没，无从问矣。平木山宅址，今为周氏所居，墓既并在附近，则二冉居在绥阳为确。冉家林或其别业，或子孙移居，自不嫌更有故宅也。"①

五　始破天荒，何式科分难考定

播州冉氏进入史家视野，当自冉从周始。然世远年湮，从周事迹，今存文献，仅得寥寥数语。进而中式科名，父子关系，张冠李戴，支系误接。

宋元以降，今存文献，不见从周记载。有明至清，记载始多，然多重复，并无新增。景泰《寰宇通志》卷六十九《播州宣慰使司科甲》谓："冉从周，播州人，宋嘉熙二年周坦榜进士。"天顺《大明一统志》卷七十二《播州宣慰使司》亦曰："冉从周，郡人。举进士时呼为破荒冉家。历官为珍州守，有善状。"成化、正德、嘉靖、万历《川志》沿袭《统志》，记载多同。嘉靖《四川总志》卷之十四《播州宣慰使司》记载："冉从周，嘉熙进士，时号为破荒冉家。历官珍州守，有善状。"

从周之誉"破荒冉家"，谓其嘉熙之中进士，开播州名士中式之先。至其科分，景泰《寰宇通志》谓嘉熙二年（1238 年）。天顺《大明一统志》、历朝《四川通志》皆未之及。近年出土的《冉彦正墓志》则谓其以"春秋学"登嘉熙四年（1240 年）庚子科进士，与《寰宇通志》载其登嘉熙二年戊戌科周坦榜进士有别。考诸史籍，未闻有登嘉熙四年进士第者，而中嘉熙四年庚子举则有之。《吴郡乡举题名碑》有嘉熙四年庚子科举赵强等一十三人，钦定四库全书《江西通志》卷五十一选举三有嘉熙四年庚子解试秦发等人。由是，从周之破天荒，到底是中举？抑或进士？至于科分，到底嘉熙二年？抑或四年？诸处记述不一，史料缺乏，已难考定。

---

① 见咸丰《播雅》卷一程生云诗《怀冉玭冉璞兄弟》郑珍注文。程生云《怀冉玭冉璞兄弟》诗亦载同治《黔诗纪略》卷二十，莫友芝传证复引郑注如前。谭其骧《播州杨保考》之五"杨保同化诸族考"及冉氏亦云："玭、璞故居，在今绥阳县西南五里平木山。玭墓在县之朗里，璞墓在县之金里。旧说府东四十里之冉家林为二冉故宅，非是。详《府志·古迹》。"

六　兄弟出山，合州通判权发遣

南宋文散官阶二十有九，第二十三阶承事郎，正八品下。第二十五阶承务郎①，从八品下。而宋朝官制，判、知之外，又有权发遣、权通判者，谓因其资轻而骤进，故于其结衔称权发遣、权通判以示分别②。二冉兄弟，初无以显，并无功名。淳祐三年（1243年），余玠为四川制置使知重庆府，城钓鱼山，徙合州治于上。举二冉而用，宋廷以琎为承事郎，权发遣合州。璞为承务郎，权通判州事。城钓鱼，徙合州治事，悉以任之。知兄弟二人，资轻质浅，权且发遣、通判而已③。又，二冉入幕余玠之先，或游贵阳。弘治《贵州图经新志》卷三"贵州宣慰使司流寓目"下，即以冉琎居首。传云："宋冉琎，播州人。与弟璞俱有文武才，隐居蛮中。尝同游贵阳，观山川险易，若有所营，时人莫识，

---

① 脱脱等撰：《宋史》，中华书局2000年点校本，第4049—4050页。
② 清袁枚：《随园随笔·官职中》："宋法判、知之外，又有云'权发遣'者，则因其资轻而骤进，故于其结衔称'权发遣'以示分别。程大昌《演繁露》云：'以知县资序隔二等而作州者谓之权发遣。'"
③ 《宋史·余玠传》：淳祐三年，以余玠为四川制置使，知重庆府。玠知重庆，城钓鱼山，徙合州治之。又筑招贤馆于府左，供帐一如帅居。下令曰："欲以谋告我者，近则径诣公府，远则自言于郡所在，以礼遣之。"士之至者，玠不厌接。咸得其欢心。言有可用，随其才而任之。苟不可用，亦厚遗谢之。播州冉氏兄弟琎、璞，有文武才，隐居蛮中，前后阃帅辟召，坚不肯起。闻玠贤，相谓曰：是可与语矣。遂诣府上谒。玠素闻冉氏兄弟，刺入，即出见之。与分庭抗礼，宾馆之奉，冉安之若有素。居数月，无所言。玠将谢之，乃为设宴，玠亲主之。酒酣，坐客方纷纷竞言所长，冉琎兄弟饮食而已。玠以微言挑之，卒默然。玠曰："是观我待士之礼何如耳！"明日，更辟别馆以处之，且日使人窥其所为。兄弟终日不言，惟对踞以垩画地，为山川城池之形，起则漫去。如是又旬日，请见玠，屏人曰："某兄弟辱明公礼遇，思有以少裨益，非敢同众人也。为今日西蜀之计，其在徙合州城乎？"玠不觉跃起，执其手曰："此玠志也，但未得其所耳。"曰："蜀口形胜之地，莫如钓鱼山，请徙诸此。若任得其人，积粟以守之，贤于十万师远矣。巴蜀不足守也。"玠大喜，曰："玠固疑先生非浅士。先生之谋，玠不敢掠以归己。"遂不谋于众，密以其谋闻于朝，请不次之官。诏："以琎为承事郎，权发遣合州。璞为承务郎，权通判州事。徙城之事，悉以任之。"命下，一府皆喧然同辞，以为不可。玠怒曰："城成，则蜀赖以安。不成，玠独坐之。诸君无预也。"卒筑青居、大获、钓鱼、云顶、天生，凡十余城，皆因山为垒，棋布星分。为诸郡治所屯兵聚粮，为必守计。且诛溃将，以肃军令。又移金戎于大获以护蜀口，移沔戎于青居。兴戎，先驻合州旧城，移守钓鱼，共备内水。移利戎于云顶以备外水。于是如臂使指，气势联络。

以为景纯之流。后伏策谒余玠为画城钓鱼山之策，人始知其异云。"①

二冉抗蒙之功，在参与了合州钓鱼城的建筑。然川、黔、遵、渝史家，过奖二冉筑城之功，极少提及他人。殆《宋史·余玠传》记载余玠、二冉参与筑城事特详，而他人参与筑城之事略而不书。至于他处，余玠、二冉之外，诸人筑城之事，偶有所见，亦仅数字略过，致以修筑钓鱼城击败蒙军进击之功，多归余玠、二冉。考诸载籍，四川重庆府合州钓鱼城，除淳祐三年（1243年）四川宣谕使权四川安抚制置使兼知重庆府余玠、权发遣合州二冉而外，之前尚有嘉熙四年（1240年）四川安抚制置副使兼知重庆府彭大雅、合州守甘润，之后还有宝祐二年（1254年）兴元都统制兼知合州王坚、景定四年（1263年）兴元府驻扎御前诸军都统制兼知合州张珏等先后四次修筑。而二冉功绩，则在看清钓鱼城为川渝抗蒙战略重心，进而参与城池设计，组织迁移治州等。诸人分工合力，川渝抗蒙山城防御体系乃得以完成。至若钓鱼山寨，筑城建议、城池设计，当推甘润、二冉诸人。采纳决策、城防规划，则在大雅、余玠诸人。调集民力，组织施工，功归甘润、王坚、张珏诸人。

---

① 弘治《贵州图经新志》卷三贵州宣慰使司流寓、嘉靖《贵州通志》卷十贵州布政司宣慰使司流寓。又，元陈桱《通鉴续编》卷二十二载二冉事迹，来自《宋史·余玠传》而文稍异，兹录如下以资考校："癸卯，淳祐三年。春二月，以余玠为四川制置使，知重庆府。初，蜀中财赋，入户部五司者五百余万缗，入四总领所者二千五百余万缗，金银绫锦之类不预焉。自宝庆三年失关外，端平三年蜀地残破，所有州郡无几，国用益窘。十六年间，凡授宣抚使者三人，制置使者九人，或老或庸，或暂或贪，或惨或谬，或遥领而不至，或开隙而各谋，终无成绩。于是两川无复纪律，遗民咸不聊生，监司戎帅各专号令，擅辟守宰，荡无法度，蜀日益坏。玠至，大更弊政，遴选守宰，筑招贤馆于府左，供帐一如帅居。下令曰：'欲以谋告我者，近则径诣公府，远则自言于郡所在，以礼遣之。'士之至者，玠不厌接。咸得其欢心。言有可用，随其才而任之。苟不可用，亦厚遗谢之。遂于利阆城大获山以护蜀口，蓬州城营山，渠州城大良平，嘉定城旧治，泸州城神臂山。其他因山为垒，棋布星列，如臂使指，气势联络。屯兵聚粮。为必守计，民始有安土之心。玠又经理四蜀图以进，曰：'愿假十年手，挈四蜀之地还之朝廷，然后归老山林，臣之愿也。'三月丁丑，日有食之。蒙古前中书令耶律楚材以忧卒。蒙古便宜总帅汪世显卒。余玠城钓鱼山，徙合州治之。播州冉琎及弟璞俱有文武才，隐居蛮中，前后闻帅辟召，皆坚辞不至。闻玠贤，自诣府上谒。玠与分庭抗礼，待以上宾。琎、璞居数月，无所言，玠疑之，乃更辟别馆以处之，且日使人窥其所为。兄弟终日不言，唯对踞以垩画地为山川城池之形，起则漫去，如是又旬日请见。玠屏人曰：'某兄弟辱明公礼遇，思有以少裨益，非敢同众人也。为今日西蜀之计，其在徙合州城乎？'玠不觉跃起，执其手曰：'此玠志也，但未得其所耳。'琎曰：'蜀口形胜之地，莫若钓鱼山，请徙诸此。若任得其人，积粟以守之，贤于十万师远矣，巴蜀不足守也。'玠大喜曰：'玠固疑先生非浅士，先生之谋，玠不敢掠以归己。'遂不谋于众，密以其谋闻于朝，请不次官之。诏：'琎，权发遣合州。璞，权通判合州。徙城之事，悉以任之，钓鱼城蜀始可守。'"

而独甘润嘉熙四年（1240年）、淳祐九年（1249年）、宝祐二年（1254年）兴筑钓鱼山、青居山、紫金山三城，勋劳尤多①。

七　落寞归乡，忠骨迁葬埋桑梓

　　新修《绥阳县志》人物，首传即为冉琎、冉璞兄弟二人。传云，南宋宝祐元年（1253年），余玠遭投降派谗害，二冉兄弟去职回播，冉琎郁闷而卒。宝祐六年，蒙军兵分三路，夹攻南宋。蒙哥率军十万之众兵临四川，开庆元年（1259年）进抵钓鱼城下，合州军民英勇抵抗，蒙军败北。冉璞闻讯，狂欢而卒。《县志》遂定冉琎、冉璞卒于1253年、1260年。笔者疑惑，《县志》之于二冉卒年，定在宝祐、开庆元年，未知何据。文末既谓冉琎之卒在宝祐元年（1253年），开篇却注为1258年。一文之中，错出如此。行文随意，亦见一斑。抑或1258年为1253年之误耶？《县志》既为官书，权威自无疑问。他人据以为文，无复怀疑。讹误辗转流布，为害亦甚②。

　　今据《冉彦正墓志》，新修《绥阳县志》言二冉归乡，落寞去世，仔细推想，或为实情。墓志谓彦正之卒，在淳祐七年（1247年）。之后归葬祖茔，在淳祐十年（1250年），已隔三年。再葬曰归，则初葬外乡殆无疑义。客死他乡，迁葬回里，两撰墓志，或有苦衷。初志撰者既为制参，兼任提刑，熟悉志主行事履历，撰其墓志，彦正从周，或其同僚。志主父子，奉调从征，编籍行伍，入职军幕。而彦正尽瘁帷幄，亡于战阵，理亦合情。生为人杰，死亦鬼雄，他乡异地，青山有幸，瘗埋忠骨。葬制恢宏，制参撰文，墓志表彰，或详或繁。

　　冉氏之所以如此，殆彦正从周父子、冉琎冉璞兄弟等播州冉氏一族，在播州雄威军都统制杨价、杨文、邦宪祖孙率领之下，与播州雄威军中军总管罗君旺、罗魁、罗季明祖孙，统领袁世明、总制袁猛父子，

---

①　参见刘道平《钓鱼城在宋蒙（元）战争中的地位和作用》，载《刘道平钓鱼城研究文选》，重庆出版社2010年版，第2、5页；陈世松、匡裕彻、朱清泽等《宋元战争史》，四川省社会科学出版社1988年版；资水悠悠2012年2月25日新浪博文"铜梁人阳枋的《上宣谕·余樵隐书》"；罗克彬纂辑《播州杨氏史籍编年》，贵州人民出版社2014年版。

②　新修《绥阳县志》，贵州省绥阳县地方志编撰委员会，贵州人民出版社1993年版，第1007—1008页。

总管赵寅、田万,播州路漕宪赵应定、幕参冉从周,重庆路兵马钤辖王震孙、珍州总制郑昌孙、路分统制田通庵、朗城土目冯进贤诸人,一道奉调南宋将领赵彦呐、彭大雅、余玠、俞兴等人麾下参与抗蒙战争。播州诸人驻防各地,分属各将,冉氏一族或正跟随某人麾下抗战。其后将或失势,世异时移,人情不再。冉琎冉璞兄弟、彦正从周父子,黯然归里。忠骨随迁,魂归故里,时为祭扫,存亡两慰。从周迁葬彦正骨殖,斯为家事,不必张扬。旧志或繁,表彰已为不必。且已深埋地底,不必起掘,搅扰亡灵。且随墟塚,长伴忠魂。于是复撰新志,权作告慰。故旧为文,从简记事,且为隐秘,形式而已。

八 归隐道山,金郎二里各一处

乾隆《贵州通志》卷七:"宋二冉墓,在绥阳县郎水里。冉琎为合州知州,冉璞为合州通判,俱祀乡贤。"乾隆《绥阳志》丘墓卷:"二冉墓,在郎水里。"道光《遵义府志》卷十塚墓:"冉琎墓,在绥阳郎里七甲凤凰山下汪家园。其子孙居正安,本邑无人,墓久圮。嘉庆五年,邑举人周霖过其墓,见石椁,中广,可容一人。遂入窥之,棺髹漆如新,以铜环双纽悬石上,前署金字,为冉琎名。始知是先贤,令掩其石而封之。棺上又有金字七言绝句一首,霖曾录出。今霖殁,无从问矣。冉璞墓,在绥阳金里徐阳台,与其子从周同兆,今碑记无存。按,二墓,通志题云宋二冉墓,注在郎水里。县志亦然。今考在郎里者为琎墓,而璞墓乃在金里,前志并误。"①

---

① 绥阳籍人牟应杭《从冉琎墓的发现谈播州"二冉"》称:"60 年代初,我曾作考古工作,在一次田野清理调查中,在与今遵义、桐梓和绥阳三县毗邻的元田坝,偶然发现冉琎墓。墓为石室,据其规制大小和墓室顶部所存铁环,当系无椁悬棺的单人墓葬。"现绥阳县委宣传部长吕金华认为,"牟文指的当是贵州省考古队 1956 年 4 月配合川黔铁路修建调查时,在桐梓县元田坝冷村附近山上荆棘丛中发现早期开口的大型石墓。通过对这个石墓的清理,发现墓室内放石雕棺材一具,与西安唐代懿德太子墓石椁有因袭关系。""如果没有过硬证据,便认定此墓为冉琎墓,是缺乏说服力的。而且冉琎故宅离凤凰山只有十余公里,离元田坝则有近百公里,在交通极不发达,且多崇山峻岭阻隔的情况下,冉琎选墓上百公里远,也不太可能。"牟文参见冯楠主编《黔故续谈》,贵州省文史研究馆 1994 年版,第 150—152 页。吕文初载《贵阳文史》2011 年第 6 期,题《贵州南宋名贤冉琎冉璞传略》;选入农文成主编《600 年贵州》,题《影响世界历史进程的绥阳人:南宋名贤冉琎冉璞传略》,贵州科技出版社 2015 年版,第 33—37 页。

民国《绥阳县志》卷一《地理下·丘墓》："冉琎墓，在绥阳郎里七甲凤凰山下汪家园。其子孙居正安，本邑无人，墓久圮。嘉庆五年，邑举人周霖过其墓，见石椁，中广，可容一人。遂入窥之，棺髹漆如新，以铜环双纽悬石上，前署金字，为冉琎名。始知是先贤，令掩其石而封之。后被牧人掘毁，清贡士梁嘉树募修。冉璞墓，在城西南郎里徐阳台。"① 按，绥阳郎里七甲，今绥阳县儒溪区高坊子五星村。1952年兴修水利，琎墓复毁。当时曾于墓中发现金饰一件，玉器18件。金饰被变卖，玉器为当地十八农户瓜分。做墓室的石板上还有铭文，可惜被用来铺筑水沟，至今湮没②。《冉彦正墓志》志石购于遵义，出土地点若非遵义城区，当为距遵义不远的城郊区县。绥阳即为遵义近郊区县，近年盗者复掘琎墓，再现此志，亦未可知③。

---

① 王作孚，绥阳人，字春亭，咸丰三年进士，后授翰林院编修，历任江西瑞州、曹州知府，两淮盐运使司，兵部员外郎，山东布政司等职。作诗《至蒲老场访冉琎墓》："名士空留土一堆，荒山大冢长蒿莱。若非史书当年笔，谁识先生此夜台。千古智愚同一梦，缅怀芳躅不须哀。蒲老场头寻往事，钓鱼城畔忆贤才。"足证清末琎墓现状。王诗多被引用，然未见于民国《绥阳县志·艺文》。民国《续遵义府志》卷三十四《艺文三》载之，今人秦立编注《钓鱼城诗选》（四川人民出版社1988年12月第1版）第82页收录王诗，当本《续遵义府志》。又，乾隆《绥阳志》艺文卷有铁成篆《二冉故宅》诗云："古碑横草字依然，瓦落墙边与树边。只有鸟啼千个竹，更无人汲一涵泉。崎岖曲径留朝露，寂寞空山锁暮烟。桃李不知人事改，倚风犹自美娟娟。"首句"古碑横草字依然"下有注"碑有字'元冉琎'等字"云。铁成篆，选贡出身，万历三十三年至三十六年绥阳县令，余无考。乾隆《绥阳志》、民国《绥阳县志》载《二冉故居》诗，不见道光《遵义府志》、同治《黔诗纪略》，诸书亦无其人小传。
② 参李泽民、李泽君文《土家族抗元英雄冉琎、冉璞》，《贵州文史丛刊》1991年第2期。吕金华《影响世界历史进程的绥阳人：南宋名贤冉琎冉璞传略》还说，"绥阳的一些老年人都记得，1954年兴办农业合作化时，当地农民将冉琎墓挖掘，出土了金含、玉珮等部分文物，有的被遵义市某银行收购，有的被掘墓者分走，现有一块玉带扣藏于绥阳博雅苑文化陈列馆中。至于墓碑、墓石，均成了修建沟渠的材料。"
③ 1992年6月18日，绥阳县人民政府文件《关于公布冉琎、冉璞墓为我县重点文物保护单位的通知》（绥府通〔1992〕17号）称："冉琎、冉璞弟兄系我县雅泉乡平母山人，是宋代著名将军，是国际国内知名的城建大师。其墓尚存我县高坊子凤凰山麓。根据《中华人民共和国文物保护法》和《贵州省文物保护管理办法》以及《关于加强文物保护的通告》等文件的有关规定，经文化局调查考证，县政府研究决定将冉琎、冉璞墓作为我县重点文物保护单位，并迁往天台山麓。"不久，"二冉"墓即迁到了天台山麓。墓长11米，宽10米，封土高1.6米，占地面积110平方米。参见吕金华《影响世界历史进程的绥阳人：南宋名贤冉琎冉璞传略》。

李端棻年谱

王美东[*]

摘　要：李端棻，字苾园，贵州贵筑人。

至今，学术界无人为李端棻序年谱，今考之典籍，试为其序谱。

本年谱收集李端棻生平相关资料，并对以下方面进行考察：（1）基本勾勒出谱主生平行踪；（2）对谱主交游作了相关考证；（3）力图展现谱主生活之历史背景。

本年谱分两个部分。李端棻简论：略述谱主生平行踪，及其在戊戌变法中的突出作用，简论其遗稿《苾园诗存》。李端棻年谱：编排谱主生平，纲下依条目说明考证。

关键词：晚清；贵州人物；李端棻；年谱

一　李端棻简论

（一）生平述略

李端棻，字苾园，道光十三年九月初十生于贵阳。李端棻著述等身，性格狷介耿直，乃一真性情名士。祖籍湖南衡州府清泉县（今湖南衡阳县），其祖辈受朝廷征调而入黔，入黔之始祖为"之"字辈。按李氏家族字辈排行"成文之朝端，忠良启家声"，李氏入黔到"端"字辈仅三代，故李氏入黔时间并不长。其祖辈入黔而分五房，其父李朝显于家中排行第四。李朝显英年早逝，故端棻自幼与母何氏相依为命。

---

[*] 作者简介：王美东（1993年—　），男，贵州务川人，贵州民族大学民族学与社会学学院2016级毕业，学士，现供职于贵州大学出版社。

李幼孤，然其苦读诗书，后终成大器。其叔父李朝仪官至顺天府尹，李幼时，其叔父对其十分严厉，对其为人处世有十分重大的影响；然其舅父何亮清对其一生之文学，亦有重大影响。李年老时曾回忆："吾一生为人之道，得之吾叔；为学之道，得之吾舅。"① 由此可见其叔父和舅父对其一生影响深远。

李于同治二年中进士，入翰林院任编修。同治十一年出任云南学政，在任三年。在任期间滇乱刚平，文化待兴，李以身作则，为振兴云南文化做出了重要贡献，《清史稿》及《清光禄大夫礼部尚书李公墓志铭》均有相应之记载。

光绪二年六月，李母何氏逝世，李回家服丧。丧期满，归京，迁监察御史。后因其叔父擢升顺天府尹，为回避，回翰林院任故官。李自同治六年任山西乡试考官以来，曾多次出任地方学政，即光绪十五年任广东乡试考官、光绪十七年任四川乡试考官、光绪十八年任会试副总裁、光绪二十年任山东乡试考官及顺天武乡试考官、光绪二十一年任武会试考官。李出任广东乡试考官时，发现梁启超为天下奇才，以堂妹李蕙仙许之，自此与梁结为姻亲，结下不解之缘②。其一生任主考时，所拔之才皆为当世之名士。

李亦曾任工部侍郎、刑部侍郎、仓场侍郎，官至礼部尚书。其任工部侍郎时，"前此奉职者，率以侵冒为固然。公严绝苞苴，同列惮之，官纪一肃"③。其督仓场，"睹漕运之积弊，抗疏请尽撤漕仓诸官，而身乞退职，以为之倡"④。其为侍郎期间，曾多次上疏，请改官制、推广学校、删改条例等，皆心系国家社稷而为之，然却多不如意。

光绪二十四年，李端棻参与戊戌变法，举荐康有为等维新志士，为变法做出重要贡献。后因变法失败被贬，戍新疆。流放途中因病留甘州（今甘肃省张掖县），光绪二十六年被恩赦回籍。

李回籍后曾致力于贵州维新事业，与人创办贵阳公立师范学堂、贵州省公立学校；亦曾主讲经世学堂，因遭人诽谤而不再授课。回籍初，

---

① 何麟书：《李苾园先生遗诗序》，见许先德、龙尚学主编《贵阳五家诗钞》，贵州教育出版社 1995 年版，第 2 页。
② 见本谱光绪十五年。
③ （清）梁启超：《梁启超全集》（第九册），北京出版社 1999 年版，第 5192 页。
④ 同上。

李与人共创贵州矿务总局，后该局因条件有限而倒闭。李回籍时已是古稀之年，但仍未忘记报效国家，其爱国之情可见一斑。

李逝世于光绪三十三年十月十二日，享年七十有五，逝世后葬于贵阳市大关口（今贵阳市南明区）。

（二）戊戌之魂——李端棻与百日维新

戊戌变法乃中国近代史上一场自上而下重大的政治改革运动，虽在变法期间取得显著成效，但最后以失败告终，其间所取得的成果大多毁于一旦。

戊戌变法时，朝廷官员分作三派，维新派、顽固派和骑墙派。李端棻是维新官僚的代表人物，在变法期间李端棻意志坚定，自始至终未曾改变过自己的立场。

1. "公车上书"与李之关系

戊戌变法前，康有为等领导的"公车上书"运动中，"现存之题名录共计603人，时贵州省占96人，约总数之1/6"①。虽然当时贵州仍很落后，但在这些上书士人中却有如此多的贵州学子，且其中就有4人是李端棻的堂兄弟，足见维新思想对贵州士人的影响，这实在是贵州人的骄傲。李端棻曾多次出任各地乡试考官，其中有许多人为李端棻提拔的名士。由此可见，公车上书与李端棻有莫大关系。

2.《请推广学校折》在变法中的地位

光绪二十二年，李端棻上《请推广学校折》②，指出旧时之教育制度已经无法继续推行，需要新的教育制度改变现状，只有这样才能培养出新型人才，有利于国家的进步。虽当时未能实施，但两年以后光绪帝颁布的《明定国是诏》，将京师大学堂的开办作为变法的第一要务，且维新变法中的许多教育内容，于李端棻之《请推广学校折》可见。由此可知，李所上之折对于戊戌变法乃至整个中国近代教育史都有重大的影响。

3. 李所荐人才在变法中的作用

李端棻在戊戌变法前，曾举荐16人为经济特科，这些人后来多

---

① 孔祥吉：《戊戌维新运动新探》，湖南人民出版社1988年版，第332—342页。
② 见本谱光绪二十二年，五月二日。

为维新志士，在戊戌变法中起到了不可估量的作用。李亦曾举荐过康有为和谭嗣同①，此二人乃戊戌变法的领导人，对变法的作用是不言而喻的。时，中国仍十分落后，国家需要进步，就必须要有人才参与政治，李端棻所荐之人皆当世之名士。唯有更多人才参与，变法始能成功。

4. 《变法维新条陈当务之急折》贯穿于变法始终

李端棻于戊戌年六月初六上《变法维新条陈当务之急折》，其内容包括以下四点：御门誓群臣、开懋勤殿、改六部之则例和派朝士归办学校②。这四项内容，于戊戌变法中所颁布的条例可见。由此可知，整个戊戌变法期间，李端棻的主张皆颁布施行，其对戊戌变法有不可忽视的作用。

史学界仅仅把李端棻作为变法的一般人物看待，这样的评价存在偏见，也忽视了李端棻在戊戌变法中做出的贡献。

其一，戊戌变法是一场自上而下的改革，皇帝和维新人员的沟通需要有人来充当桥梁，毫无疑问李端棻充当了光绪帝与诸多维新志士之间的桥梁。

其二，李端棻在变法期间所上的奏折，其中许多在变法中皆颁布施行，这些事实表明，李端棻为变法做出的贡献，我们必须予以承认。

其三，变法前李端棻所举荐的人才，在戊戌变法中皆起到非凡的作用，这样就更不可忽视李端棻对变法的贡献。

对于李端棻在戊戌变法中作用的评价，应将其放在当时的历史背景下，由其对历史发展所做的贡献来决定③。

（三）简论《苾园诗存》

《苾园诗存》乃李端棻之遗稿，是其一生所作诗仅存的十分之一。然其诗，多作于戊戌变法失败后，作者经历过大起大落，思想得到进一步升华，其作品之价值亦得到提升。故《苾园诗存》乃李一生作品之

---

① 参见光绪二十四年，七月初三。
② 参见本谱光绪二十四年，六月初六。
③ 钟家鼎、王勺：《关于李端棻在戊戌变法中的几个问题》，《贵州文史丛刊》1996 年第 1 期。

精华所在，有助于后人睹其文采，探其思想情感。

1. 版本

李端棻生平所作之诗数量较多，但由于各种原因，大多遗失。"综先生生平所作，今兹所存，百不逮一。"① 后由其表弟何麟书收集整理而成，1937 年辑集刊行，题名"苾园诗存"；1949 年载于《贵阳文献汇刊》第五期；1995 年，贵阳市志办收录于《贵阳五家诗钞》（金筑丛书之一），由贵州教育出版社出版。

2. 内容

《苾园诗存》共收录有李端棻 147 首诗，早年所作甚少，绝大部分为戊戌变法失败以后所作。李端棻"生平喜为诗，心有所触，一一托之吟咏"②。由何麟书所著之诗序可知，苾园先生诗作甚多，然大多遗失。其诗"直抒胸臆，无所缘饰雕缋。及其既成，精光锐气，似经千锤百炼而出。盖性情真挚，蕴蓄宏厚，非肖声袭貌者可伪为也"③。李端棻之诗，皆出自性情，直抒胸臆。对于李端棻的诗作遗失之原因，何麟书云："顾不自珍惜，往往随手散佚；其家人又不知收弆，以故存者绝鲜。"④

3. 诗作撰成时段

李端棻现存之诗，从时间上看，大致可分为三个阶段：第一阶段，为戊戌变法失败后及被流放因病留甘州而作。此阶段李端棻因自己被贬，心情郁闷，其诗与唐宋大文豪被流放时所作之诗意境相同，皆为虽有满腔热血而不得报效朝廷之意。第二阶段，朝廷赦其回籍后一年内所作。该时段李端棻为自由之身，心情十分舒畅，其中大部分有仿陶潜之意，愿做隐士一名，似乎又不甘心。第三阶段则为光绪二十九年至三十三年所作，"晚岁家居，感怆身世，慨念时艰，居常悒悒，日唯以诗自遣"⑤。

4. 成就

梁启超先生于戊戌变法后以启民智，提出"诗界革命"的口号，其

---

① 何麟书：《李苾园先生遗诗序》，见许先德、龙尚学主编《贵阳五家诗钞》，贵州教育出版社 1995 年版，第 2 页。
② 同上。
③ 同上。
④ 同上。
⑤ 同上。

内容主要包括：以旧风格含新意境，熔铸新理想以入旧风格。即新意境、新语句和古人之风。

梁与李之关系十分亲近。早年，李与梁在京师经常见面，谈论时事，李之思想受梁影响，亦从封建思想向维新思想转变。李之遗作，大多作于变法后，故其诗作所反映之思想皆体现出"维新"的一面。

其诗作《应经世学堂聘》《学术思想》《政治思想》《闻谤自责》等诗中皆出了"新词"。以《政治思想》为例，"天地区分五大洲，一人岂得制全球。国家公产非私产，政策群谋胜独谋。君为安民方有事，臣因佐治始宣流。同胞若识平权义，高枕无忧乐自由"①。该诗中有"五大洲、全球、政策、平权、自由"等词，皆为当时出现之新词。李于其诗句中加入此类词，与梁启超提出的"新语句"不谋而合，故李诗符合三长之新语句条件。

李流放新疆途中，因病而留甘州，作诗《寓甘州示诸弟》："传说边城极阻艰，轻装忽近玉门关。远行经岁都忘倦，老去能生幸得闲。始识雷霆皆雨露，要乘风雪看天山。寄言群李休惆怅，得酒依然便解颜。"②该诗中，李不但没有因被流放而抱怨，反而将此看作好事，以此机会尽观天山之美丽风景。其心胸之宽广，能及者甚少。该诗颇有古风，却表达了作者全新的意境。诸如此类诗还有《咏梅》《白梅》《红梅》等。此类诗皆以旧风格含新意境，亦符合"诗界革命"之要求。

李之经历与古之遭黜贤者何其相似，皆于人生巅峰时遭贬谪，其时必与古人产生共鸣，即生出效仿古人之风。其诗《秋菊杂咏》："吾爱吾庐只立锥，种花无地可编篱。秋来也对秋芳饮，全赖亲朋好赠持。铜瓶随插两三枝，人与菊花那暂离。怪我尘缘犹未尽，形神相对不相宜。菊花天气最难晴，傍晚回廊往复行。细数枝头开几朵，蒙蒙月上不分明。一夜潇潇雨未停，深怜盆蕾减芳馨。生来傲骨原无恙，不似春花落满庭。"③诗中反映出作者虽处境十分窘迫，但仍十分好饮，其境遇与陶潜有相似之处。此类诗还有《菊山》《购菊百余本，见者都道不佳，

---

① 许先德、龙尚学主编：《贵阳五家诗钞》，贵州教育出版社1995年版，第7页。
② 同上书，第3页。
③ 同上书，第17—18页。

戏而作此》等，皆有古人之风。

李所作之诗，因自不珍惜，且家人亦不予收集，导致最后所存之诗甚少。正是因为其不珍惜，世人了解甚少，其价值亦无法得到体现。虽然其诗作符合梁启超所提"诗界革命"之要求，却被埋没至今。其艺术水平亦可比肩康有为、梁启超等人，根据其诗作之实在内容与风格特征应当恢复其在"诗界革命"中的地位，称为"诗界革命"的宿将，亦理所当然①。

二 李端棻年谱

（一）凡例

一、本谱依据谱主及其同时代人之著述资料，运用文献学的基本方法，将谱主生平主要事迹、交游、著述等材料编年，并作考证、辨伪。

二、本谱按年月日排列，各年冠以清代年号及干支，附注公历纪年于后，谱中月日则不以公历换算。

三、谱主交游人物首次出现时，附有简介；谱主记录其交游时所遇之人物相关资料者，则未附简介。

四、谱主名李端棻，为求行文简练，于谱文中一般省略或简称李。

五、本谱于诗文等作品，皆引于谱中；有材料能证其具体时间，则将其编年；无法考证具体时间之作品，笔者则按谱主一生之遭遇及其思想变化，将此类作品大概编年。

六、本谱于谱文下详列注文，笔者所考辨评述文字，附以按语。

七、本谱对李端棻之书法作品，选若干代表性的附于后。能够编年者，编入年谱，未能编年者，则不编入年谱。

八、本谱征引资料《苾园诗存》《清光禄大夫礼部尚书李公墓志铭》《清史稿·李端棻传》为常引资料，《苾园诗存》中自注和书注仍作注，所引诗稿首次作注，后不再作注；其余两则史料，于其首次出现处作注，其后便不再作注。

---

① 黄江玲：《"诗界革命"的宿将——评李端棻〈苾园诗存〉》，《贵州文史丛刊》2010年第2期。

九、李端棻于光绪二十九年六月著有一书，名《普通学说》，因其篇幅较长，故未附于后。

（二）年谱

清宣宗道光十三年癸巳（1833 年）　　一岁

九月初十，生。

梁启超《清光禄大夫礼部尚书李公墓志铭》："公生于道光十三年癸巳九月初十日。"①

按，道光十三年九月初十日为公历 1833 年 10 月 12 日，李端棻生于是日。

杜瑞征，十四岁，卒于光绪二十一年（1895 年）。

何亮清，六岁，卒年不详。

孙家鼐，六岁，卒于宣统元年（1909 年）。

岑毓英，五岁，卒于光绪十五年（1889 年）。

清宣宗道光十六年丙申（1836 年）　　四岁

奕劻生，卒于公元 1917 年。

清宣宗道光十七年丁酉（1837 年）　　五岁

张荫桓生，卒于光绪二十六年（1900 年）。

张之洞生，卒于宣统元年十月四日。

清宣宗道光二十一年辛丑（1841 年）　　九岁

冯文蔚生，卒于光绪二十二年（1896 年）。

清宣宗道光二十二年壬寅（1842 年）　　十岁

于德楷生，卒于公元 1913 年。

清宣宗道光二十四年甲辰（1844 年）　　十二岁

徐致靖生，卒于公元 1918 年。

---

① （清）梁启超：《梁启超全集》（第九册），北京出版社 1999 年版，第 5192 页。

清宣宗道光二十五年乙巳年（1845年）　十三岁

林绍年生，卒于宣统二年（1910年）。

清宣宗道光二十八年戊申（1848年）　十六岁

王仁堪生，卒于光绪十九年（1893年）。

黄遵宪生，卒于光绪三十一年（1905年）。

清宣宗道光二十九年己酉（1849年）　十七岁

幼年丧父，其一生为人之道得于李朝仪，为学之道得于何亮清。

《苾园诗存》载："幼孤，依母以居，尝从先中宪湘雪公受业，学为诗、古文。性至孝，家无儋石，自甘藜藿；而日必竭蹶备甘旨以奉母，先公亟称其贤。时吾家亦中落，先生以舌耕自给，间分馆谷周继之。……尝曰，吾一生为人之道，得之吾叔；为学之道，得之吾舅。"① 又《清光禄大夫礼部尚书李公墓志铭》载："公幼而孤，依母以育，而季父京兆公朝仪，实教养之。……故公终其生立身事君，大节凛然不可犯，一如京兆公。"

按，《苾园诗存》即李端棻表弟何麟书整理其所留诗篇而成，后收录于《贵阳五家诗钞》中。以上文字摘自何麟书所作《李苾园先生遗诗序》。自幼孝敬母亲，家无米粟，自食残羹，米饭皆留与母亲。李幼年丧父，其叔李朝仪视为己出，待之甚厚，教之甚严，影响着李端棻一生的为人之道。李端棻年少时受业于其舅何亮清，其舅传授其诗文、书法，对李端棻一生的为学之道影响深远。

李朝仪（？—1881年），字藻舟，贵州贵筑（今贵阳）人。清道光二十五年进士。历官三十七年，勤政爱民，廉洁奉公。京兆公治家甚严，在其子侄中独爱李端棻，视之如己出，待之甚厚。李端棻受其影响，立身行事，一如朝仪。戚蓉台曾赞誉其文章："天下论文风者首吾浙水，于今日较之当推齐鲁，而以古文为时文，君犹佼佼离群者。"②

---

① 何麟书：《李苾园先生遗诗序》，见许先德、龙尚学主编《贵阳五家诗钞》，贵州教育出版社1995年版，第2页。

② 戚蓉台：《白浮图乡专辑》，见政协成武县文史资料委员会编《成武文史》（第2辑），《白浮图乡专辑》1994年，第139页。

可见其对李朝仪文章评价之高。

何亮清（1828—？年），贵州贵筑（今贵阳）人。清咸丰十年（1860年）进士。官至四川成绵道。著有《仓漪山房诗集》。善书法，现贵州省博物馆藏有其书七言联："间扫白云留鸟迹，自锄明月种梅花。"其传授李端棻以诗文与书法，对李端棻影响深远。翁同龢对其文章有"佳文"之评价。

秦绶章生，卒于公元1925年。

道光三十年庚戌（1850年）　十八岁

补博士弟子员。

《清光禄大夫礼部尚书李公墓志铭》载："弱冠，补博士弟子员。"按，"弱冠"，古时男子二十岁左右称为弱冠之年。"博士弟子员"，明清时期称县学生员为弟子员，或博士弟子员。

咸丰四年甲寅（1854年）　二十二岁

宋伯鲁生，卒于公元1932年。

咸丰五年乙卯（1855年）　二十三岁

陈夔龙生，卒于公元1948年。

咸丰六年丙辰（1856年）　二十四岁

康有为生，卒于公元1927年。

陈同礼生，卒于光绪三十年（1904年）。

王仲瑜生，卒年不详。

咸丰七年丁巳（1857年）　二十五岁

赵以炯生，卒于光绪三十三年（1907年）。

同治二年癸亥（1863年）　三十一岁

五月甲寅，李端棻中进士。

王炜《〈清实录〉科举史料汇编》载："五月甲寅　引进新科进士。得旨：一甲进士三名翁曾源、龚承钧、张之洞业经受职外，周兰、夏子钖……李端棻等俱着交吏部擎鉴。"① 又《清光禄大夫礼部尚书李公墓志铭》载："同治癸亥，年二十九，以联捷成进士。"

按，同治癸亥年，即公元1863年。九月初十日，李端棻正好三十岁，过了这一天，他就三十一岁。五月，李端棻还未满三十岁，故《清光禄大夫礼部尚书李公墓志铭》中记载"同治癸亥，年二十九"也正确。

张之洞（1837—1909年），字孝达，号香涛、芗涛，又号壹公、无竞居士，晚自号抱冰。生于贵州兴义府（今安龙县），祖籍直隶南皮（今河北南皮）人。张早年效仿欧阳修之《醉翁亭记》作《半山亭记》，人誉之为"神童"；《清史稿》对其评价："莅官所至，必有兴作。务宏大，不问费多寡。爱才好客，名流文士争趋之。任疆寄数十年，及卒，家不增一亩云。"②

同治三年甲子（1864年）　　三十二岁
韩文举生，卒于公元1944年。

同治四年乙丑（1865年）　　三十三岁
谭嗣同三月五日生，卒于光绪二十四年九月二十八日。

同治六年丁卯（1867年）　　三十五岁
七月己未，任山西乡试副考官。
《〈清实录〉科举史料汇编》载："七月己未　以翰林院修撰徐郙为河南乡试正考官，编修解煜为副考官；夏子钖为山西正考官，李端棻为副考官。"③ 又《清光禄大夫礼部尚书李公墓志铭》载："丁卯典山西试。"

夏子钖，生卒年不详，同治二年进士。

唐才常生，卒于光绪二十六年八月二十二日。

---

① 王炜编校：《〈清实录〉科举史料汇编》，武汉大学出版社2009年版，第901—902页。
② （民国）赵尔巽等：《清史稿·张之洞传》，中华书局1977年版，第12377页。
③ 王炜编校：《〈清实录〉科举史料汇编》，武汉大学出版社2009年版，第919页。

乐嘉藻生，卒于公元 1944 年。

同治八年己巳（1869 年）　三十七岁
李蕙仙生，卒于公元 1924 年。

同治九年庚午（1870 年）　三十八岁
分校顺天试。
《清光禄大夫礼部尚书李公墓志铭》："庚午，分校顺天试。"
欧榘甲生，卒于宣统三年（1909 年）。

同治十一年壬申（1872 年）　四十岁
五月丙午，出任云南学政。
《〈清实录〉科举史料汇编》载："五月丙午 命云南学政汪叙畴来京，以翰林院编修李端棻提督云南学政。"① 又《清光禄大夫礼部尚书李公墓志铭》载："壬申督云南学政。"又赵尔巽等《清史稿·李端棻传》载："十年，出督云南学政。"②

按，《〈清实录〉科举史料汇编》和《清光禄大夫礼部尚书李公墓志铭》载李端棻于同治十一年壬申年出任云南学政，又《翁曾翰日记》载："壬申五月廿四日。李端棻放云南学政，令汪叙畴回京供职。"③《清史稿·李端棻传》记载为同治十年。

夏，书楷体扇面《四库全书总目·竹斋诗余》赠王祖源。
《四库全书总目·竹斋诗余》："宋黄机，东阳人。其事迹无可考。据词中所注有时欲之官永兴语，盖亦尝仕官于州郡，不知为何官耳，其游踪多在吴、楚之间，而与岳总干以长调唱酬为尤夥，总干者岳飞之孙珂也，时为淮东总领兼制置使。岳氏为忠义之门，故其所赠词，皆沉郁苍凉，不复作草媚花香之语。其乳燕飞第二阕，乃次徐斯远寄辛弃疾韵者，辛弃疾亦有和词。世所传稼轩词本，赋字凡复用两韵，今考机词，

---

① 王炜编校：《〈清实录〉科举史料汇编》，武汉大学出版社 2009 年版，第 935 页。
② （民国）赵尔巽等：《清史稿·李端棻传》，中华书局 1977 年版，第 12739 页。
③ （清）翁曾翰：《翁曾翰日记》，张方整理，凤凰出版社 2014 年版，第 98 页。

知前阕所用乃付字，足证流俗刊刻之误。又辛词名贺新郎，此名乳燕飞者，以苏轼此调中有乳燕飞华屋句，后人因而改名，实一调也。"①

款识：壬申夏五，莲塘二弟大人雅鉴，愚兄李端棻。

按，扇书中词句与原本略有差异，其一原本作"沉郁"，扇书作"沈鬱"；其二原本作"以"，扇书作"目"。书作见附录。

莲塘即王祖源，莲塘是其字，生卒年不详，山东青州府诸城县人（今山东青州市）。王祖源即王懿荣之父，清咸丰三年（1853年）进士，善作诗。

其督云南学政时，校试之余，筹办教育；为振兴文化，拒收贿赂；岑襄勤公对其礼敬有加，欲推其仕滇，公辞之。

《清光禄大夫礼部尚书李公墓志铭》："时滇乱甫戢，民生凋瘵。公校试之暇，辄为疆吏筹教养诸大政，多所赞画。有骄将以重贿为子弟干进，公正色斥之，风烈振厉。巡抚岑襄勤公敬礼有加，欲荐仕滇藩，共靖滇宇。公辞焉。"又《清史稿》载："值回寇乱后，荒服道亘，前使者试未遍，端棻始一一按临，文化渐振。"

按，李端棻在任云南学政时，拒收贿赂，为振兴文化，上奏朝廷要求出资资助滇之贫苦考生。由此可见李端棻为官清廉，为振兴文化以身作则。

汪叙畴，生卒年不详，清戏曲作家。又名汪树烈，号莼庵，四川长寿县人。同治四年（1865年）进士，授翰林院编修，后出任云南主考学政。著有《梅花梦传奇》。

岑毓英（1829—1889年），字颜卿，号匡国，广西西林人。曾任云南巡抚、贵州巡抚、云南布政使、云贵总督。后病逝于云南，清廷追赠为太子太傅，谥号"襄勤"。岑毓英戎马出身，却有深厚文字功底。朱孔彰在《中兴名臣事略》中有此评价："岑毓英戡定滇乱，厥功甚伟，在同治中兴诸臣中，可与平发匪之曾国藩，平捻匪之李鸿章，平甘、新等匪之左宗棠相提并论。"② 可见其平滇乱实乃大功一件。

---

① （清）永瑢、纪昀主编：《四库全书总目》（下），中华书局1965年版，第1820页。
② 朱孔彰：《中兴名臣事略》，华文书局1969年版，第165页。

同治十二年癸酉（1873年）　　四十一岁

留任云南学政。

《〈清实录〉科举史料汇编》："八月丁丑　安徽学政祁世长、浙江学政胡瑞澜、云南学政李端棻、贵州学政韦业祥俱留任。"①

梁启超二月二十三日生，卒于公元1929年1月19日。

同治十三年甲戌（1874年）　　四十二岁

奖励秀才甘维桐妻何氏"古井澄波"匾额。

杨成彪等《楚雄彝族自治州旧方志全书》："庠生甘维桐妻者，文庠何愤之女也，年三十岁，夫殁，守节抚三子僎、佑、佺成名。以耋寿终。通学挽以联云，二十一年苦节，百千万载馨香。生时屡拟举报节孝，氏力辞，嘱以后嗣登科方行详请。同治甲戌（1874年）学政李端棻奖以'古井澄波'之额。"②

光绪二年丙子（1876年）　　四十四岁

六月癸丑，李端棻母亲何氏逝世，李端棻护送其母灵柩回贵阳服丧。

《〈清实录〉科举史料汇编》载："六月癸丑，云南学政李端棻丁忧，命翰林院编修李岷琛提督云南学政。"③ 又《清光禄大夫礼部尚书李公墓志铭》载："旋母太夫人弃养任所，公哀毁骨立，奉榇归里，振贫恤匮，族党讴思。"

按，光绪二年，六月癸丑，李端棻母亲逝世，李端棻离职，护送母亲灵柩回贵阳，服丧三年。

光绪二年丙子至光绪三年丁丑（1876—1877年）　　四十四岁至四十五岁

李端棻丁忧期间，作诗《醉余吟》一首。

《醉余吟》："彭泽辞官日，田园慨将芜。我今赋归来，将芜田园

---

① 王炜校：《〈清实录〉科举史料汇编》，武汉大学出版社2009年版，第937页。
② 杨成彪主编：《楚雄彝族自治州旧方志全书·大姚卷》（上），云南人民出版社2005年版，第773页。
③ 王炜编校：《〈清实录〉科举史料汇编》，武汉大学出版社2009年版，第952页。

无？慧不辨菽麦，贫不事耕畲。闲户愧然坐，酸咸与世殊。将寻家庭欢，母兮长弃予；将慰寂寞情，风兮兼抱雏。将作出岫云，懒极安所趋；将作在山泉，清极孰与俱。俯仰无一可，此生胡为乎？不如杯在手，且集高阳徒。豪饮如长鲸，一吸川为枯。飘飘流光驶，不醉真乃愚。醉后仰天笑，长歌呼呜呜。我歌非歌卿带哭，我劝世人休揶揄。世人皆醉我独醒，迂哉三闾之大夫。世人皆醉我独醒，此心乃得常糊涂。不然炯炯撑双目，安得同流而合污。"①

按，《苾园诗存》注：此诗先生自述是旧稿，以是考之，当系光绪丙子、丁丑间丁忧旋里后所作。② 光绪丙子、丁丑即光绪二年、三年。又，诗中写到"将寻家庭欢，母兮长弃予"，表明李端棻母亲已经去世，且在诗的开头就已说明李端棻回归故里生活，只因长时间未接触农事，对一切都已陌生。纵观李端棻一生，作此诗的时间为丁忧期间。

光绪四年戊寅（1878年）　　四十六岁

李丁忧期满，去成都总督府拜访丁宝桢，于府上遇见沃丘仲子。

沃丘仲子《近代名人小传》："予初见之于丁文诚座上，一恂谨书生耳。"③

按，黄江玲女士《"诗界革命"的宿将——评李端棻〈苾园诗存〉》考证："大约光绪四年，端棻丁忧期满返京，特去成都总督署拜访丁宝桢，沃丘亦在坐。"④

费行简，别号沃丘仲子，生卒年不详，江苏武进人。著有《近代名人小传》《当代名人小传》等。

光绪五年己卯（1879年）　　四十七岁

迁监察御史。

《清史稿·李端棻传》："光绪五年，转御史。"又《清光禄大夫礼部尚书李公墓志铭》："服阕入都，迁监察御史。"

---

① 许先德、龙尚学主编：《贵阳五家诗钞》，贵州教育出版社1995年版，第5页。
② 同上。
③ （清）沃丘仲子：《近代名人小传》，中国书店1988年版，第109页。
④ 黄江玲：《"诗界革命"的宿将——评李端棻〈苾园诗存〉》，《贵州文史丛刊》2010年第2期。

不久，因其叔父李朝仪任顺天府尹，为回避，返回翰林院，仍任原来的官职，即编修。

《清史稿·李端棻传》："以叔父朝仪官京兆尹，回避，改故官。"又《清光禄大夫礼部尚书李公墓志铭》："未几，京兆公尹京，回避，返词曹。"

按，清代之职官回避制度分为以下几种：籍贯回避、亲族回避、师生回避等。回避制度是我国古代社会人事制度的特色，是为了防止官员之间徇私而制定的制度。这里属于亲族回避，顺天府尹与监察御史同在京都任职，为防弊，故回避。

六月二十一日，奏劾翰林院侍讲王先谦。

戴逸等《清通鉴》："六月二十一日，为工部尚书贺寿慈参免职一案，御史李端棻奏劾翰林院侍讲王先谦'莠言乱政'，请立予罢斥。"①

朱寿朋《光绪朝东华录》："癸亥，李端棻奏，古来圣君贤主，以至我朝列祖列宗，无不以广开言路为急，以闭塞言路为戒。近来屡谕臣工尽言阙失，仰见皇太后、皇上实有乐闻直言之意。即军机大臣及各部院大臣等，仰体训谕，集思广益，亦皆有愿受善言之诚。乃侍讲王先谦所奏，忽谓言路不可太杂，宜防流弊，谬以朋比党援为辞。此折一上，众谕哗然。方今朝廷清明，大小臣工奉公守法，安有朋党？窃思进言在下而听言在上，可行者采之，不可行者置之，自有圣裁，何虑其杂？伏读此次谕旨云，实事求是，曷胜钦服。臣下进言，但谕其是与不是，实与不实耳，且有凭空逆意，加以党援攻讦之名者哉！恭译世宗显皇帝御制《朋党论》，所褒者面折廷争也，所斥者默无献替也，所深恶者蒙蔽人君之耳目也。然则进言者自非朋党，阻直言者乃真朋党也。该侍讲藉朋党之名以钳制言路之口，是以世宗御论所是者为非，以世宗御论所非者为是，藉祖训以舞文，肆诋谋以惑众，是非淆乱，莫甚于此。熙朝二百余年来，每遇条陈弹劾，有先后交章论奏者矣，有同日具奏者矣，有联衔具奏者矣，事所常有，例所不禁，从无此人既言即不许他人再言之

---

① 戴逸、李文海主编：《清通鉴》17（穆宗同治十三年起—德宗光绪十年止），山西人民出版社1999年版，第7527页。

理。如该侍讲之说，以后条奏事件，意见不同者则可诬为攻讦，总之欲使言官不能启口而已。虽谕旨仍令剀切敷陈，而言者恐触法网，跋前疐后，其孰能尽言乎？且近日已奉谕旨训饬，言事诸臣本无流弊。该侍讲乃敢别造谬说，阻塞言路，意存蒙蔽，其居心实不可问。此风亦断不可长，诚恐率效尤，举朝缄默，畏罪不言。则从此群臣之贤否，天下之利弊，朝廷无由得知，蒙蔽主聪，隐患不胜言。可否仰恳乾纲独断，将该侍讲立予斥革，治以故违祖训之罪，以为妄逞谖说者戒。"①

按，《光绪朝东华录》中之资料时间为光绪五年六月癸卯，即六月二十一日，李端棻上奏弹劾王先谦侍讲荛言乱政。该资料表明李端棻为官正直，眼中见不得一点杂质，心系国家安危。

光绪十二年丙戌（1886年）　　五十四岁

时李端棻任少詹事，四月，李端棻召集同乡于其住所习书。

陈夔龙《梦蕉亭杂记》："至丙戌，岁仍逢丙，始克释褐，当殿试之前，李苾园少詹。约集同乡诸同年，于寓齐习书大卷，虽不能工，较诸君子未敢多让。"②

按，清朝之殿试时间为四月，故四月少詹事李端棻于此前召集同乡，于其住所复习功课。

五月壬寅，为赵以炯中进士，而以书联贺之；后"君子亭"落成，复题寄一联《游钓　秀灵》。

《游钓　秀灵》联："游钓记芳踪，重看莲沼波清，君子高风同仰止；秀灵钟间气，为报杏林春满，状元得意正归来。"③

按，《〈清实录〉科举史料汇编》载："五月壬寅，谕内阁：新科一甲进士三名赵以炯、邹福保、冯煦业经授职外。"④

赵以炯（1857—1907年），字仲莹，又字鹤林，贵筑人（今贵阳花溪青岩人）。光绪十二年进士，殿试第一名，有"以状元及第而夺魁天

---

① （清）朱朋寿：《光绪朝东华录》，中华书局1958年版，第775页。
② （清）陈夔龙：《梦蕉亭杂记》，北京古籍出版社1985年版，第2页。
③ 向知方：《贵山联语胜迹》，见何静悟、龙尚学主编《贵州联语两种》，贵州教育出版社1999年版，第359页。
④ 王炜编校：《〈清实录〉科举史料汇编》，武汉大学出版社2009年版，第999页。

下"之美誉,然仕途却无太多业绩。后人对其诗文评价甚高,"绝不矜才使气而轩豁,呈露题蕴自阐发无遗,知洗练之功深矣"。就是对其作《中庸不可能也》之评价。

光绪十四年戊子(1888年)　　五十六岁

七月,李端棻为黄吟梅先生题《瀛海采风册》,其内容为:"弭节蓬莱,蜚声天阙,香凝燕寝,协济壮猷。"款识:吟梅尊兄大人属题,弟李端棻题。

按,同题者有王仁堪、吴昌硕等。书作见附录。

黄吟梅,生卒年不详,原名超曾,字吟梅。善书画,其书画"隶篆疏古,无钩摹气"。

光绪十五年己丑(1889年)　　五十七岁

五月丁巳,李端棻奉旨出任广东乡试正考官,王仁堪为副考官。

《〈清实录〉科举史料汇编》:"五月丁巳 以内阁学士李端棻为广东乡试官,翰林院编修王仁堪为副考官。"① 又《清光禄大夫礼部尚书李公墓志铭》:"光绪己丑以内阁学士典广东试。"

王仁堪(1849—1893年),字可庄、忍庵,号公定,闽县(今福建福州)人。光绪三年进士,授编修,光绪十五年与李端棻同任广东乡试考官。曾任山西学政、镇江知府、苏州知府等官职,善设色花卉,书法著称一时,书宗欧阳询、褚遂良。卒年四十六。刘坤一和奎俊对其有"以实心行实政,视民事如家事,卓然有古循吏风焉"②之评价,其为官之事迹可见一斑。

梁启超此年参加乡试,座主李端棻。李请王仁堪做媒,将堂妹李蕙仙许配梁启超。

《清光禄大夫礼部尚书李公墓志铭》:"启超以光绪己丑受学贵筑李公,旋婿公妹,饮食教诲于公者且十年。"

梁启勋《曼殊室戊辰笔记》:"当时典试之正座乃贵州李苾园,副

---

① 王炜编校:《〈清实录〉科举史料汇编》,武汉大学出版社2009年版,第1007页。
② (民国)赵尔巽等:《清史稿·王仁堪传》,中华书局1977年版,第13093页。

座乃福建王可庄。榜发，李请王做媒，以妹字伯兄。同时王亦怀此意，盖王有一女公子正待字也。但李先发言，乃相视而笑。"①

按，光绪十五年，广东乡试题目是：(1)"子所雅言诗书执礼"至"子不语怪力乱神"。(2)"来百工则财用足"。(3)"离楼之明，公输子之巧"。诗"荔实周天两岁星"，得"星"字②。梁启超以"子所雅言，诗书执礼，皆雅言也。叶公问孔子于子路，子路不对。子曰：女奚不曰：其为人也，发愤忘食，乐以忘忧，不知老之将至云尔。子曰：我非生而知之者，好古敏以求之者也。子不语怪力乱神"③为题。吸引了李端棻与王仁堪，皆以为撰写此文者应是一位"饱学宿儒"，结果却是一位翩翩少年。李端棻顿生爱才之心，请王仁堪做媒，将自己的堂妹李蕙仙许配给了梁启超。

梁启超（1873—1929年），字卓如，号任公，又号饮冰室主人，广东新会人。光绪十五年举人，中国近代著名思想家、政治家、史学家、文学家、教育家。戊戌变法领导人物之一。中国近代维新派代表人物，其著作合编为《饮冰室合集》。梁早年便有"神童"之称，后因科举制度未被录取。胡适先生为之题挽联："文字收功，神州革命。生平自许，中国新民。"梁启超在中国近代史上的地位可见一斑。

李蕙仙（1869—1924年），出生于北京南边的固安县，梁启超的妻子。其本人受家庭的影响，熟读诗书，善琴棋书画，早年对梁启超的交往有很大的帮助（梁启超为广东人，只会说粤语，后在北京的交往得益于她）。光绪二十二年（1896年），在梁启超的影响下创办上海女子学堂，任校长之职。1924年病逝于北京。梁对其妻评价甚高，于《祭梁夫人文》中写道："我德有阙，君实匡之；我生多难，君扶将之；我有疑事，君榷君商；我有赏心，君写君藏；我有幽忧，君噢使康；我劳于

---

① 丁文江、赵丰田编：《梁启超年谱长编》，上海人民出版社1983年版，第21页。因梁启勋先生之《曼殊室戊辰笔记》未刊，故转引自《梁启超年谱长编》。
② 《申报》，一八八九年九月初六。
③ 陈占标：《梁启超应乡试中举的诗文》，《广东史志》1999年第3期。按《梁启超年谱长编》载先生第一题的文章，载光绪己丑《广东闱墨》第一册页三十八，诗载同书第二册页八十一。陈占标先生遍查北京、上海、广州大图书馆藏书，终未得之。1999年岁首，接日本研究梁启超的专家、名古屋学院教授竹内弘行先生惠赐梁启超乡试诗文影印件，终得见先贤之文采。

外，君煦使忘；我唱君和，我揄君扬。今我失君，只影彷徨！"①

光绪十六年庚寅（1890 年）　　五十八岁

春，李端棻为梁启超与李蕙仙定亲。

梁启超《三十自述》："年十八，计偕入京师，父以其稚也，挚与偕行。李公以其妹许字焉。"②

按，梁启超十八岁时，是光绪十六年，梁启超进京参加会试，会试的时间是在春天。故，李端棻为梁启超与李蕙仙定亲是光绪十六年春。

光绪十七年辛卯（1891 年）　　五十九岁

五月乙酉，李端棻任四川乡试正考官。

《〈清实录〉科举史料汇编》："五月乙酉 内阁学士李端棻为四川乡试正考官，编修陈同礼为副考官。"③ 又《清光禄大夫礼部尚书李公墓志铭》："辛卯典四川试。"

陈同礼（1858—1904 年），字润甫，怀宁（今安徽省）人。光绪九年进士，授编修，光绪十七年与李端棻一起出任四川乡试考官。工善诗画，长于设色花卉。有《紫荆花馆遗诗》行世。

十月，为梁启超与李蕙仙主持婚礼。

梁启超《三十自述》："辛卯余年十九，……十月入京师，结婚李氏。"④

梁启勋《曼殊室戊辰笔记》："是年冬入京就婚，寓宣南永先寺西街之新会馆。"⑤

梁启超《悼启》："夫人以二十三岁归于我。"⑥

按，光绪十七年是辛卯年，是年梁启超十九岁，十月入京师与李氏结婚，即辛卯年十月与李蕙仙成婚。李蕙仙比梁启超大四岁，按《悼

---

① 丁文江、赵丰田编：《梁启超年谱长编》，上海人民出版社1983年版，第1022页。
② （清）梁启超：《梁启超全集》（第二册），北京出版社1999年版，第957页。
③ 王炜编校：《〈清实录〉科举史料汇编》，武汉大学出版社2009年版，第1018页。
④ （清）梁启超：《梁启超全集》（第二册），北京出版社1999年版，第958页。
⑤ 丁文江、赵丰田编：《梁启超年谱长编》，上海人民出版社1983年版，第24—25页。
⑥ （清）梁启超：《梁启超全集》第九册，北京出版社1999年版，第5209页。

启》载"夫人以二十三岁归于我",知梁启超时年十九岁。梁启超与李蕙仙是李端棻亲自订的婚约,即李端棻会为其主持婚礼。故,辛卯年十月,李端棻为梁启超与李蕙仙主持婚礼。

光绪十六年至十七年（1890—1891 年）　　五十八岁至五十九岁

时,李端棻闲居京师,《感怀》作诗二首,及《俗事劳人感而作此》诗二首。

其一:"内患蒙茸外侮侵,眼前处处祸机深。无聊妄想还乡乐,到底难忘恋阙心。云出无心真返岫,鸟思倦翾懒争林。我躬不阅遑言后,伯道清愁莫再寻。"

其二:"除却纲常系此身,眼前事事总非真。也知自觅家庭乐,借问谁为骨肉亲。精力消磨循例事,交游痛痒不关人。筋骸纵得粗康健,此后光阴有几春。"

《俗事劳人感而作此》:"无谓尘缘苦苦侵,无多岁月去骎骎。除非甚愿归原好,少即多情老更深。旧事荣枯形幻梦,新交毁誉岂知音。最嫌剥啄声声唤,悔不卜居□□林。"

按,何麟书注:"此三诗当是庚寅辛卯闲居京师时所作,时先生年五十余矣。"光绪二十六年,李端棻出任四川乡试正考官,此后一年中未出任其他职位,故李端棻这两年十分清闲,于此,才会作《感怀》二首,以表达自己的抱负,不甘心做一位碌碌无为的"闲官"。

光绪十八年壬辰（1892 年）　　六十岁

三月,李端棻任会试副总裁。

梁启勋《曼殊室戊辰笔记》:"二十岁壬辰,正月二十日,先父见背。春闱乃李苾园为总裁,欲通一关节,伯兄却之。"①

《清光禄大夫礼部尚书李公墓志铭》:"壬辰副会试总裁。"

按,春闱又名礼闱,即会试。会试时间是二月初九、十二、十五三天。按《曼殊室戊辰笔记》载,春闱乃李苾园为总裁。又《翁同龢自订年谱》载:"三月,上躬耕籍田,臣随行播种。派充会试正总裁

---

① 丁文江、赵丰田编:《梁启超年谱长编》,上海人民出版社1983年版,第28页。

官,祁世长、霍穆欢、李端棻为副。"① 又《文廷式年谱》载:"廿七日记云,阅大考卷,昆冈、孙毓汶、孙家鼐、陈学棻、志锐、王文锦、李端棻、龙湛霖、徐会澧、梁仲衡。"② 即壬辰年三月李端棻为会试副总裁。

九月,张之洞赠《幸喜　长庚》联。

张之洞赠《幸喜　长庚》联,内容为:"幸喜故人留苦语,长庚星朗小重阳。"

按,《苾园诗存》中《七十有三初度自寿》自注载:"六十初度,张香涛同年赠联中有此语。"③ 故壬辰年九月初十后,张之洞赠李端棻《幸喜　长庚》联。

迁刑部侍郎。

《清史稿·李端棻传》:"十八年,迁刑部侍郎。"

按,光绪十八年,李端棻擢升刑部侍郎。具体时间无法考证。故将其权归类于此。

光绪二十年甲午(1894年)　六十二岁

七月,刑部侍郎李端棻出任山东乡试正考官。

《〈清实录〉科举史料汇编》:"七月壬午　以刑部左侍郎李端棻为山东乡试正考官,翰林院编修宋伯鲁为副考官。"④

《清光禄大夫礼部尚书李公墓志铭》:"甲午典山东试。"

宋伯鲁(1854—1932年),字芝栋,亦作子钝、芝洞、子栋;号芝田,晚年又号钝叟,笔名别号九嵕山樵、瓶园老人、心太平轩老人。陕西醴泉人。光绪十二年(1886年)进士。光绪二十年,与李端棻一起出任山东乡试考官。善诗、画,书法师柳公权、赵孟𫖯。七十岁犹能写

---

① (清)翁同龢:《翁同龢自订年谱》,见中国社会科学院近代史研究所近代史资料编辑部编《近代史资料》(总86号),中国社会科学出版社1994年版,第35页。
② 朱东润、李俊民、罗竹风主编:《中华文史论丛》(第4辑),上海古籍出版社1982年版,第288页。
③ 许先德、龙尚学主编:《贵阳五家诗钞》,贵州教育出版社1995年版,第19页。
④ 王炜编校:《〈清实录〉科举史料汇编》,武汉大学出版社2009年版,第1033页。

小楷。1932年8月卒。著有《新疆山脉志》《西辕琐记》《海棠仙馆诗集》《焚余草》《己亥谈时》《知唐桑艾录》等。梁启超对其有"屡上奏定国是，废八股，劾奸党，言诸新政最多"①之评价，可见其在维新变法中的功绩。

十一月，出任顺天武乡试正考官。

《〈清实录〉科举史料汇编》："十一月癸酉　以刑部左侍郎李端棻为顺天武乡试正考官，翰林院侍讲学士秦绶章为副考官。"②

秦绶章（1849—1925年）字佩鹤，嘉定人。光绪九年（1883年）进士。光绪二十年，与李端棻同任顺天武乡试考官，曾任兵部左侍郎、内阁学士、福建学政、工部右侍郎等职。工书法，善诗词。

光绪二十一年乙未（1895年）　　六十三岁

五月末至六月初，为杜瑞征题墓志铭。

《杜公瑞征墓志铭》："君姓杜氏，讳瑞征，字熙甫，先世居江阴，代产名流；太高祖会公，官铜仁协，遂家于黔之贵筑。三代以君贵，赠如其官，厝二品封。君少孤，警敏有大志，由军功通籍，授渠县令。甫下车，留意仓储，出陈易新，得三万余石。越岁大旱，灾达数郡，除积谷外，倡捐银万四千，粟六万余石，以是迭供赈贷，得无恐；余金济邻封，全活无算。在任九年，实事求是。举学田，宾兴、卷金、励节、官痘、济米诸有益事，捐俸创置。民于闻讣日，建祠立像以祀，其当日之讴思，更可想见。计典荐卓异，升授酉阳直隶州。酉阳界川、楚，夙称难治；加以会匪充斥，乱荫潜滋，君乃不动声色，由间道擒首恶张德钊、李青山等，治如律，乱遂平，吏民以是益畏服。彼平教案、赈偏灾、缓征谳、治屯田、练屯兵，特余事耳。先是君以按经需次，办厘盐、督堰工，时随同大兵解犍为县围，受知于骆文忠，晋阶知县，权新宁，办善后如法，绩详邑志。权秀山，值奇荒，权宜发粟，民饱君德，为建生祠。杜公堤本阆中遗爱，嗣历患水灾，君为筑长堤，建坝堰，百年之患以平。然此特论其政绩耳。若夫笃孝思，祝亲冥算，不忍自寿，

---

① （清）梁启超：《戊戌政变记》，中华书局1954年版，第233页。
② 王炜编校：《〈清实录〉科举史料汇编》，武汉大学出版社2009年版，第1034页。

李小白为绘图以志，咏赠几盈轴焉。重结发，终身虚正配；赡戚族，推解无吝色；报本始，为建宗祠、置祀田；睦宗族，为设义田、增义塾。他如敦友谊，为陆卓斋归活榇眷；李竹坪承赴引旅费，并代销亏帑；悯寒士，为分金佐读，以成其材，其居心行事类如此，名节为鬼神所钦。君捐银六千入尚节堂，得天语褒嘉，道旁观者咸耳而目之，正不仅辉家乘、光泉壤已也。君因年老告归，教子孙成名，殆终其身无遗憾云。君于光绪二十一年五月二十一日未时卒，享寿七十有六，葬北乡仁山坝。嫡配徐，诰封夫人；次室韩，以子贵，诰封宜人。子六：湜、溁、徐出；鸿、澍、濂、浏，韩出。湜湖南龙山县知县；鸿附生，与溁均同知衔，四川知县；余业儒。女五，长适王守章，候选知县；次、三殇；四适袁照夔，镇宁训导，徐出。五适卢廷琛，云南库大使，韩出。孙男三，长桐封，附生；次、三杞封、松封，俱幼读。孙女三，长适吴绪彬，甲午举人；次殇；三字刘子明，清镇附生。曾孙男女各一。君著有《闲斋诗草》《且学为政集》，待梓。既葬，其嗣君以行状邮寄，属余为文；余谓君高义，当铭之以垂不朽。铭曰：家声武库，生质聪强。盘根错节，投笔戎行。牂牁孝义，岷峨循良。坊表巍特，天语褒扬。行道有福，作善降祥。贞珉式勒，山高水长。"①

按，杜瑞征逝世于光绪二十一年五月二十一日。时，李端棻虽经常出任多地乡试主考，但其在京师为刑部左侍郎，即可知此稿应是在杜瑞征先生逝世后，其家人托李所作，考虑其间信件往来需要时间等因素，故可得作此稿的时间段应是光绪二十一年五月末六月初。该墓志铭先叙述杜瑞征的生平事迹，次之说明其逝世的时间，再交代其子孙的基本情况，再注明其著作，最后描述题墓志铭的原因。

杜瑞征（1820—1895年），字熙甫，贵筑人。其为官期间多为民办事，捐银赈灾、收容遗孀、修堤坝等最为显著，时中原存有"杜公堤"，由此可见其为官为民，深受人民爱戴。其著作有《闲斋诗草》《且学为政集》等。

---

① （清）李端棻：《杜公瑞征墓志铭》，载《贵阳志资料研究》1987年第11期，杜白珣加注。据载，此原稿已毁于火灾，墓碑1977年于白云区出土。

九月，李端棻任武会试正考官。

《〈清实录〉科举史料汇编》："九月壬子，派兵部右侍郎徐树铭知武举，以刑部右侍郎李端棻为武会试正考官，翰林院侍讲学士冯文蔚为副考官。"①

徐树铭（1824—1900年），字寿衡，一作叔鸿，长沙人。道光二十七年进士，入翰林。曾任四川乡试考官，官至工部尚书。善考据，又善诗文，著有《澄园诗集》十卷、《约园志》四卷等。

冯文蔚（1841—1896年），字联棠、莲塘，号修庵，浙江乌程（今湖州）人。光绪二年探花，光绪二十一年，与李端棻同任武会试考官，曾任河南学政、江南主考官、顺天同考官、内阁学士等官职。善诗文、工书法，书法飘逸。

光绪二十二年丙申（1896年）　　六十四岁

五月二日，李端棻上折《时事多艰，需才孔亟，请推广学校，以励人才而资御侮折》。其内容包括创藏书楼、仪器院、译书局、立报馆、派游历。

《清史稿·李端棻传》："二十二年，端棻遂疏请立京师大学堂。"

《〈清实录〉科举史料汇编》："五月丙申　谕内阁：李端棻请推广学校折，以励人才一折。着该衙门议奏。寻，总理各国事务衙门奏，兴学诚自强本计，请各省督抚奏明酌拟办法，或就原有书院量加程课，或另建书院习专门。"②

《请推广学校折》：

奏为时事多艰，需才孔亟，请推广学校，以励人才而资御侮，恭折仰祈圣鉴事。

臣窃闻国于天地，必有与立，言人才之多寡，系国家之强弱也。去岁军事既定，皇上顺穷变通久之义，将新庶政以图自强；恐办理无人，百废莫举，特降明诏，求通达中外能周时用之士，所在咸令表荐，以备擢用。纶綍一下，海内想望，以为豪杰云集，富强立致。然数月以来，应者寥寥；即有一二，或仅束身自好之辈，罕有济难瑰玮之才，于侧席

---

① 王炜编校：《〈清实录〉科举史料汇编》，武汉大学出版社2009年版，第1039页。
② 同上书，第1041页。

盛怀，未能尽副。夫以中国民众数万万，其为士者十数万，而人才乏绝至于如是，非天之不生才也，教之之道未尽也。

夫二十年来，都中设同文馆，各省立实学馆、广方言馆、水师武备学堂、自强学堂，皆合中外学术相与讲习，所在而有，而臣顾谓教之之道未尽，何也？诸馆皆徒习西语西文，而于治国之道，富强之原，一切要书，多未肄及，其未尽一也。格致制造诸学，非终身执业，聚众讲求，不能致精。今除湖北学堂外，其余诸馆，学业不分斋院，生徒不重专门，其未尽二也。诸学或非试验测绘不能精，或非游历察勘不能确，今之诸馆，未备图器，未遣游历，则日求之于故纸堆中，终成空谈，无自致用，其未尽三也。利禄之路，不出斯途，俊慧子弟，率从事帖括以取富贵，及既得科第，遂与学绝，终为弃材。今诸馆所教，率自成童以下，苟逾弱冠，既已通籍；虽或向学，欲从末由，其未尽四也。巨厦非一木所能支，横流非独柱所能砥，天下之大，事变之亟，必求多士，始济艰难。今十八行省只有数馆，每馆生徒只有数十，士之欲学者，或以地僻而不能达，或以额外而不能容，即使在馆学徒一人有一人之用，尚于治天下之才万不足一，况于功课不精，成就无几，其未尽五也。

此诸馆所以设立二十余年，而国家不一收奇才异能之用者，唯此之故。曰：然则岩穴之间，好学之士，岂无能自绩学以待驱策者？曰：格致、制造、农商、兵矿诸学，非若考据词章帖括之可以闭户獭祭而得也。书必待翻译而后得读，一人之学能翻群籍乎？业必待测验而后致精，一人之力能购群器乎？学必待游历而后证实，一人之身能履群地乎？此所以虽有一二倜傥有志之士，或学焉而不能成，或成矣而不能大也。

乃者钦奉明诏，设官书局于都畿，领以大臣，以重其事。伏读之下，仰见圣神措虑，洞见本原。臣于局中一切章程，虽未具悉，然知必有良法美意，以宣达圣意、阐扬风化者也。他日奇才异能由斯而出，不可胜数也。唯育才之法，匪限于一途，作人之风，当偏于率士。臣请推广此意，自京师以及各省府州县皆设学堂；府州县学，选民间俊秀子弟年十二至二十者入学，其诸生以上欲学者听之。学中课程，诵《四书》《通鉴》《小学》等书，而辅之以各国语言文字及算学、天文、地理之粗浅者，万国古史近事之简明者，格致理之平易者，以三年为期。省学选诸生年二十五以下者入学,其举人以上欲学者听之。学中课程,诵经史子及国朝掌故诸书,而辅之以天文、舆地、算学、格致、制造、农商、兵矿、时事、交涉等学,以三年为期。京师大学选举贡监年三十以下者入学,其京官愿学者听之。学中课程一如省学,惟益加专精,各执一门,不迁其业,以三年为期。其省学大学所课,门目繁多,可仿宋胡瑗经义治事之例,分斋讲习,等其荣途,一归科第,予以出身,一如常官。如此则人争濯磨,士知向往,风气自开,技能自成,才不可胜用矣。

或疑似此兴作,所费必多,今国家正值患贫,何处筹此巨款?臣查各省及府州县率有书院,岁调生徒入院肄业,聘师讲授,意美法良,惟奉行既久,积习日深,多课帖括,难育异才。今可令每省每县各改其一院,增广功课,变通章程,以为学堂。书院旧有公款,其有不足,始拨官款补之。因旧增广,则事顺而易行;就近分筹,则需少而易集。唯京师为首善之区,不宜因陋就简,示天下以朴,似当酌动帑藏,以崇体制,每岁得十余万,规模已可大成。中国之大,岂以此十余万为贫富哉?或又疑所立学堂既多,所需教习亦众,窃恐乏人堪任此职。臣以为事属创始,学者当起于浅近,教者亦无取精深。今宜令中外大吏各举才任教习之士,悉以名闻,或就地聘延,或考试选补,海内之大,必有可以充其任者。学堂既立,远之得三代庠序之意,近之采西人厂院之长,兴贤教能之道,思过半矣。然勤其记诵而不廓其见闻,非所以造异才也。就学者有日进之功,其不能就学者无讲习之助,非所以广风气也。今推而广之,厥有与学校之益相须而成者,盖数端焉。

一曰设藏书楼也。好学之士,半属寒酸,购书既苦无力,借书又难其人,坐此孤陋寡闻无所成就者,不知凡几。高宗纯皇帝知其然也,特于江南设文宗、文汇、文澜三阁,备庋秘籍,恣人借观。嘉庆间,大学士阮元推广此意,在焦山、灵隐起立收藏,津逮后学。自此以往,江浙文风甲于天下,作人之盛,成效可睹也。泰西诸国颇得此道,都会之地皆有藏书,其尤富者至千万卷,许人入观,成学之众,亦由于此。今请依乾隆故事,更加增广,自京师及十八行省省会,咸设大书楼,调殿板及各官书局所刻书籍,暨同文馆制造局所译西书,按部分送各省以实之。其或有切用之书为民间刻本官局所无者,开列清单,访书价值,徐行购补。其西学书陆续译出者，译局随时咨送，妥定章程，许人入楼观书，由地方公择好学解事之人经理其事。如此，则向之无书可读者，皆得以自勉于学，无为弃才矣。古今中外有用之书，官书局有刻本者居十之七八，每局酌提部数，分送各省，其费至省，其事至顺，一奉明诏，事即立办，而饷遗学者，增益人才，其益盖非浅鲜也。

二曰创仪器院也。格致实学，咸藉试验。无远视之镜，不足言天学；无测绘之仪，不足言地学；不多见矿质，不足言矿学；不习睹汽机，不足言工程之学。其余诸学，率皆类是。然此等新器，所费不赀，家即素封，亦难备购，学何从进，业焉能成？今请于所立诸学堂咸别设一院，购藏仪器，令诸学徒皆就试习，则实事求是，自易专精；各器择要而购，每省拨万金以上，已可粗备，此后陆续添置，渐成大观，则其费尚易措筹，而学徒所成，视昔日纸上空谈，相去远矣。

三曰开译书局也。兵法曰：知己知彼，百战百胜。今与西人交涉，而不能尽知其情伪，此见弱之道也。欲求知彼，首在译书。近年以来，制造局同文馆等处译出、刻成已百余种，可谓知所务也。然所译之书，详于术艺而略于政事，于彼中治国之本末，时局之变迁，言之未尽。至于学校、农政、商务、铁路、邮政诸事，今日所亟宜讲求者，一切章程条理，彼国咸有专书详言之。今此等书，悉无译本。又泰西格致新学、制造新法，月异岁殊，后来居上。今所已译出者，率十年以前之书，且书亦甚少，未能尽其所长。今请于京师设大译书馆，广集西书之言政治者，论时局者，言学校农商工矿者，及新法新学近年所增者，分类译出，不厌详博，随时刻布，廉值发售，则可以增益见闻，开广才智矣。

四曰广立报馆也。知今而不知古，则为俗士；知古而不知今，则为腐儒。欲博古者莫若读书，欲通今者莫若阅报，二者相须而成，缺一不可。泰西每国，报馆多至数百所，每馆每日出报多至数百万张，凡时局、政要、商务、兵机、新艺奇技，五洲所有事故，靡所不言。阅报之人，上自君后，下自妇孺，皆足不出户而于天下事了然也。故在上者能措办庶务而无壅蔽，在下者能通达政体以待上之用，富强之原，厥由于是。今中国邸钞之外，其报馆仅有上海、汉口、广州、香港十余所，主笔之人，不学无术，所言率皆浅陋，不足省览。总署海关近译西报，然所译甚少，又未经印行，外间未由得见。今请于京师及各省会，并通商口岸、繁盛镇埠，咸立大报馆，择购西报之尤善者，分而译之。译成，除恭缮进呈御览，并咨送京外大小衙门之外，即广印廉售，布之海内。其各省政俗土宜，亦由各馆派人查验，随时报闻，则识时之俊日多，干国之才日出矣。

五曰选派游历也。学徒既受学数年，考试及格者，当选高才以充游历。游历之道有二：一游历各国，肄业于彼之学校，纵览乎彼之工厂，精益求精，以期大成。一游历各省，察验矿质，钩核商务，测绘舆地，查阅物宜，皆限以年期，厚给薪俸，随时著书，归呈有司，察其切实有用者，为之刊布，优加奖励。其游惰而无状者，官则立予降黜，士则夺其出身。数年之后，则輶轩绝域之士，斐然成章，郡国利病之书，备哉灿烂矣。或疑近年两次所派游历学生，未收大效。不知前者所派游历，乃职官而非学童，在中国既未经讲求，至外洋亦未尝受学，故事涉空衍，寡有所成。其所派学生，又血气未定，读中国书太少，遽游历绝域，易染洋风，虽薄有技能，亦不适于用。今若由学堂选充，两弊俱免，其所成就，必非前此之所能例也。

夫既有官书局大学堂以为之经，复有此五者以为之纬，则中人以上，皆可自励于学，而奇才异能之士，其所成就益远且大。十年以后，贤俊盈廷，不可胜用矣。以修内政，何政不举？以雪旧耻，何耻不除？上以恢列圣之远猷，下以慴强邻之狡启，道未有急于是者。若仰蒙采择，乞饬下中外大臣妥议章程，遵旨施行。臣一得之见，是否有当？伏乞皇上圣鉴训示。谨奏。①

按，《请推广学校折》原名《时事多艰，需才孔亟，请推广学校，以励人才而资御侮折》。关于此折是谁所拟一直存有争议，一说为梁启超代李端棻所拟；另一说法为虽不是梁启超代拟，但与梁启超有着莫大的关系。第一种说法之根据是梁启超早年在京时曾为多位大臣拟过奏折，梁亦为李端棻代拟过奏折，故有此说法；第二种说法亦为笔者赞成之说法，按《清光禄大夫礼部尚书李公墓志铭》载："饮食教诲于公且十年。"两人朝夕相处，李受梁思想影响，自己的思想也跟着进步；按孔祥吉先生之《康有为变法奏议研究》载李寄与梁之书信《复梁孝廉

---

① （清）李端棻：《请推广学校折》，见中国史学会主编《中国近代史资料丛刊·戊戌变法》（二），上海人民出版社1957年版，第292—297页。

卓如书》："贱恙已于三月底销假，勉强从公，元气未复，偶有劳乏，诸多不适，老态逼人，不堪告慰知己。奈何，奈何！月前所上一疏，饬交礼部、总署会议，准驳尚未覆奏，俟有定议，再为寄知。"① 此中提到"月前所上一疏"，即指《请推广学校折》，由此可知此折与梁之关系，此乃其一；其二，1896年，梁启超于其所创《时务报》上刊登了此折，梁与此折之关系可见一斑。综上所述，得知此折与梁有莫大之联系。

五月末六月初寄书信予梁启超《复梁孝廉卓如书》。

《复梁孝廉卓如书》："卓如贤弟姨丈足下五月二十二日接奉十三日寄来华函，正具复间，又接到十五日寄来手书，均已读悉，并悉航海南下，风顺一帆，不逾半月，安抵申江，开馆倡导，启迪聋聩，以足下之才学，何施不可出其绪余，岂特沾溉一方哉？欣甚，慰甚。"

"冒名假电一节，骤聆之骇人听闻，徐思之实属寻常，嫁祸倾陷，其（与）投递匿名揭帖者奚异？曾忆先叔京兆公云，署中遇此等事，从不究办，粤中大吏犹是人情，岂有不揆情理，不辨真伪，据无据之词，而诬陷善良乎？况例有明文，此等案件，必审实确有证据，毫无罅隙者，方可坐罚。尊事本属莫须有，何必张皇乃尔。惟望禀启堂上，不必惊恐着急，纵官吏查讯，即可具一呈，诉明在京所业何事，侨寓何处，何时出京，逐一剖析，不难水落石出，化险为夷。总之，冒电中所言一切，均云一概弗得知最妙。来信中言，'且人苟作伪，亦安肯自留姓名、住址，以待覆查'云云，即是此事最要关键之语，呈中可将此语附入，则此事不辨自明矣。足下亦惟安心处馆，仍理旧业，逆来顺受，坐镇从容。坚经磨而益彰，白经涅而愈泽。多一番挫折，增一分学力，其所以挤人于井者，正所以致汝于成也……"

"嗣后来电，亦宜慎重，凡事不寻常，有干吏议者，不可造次。谊虽至戚，势难措手，略布胸臆……"②

按，书信的第一段提到五月二十二日收到十三日梁启超寄来书信，

---

① 孔祥吉：《康有为变法奏议研究》，辽宁人民出版社1988年版，第233页。
② 同上书，第143—144页。此书信未刊，故转引自《康有为变法奏议研究》，且此乃书信之部分，未及全稿。因限于篇幅，故未全部征引。

随后又收到十五日寄来的手书，据此可断定该书信写于五月末六月初，且《康有为变法奏议研究》中已说明此书信写于光绪二十二年，故，该书信写于光绪二十二年五月末到六月初。

光绪二十三年丁酉（1897年）　　六十五岁

夏初，行书临《怀仁集王羲之圣教序》开篇，赠王绩康。

行书：盖闻二仪有象，显覆载以含生；四时无形，潜寒暑以化物。是以窥天鉴地，庸愚皆识其端。

款识：丁酉夏初李端棻。书作见附录。

王绩康，生卒年不详，字晋候，贵州贞丰人。咸丰十年进士，历任四川知县，后晋知州衔。其一生为官清廉，且好诗文，著有《眉头草》《符水公馀草》等。

十一月康有为代拟一折，李端棻交贻穀上呈。

康有为《康南海自编年谱》："又草三疏，交杨叔峤，分交王幼霞、高理臣上交，及与曾刚甫同送察院，先与都宪徐寿蘅言之。寿蘅本守旧而能练士，不以此折为然，而允为我代送也。李苾园侍郎激励忠愤，欲联九卿上折，为草之后，无联名者，李公交司业贻穀上交。"①

按，该则材料的时间为光绪二十三年十一月，所上之折疑为康有为上皇帝第五书，但材料不足，仍有待考证。此折为康有为所代拟，交贻穀上呈。

光绪二十四年戊戌（1898年）　　六十六岁

戊戌五月李端棻保荐韩文举、欧榘甲、唐才常及学生戴修礼应经济特科。

《湘报》："昨日接京友函云：李侍郎端棻保荐时务学堂韩教习文举、欧教习榘甲、唐教习才常及学生戴修礼同应经济特科，大约秋凉时即须北上云。"②

---

① （清）康有为：《康南海自编年谱》，见中国史学会主编《中国近代史资料丛刊·戊戌变法》（四），上海人民出版社1957年版，第137页。

② 《湘报》1889年5月24日。

按，文中提到昨日接京友函，然湘报中未提及作者为何人，故此处接信人，有待考证。李端棻保荐韩文举等人应在戊戌年五月中下旬。

经济特科，即贵州学政严修于光绪二十三年十一月二十三日，提出"请破常格，迅设专科，以表会归而收实用"。次年正月，总署递《遵议设立经济岁举特科折》。总署主张专科分岁举及特科两种，先行特科，次行岁举。特科举行不定日期。特科分：内政、外交、理材、经武、格物考工。应试者需由三品以上官员及督抚学政保荐，共需考三场，第一场试专门题，第二场为时事题，第三场仍旧四书文。

韩文举（1864—1944年），字孔庵，号树园，广东番禺（今广州）人。光绪十七年（1891年），师从康有为，光绪二十三年（1897年）任香港《知新报》撰述，同年十一月入湖南，担任湖南时务学堂教习。次年五月受李端棻保荐，戊戌变法失败后逃往日本。曾担任《新议报》《新民丛报》等撰述，后归国一心从教，办理"南强公学"和"觉是草堂"。1944年病逝，享年八十一岁，著有《树园先生遗集》。梁启超曾评价其演说："孔厂评骘人物，最有特识，常在寻常人褒贬毁誉之外。"① 由此可见其演说有其独特之处。

欧榘甲（1870—1911年），字云高、云樵，号云台、太平洋客、无涯生等，广东归善（今惠州）人。康有为门生，曾担任《知识报》《时务报》《大同日报》《总汇报》等编辑和撰述。宣统三年（1911年）被人误打，不治身亡。著有《环球日记》等。王国维曾有这样一段话："静师事欧公，示以传孔教，重民权，改制度。其所行则曰'仁'、曰'诚'。其书重《六经》《公羊》、董子《春秋繁露》《宋元学案》。欧亦南海先生之门，其中佼佼者。"② 可见其对欧评价之高。

唐才常（1867—1900年），字伯平、佛尘，号绂丞，湖南浏阳人。与谭嗣同同乡，同师于欧阳中鹄，与谭嗣同并称为"浏阳二杰"。光绪二十三年（1897年）在长沙创办时务学堂，任《湘学报》编辑，次年受李端棻保荐，与谭嗣同创办南学会、群萌学会、《湘报》。光绪二十六年（1900年）创办"正气会"，后改名"自立会"。赴汉口组织自立军，后起义因故延期。8月21日晚，被张之洞逮捕，次日遭杀害，卒

---

① （清）梁启超：《饮冰室诗话》，舒芜点校，人民文学出版社1959年版，第23页。
② 佛雏：《王国维哲学美学论文辑佚》，华东师范大学出版社1993年版，第376页。

年三十四岁。著有《觉颠冥斋内言》四卷,及《浏阳二杰遗文》等。黄遵宪曾作诗以挽之:"战败非所论,此志良可伤。人言秘箧中,别藏法三章。意实主民权,假托尊王纲。"① 由此可见其对唐评价之高。

戴修礼,生卒年不详,字抱真,湖南武陵人。戊戌年就读于湖南时务学堂,五月同唐才常、欧榘甲等受李端棻保荐应经济特科。

六月初六,上《变法维新条陈当务之急折》。

《百日维新期间军机处上呈慈禧太后重要折片》:六月初六,侍郎李端棻,《变法维新条陈当务之急折》,旨:"着奕劻、孙家鼐会同军机大臣切实核议具奏。"②

按,六月初六,李端棻上《变法维新条陈当务之急折》,该折现已佚。但与之相关内容尚存,康有为和梁启超都记录了该折上奏的经过,《康南海自编年谱》载:"时正月所上制度局之折,京师传之,御史杨漪川、宋芝栋、李木斋、王鹏运,学士徐子静,皆以制度局为然,我为之各草一折,于五月时分日而上(皆制度局之意)。杨漪川、宋芝栋亦奏请御清门以誓群臣,皆为刚毅所阻。时言新政,皆小臣也,无大臣言之者,于是卓如为李苾园草折四事:一曰御门誓群臣;二曰开懋勤殿,议制度;三曰改定六部之则例;四曰派朝士归办学校。"

《中国近代史参考资料》:"及康有为召见后,请开制度局又复言之,英人赫德、大学士徐致靖、御史杨深秀、宋伯鲁、李盛铎,主事王照以及京师通人皆以为然。诸臣前后上陈,或名开局新政,或名开变法局,为枢臣所忌,皆为能行。至是李端棻力主是议,梁启超与之极言,李深然之,乃上言。一请御门誓众,以定国是,一众志;一请用咸丰时例,开懋勤殿选通人所值,议定新法;一请改定六部则例;一请派各省通才办各省学报。"③

黄寿鸿《清史纪事本末》:"六月……命删改各衙门则例。从礼部右侍郎李端棻请也。"④

---

① (清)黄遵宪:《黄遵宪全集》(上),天津人民出版社2003年版,第276页。
② 茅海建:《戊戌变法史事考》,生活·读书·新知三联书店2005年版,第169页。该折片属于档案,故转引自茅海建先生之《戊戌变法史事考》附录部分。
③ 北京大学历史系中国近代史教研组编:《中国近代史参考资料》,北京大学出版社1972年版,第160页。
④ 黄寿鸿:《清史纪事本末》,上海书店出版社1986年版,第484页。

由此可以得知李端棻上《变法维新条陈当务之急折》的内容包括以下几个方面：一御门誓群臣；二开懋勤殿；三改定六部之则例；四派各省通才办学校。

懋勤殿，位于紫禁城内乾清宫西庑，其中贮藏图书典籍，类似如今的图书馆。

奕劻（1838—1917年），清朝皇族，爱新觉罗氏。曾任右宗正、总理大臣等官职。曾反对戊戌变法，后又努力推行立宪，是清末立宪派代表人物。为官近60年，搜刮钱财无数。1917年病死。

孙家鼐（1827—1909年），字燮臣，号蛰生、容卿、澹静老人，安徽寿州（寿县）人。咸丰九年（1859年）进士，曾任工部尚书、文渊阁大学士、武英殿大学士等官职。光绪二十四年任京师大学堂管学大臣，兼总教习。著有《钦定书经圆书》《太傅孙文正公手书遗折稿》等。梁启超曾评价其一生："常熟卒放归田里以至削职，而寿州亦以甘盘旧臣，常为忌者所不谦，遂乞骸骨。旋值六飞西狩，不忍君父之难，而自偷安，乃奔诣行在供职。"①

贻縠（？—1926年），字蔼人，乌雅氏，吉林隶满洲镶黄旗人。光绪十八年进士，后为李端棻门生。《清史稿》对其评价："才足以当一面。"② 可见其才华横溢。

六月十一日，李端棻上奏，内容包括各省通才办学、衙门删改则例。

章开沅《清通鉴·同治朝　光绪朝　宣统朝4》："是日，从李端棻奏，著各直省督抚选择品学兼优之在籍绅士管理各该中、小学堂一切事宜。"③ 又《清通鉴》："十一日，从李端棻奏，命各衙门删改则例，领定简明则例。"④

按，据此，可证李端棻上《变法维新条陈当务之急折》内容包括要

---

① （清）梁启超：《梁启超全集》（第一册），北京出版社1999年版，第197—198页。
② （民国）赵尔巽等：《清史稿·贻縠传》，中华书局1977年版，第12603页。
③ 章开沅：《清通鉴·同治朝　光绪朝　宣统朝4》，岳麓书社2005年版，第811页。
④ 戴逸、李文海主编：《清通鉴》19（德宗光绪二十一年起—德宗光绪二十七年止），山西人民出版社1999年版，第8458页。

求各省通才举办和管理学校；也包括删改则例的内容。

七月初三，李端棻上《黄遵宪堪胜重任折》。

《百日维新期间军机处上呈慈禧太后重要折片》：七月初三，仓场侍郎李端棻：《黄遵宪堪胜重任折》，旨："存"。①

按，李端棻所上《黄遵宪堪胜重任折》已佚，内容已不可考。光绪二十年的《随手登记档》中只记录有对此折的处理结果，而无关于内容的记载。时光绪帝已决定将黄遵宪派往日本，未改变主意，遂将此折存档。关于此折的内容，应与当时变法的内容有关，戊戌年六月初六，李端棻上《变法维新条陈当务之急折》中内容有开懋勤殿和改革制度两个重要内容，故李端棻在上此折时，其内容当与开制度局和开懋勤殿有关。又因黄遵宪也是当时维新志士，故李端棻保荐黄遵宪应有助于变法，故内容应与此前所提到的内容有关。

黄遵宪（1848—1905年），字公度，别号人境庐主人，嘉应州（今广东梅州市）人。黄遵宪聪明伶俐，年少时就会作诗。光绪二年（1876年）举人，曾任旧金山总领事、驻英参赞、新加坡总领事等官职。参加戊戌变法，后变法失败，潜心钻研新体诗创作，有"诗界革命巨子"之称。后对家乡教育事业做出过重大贡献。著有《人境庐诗草》《日本杂事诗》《日本国志》等。被誉为"近代中国走向世界第一人"。

七月二十，李端棻由仓场侍郎升礼部尚书。

《梦蕉亭杂记》："七月杪，礼部堂官不为司员王照代奏事件，奉旨六堂同日褫职，尚书超擢礼尚。"② 又《清光禄大夫礼部尚书李公墓志铭》："戊戌七月授礼部尚书。" 又《清通鉴·同治朝 光绪朝 宣统朝4》："辛未（二十日），以署镶蓝旗汉军都统裕禄、仓场侍郎李端棻署礼部尚书。癸酉（二十二日）实授裕禄、李端棻为礼部尚书，并命裕禄在总理各国事务衙门行走。"③

---

① 茅海建：《戊戌变法史事考》，生活·读书·新知三联书店2005年版，第171页。
② （清）陈夔龙：《梦蕉亭杂记》，北京古籍出版社1985年版，第14页。
③ 章开沅：《清通鉴·同治朝 光绪朝 宣统朝4》，岳麓书社2005年版，第818—819页。

按陈夔龙和梁启超之记载，李端棻擢升礼部尚书时间为七月末，又按章开沅《清通鉴·同治朝 光绪朝 宣统朝4》载李端棻为七月二十日同裕禄被升为礼部尚书。故其擢升礼部尚书的具体时间为戊戌年七月二十日。

七月二十五，李端棻上密奏议件一封。

七月二十五，李端棻封奏议件，旨："留中。"①

《清史稿·李端棻传》："二十四年，密荐康有为及谭嗣同堪大用。"

按，李端棻密荐康有为、谭嗣同的奏折已不可考，而光绪二十四年《随手登记档》中提到，七月二十五日，李端棻封奏议件，此议件的内容也佚，戊戌年八月十九日李端棻所上《滥保匪人自请惩治折》中提到"将康有为、谭嗣同奏保在案"，即可证李端棻曾经保荐过康有为和谭嗣同，故李端棻在戊戌年七月二十五日所上封奏议件中，很有可能提到了关于保荐康有为和谭嗣同。再，李端棻所奏议件为封件，而《清史稿·李端棻传》载，李端棻密荐康有为和谭嗣同，故，李端棻在戊戌年七月二十五日密荐康谭两人很有可能。

康有为（1858—1927年），字广厦，号长素、又号明夷、更牲、西樵山人、游存叟、天游化人，广东南海人，人称康南海。光绪二十一年（1895年）进士，年轻时屡考进士不中。光绪十四年（1888年）在广东创办万木草堂；光绪十九年（1893年），发起"公车上书"，后创立强学会、保国会；光绪二十四年（1898年）参与戊戌变法，变法失败后逃亡海外，并在加拿大组织保皇会。1913年回国在上海创办复辟杂志《不忍》，后参与张勋复辟。1927年，病逝。著有《新学伪经考》《孔子改制考》《日本政变考》《大同书》《春秋董氏学》《欧洲十一国游记》等。

谭嗣同（1865—1898年），字复生，号壮飞，湖南浏阳人。早年主办《湘报》、时务学堂、南学会、群萌学会等。光绪二十四年（1898年），李端棻将其保荐给光绪帝，戊戌年七月被征入京，授以四品卿衔，积极参与变法。后变法失败，与林旭、杨深秀、刘光第、杨锐、康广仁被杀于菜市口，史称"戊戌六君子"。著有《莽苍苍斋诗》《寥天一阁

---

① 茅海建：《戊戌变法史事考》，生活·读书·新知三联书店2005年版，第176页。

文》《仁学》等。梁启超对其诗有以下评价:"谭浏阳志节学行思想,为我中国二十世纪开幕第一人,不待言矣。其诗以独辟新界而渊含古声。"① 可见谭嗣同不负"诗界革命"之称号。

八月初一,由通州返京。

《梦蕉亭杂记》:"八月朔,由通还京,余谒之于邸第,谓公曰,'交非恒泛,不作谀词。今日为公贺,恐明日为公吊耳。'公愕然。时公门人贻司业縠亦在坐。公曰,'然则何以教我?'余曰,'时局如此,成败利钝未能逆料,只有谢病辞官,尚是保身一法。'公曰,'初三日到任,已传知阁部曹司,并发谕帖,此事岂能中止?'"②

按,李端棻自八月初一日由通州归京,陈夔龙于其府邸劝公弃官请假以避祸。然只有此一则材料证明李端棻假病请假,后李端棻确有请假之实,此乃光绪帝亲自批准。故请假一事为实,是否因病而假还是装病而假,则有待进一步考证。

陈夔龙(1857—1948年),字筱石,又作小石,号庸庵,贵州贵筑(今贵阳)人。光绪十二年进士,累官至四川总督、直隶总督兼北洋大臣。著有《梦蕉亭杂记》《松寿堂诗钞》等。陈捷延对其评价:"青蝇附骥已高升,媚夷卖国更飞腾。得意不忘三九叩,一片愚忠对傀君。"③

八月初二,与徐致静、康有为等于宋芝栋宅作乐。

《康南海自编年谱》:"是夜未见旨,饮宋芝栋家,李苾园尚书、徐子静侍郎在我左右,唱昆曲,极乐,而声带变徵。曲终哀动,谈事变之急,相与忧叹。自是夕与二公(唔)遂不复见矣。"④

按,以上资料的确切时间为戊戌年八月初二,即公历九月十七日。时李端棻刚从通州回京,准备赴礼部上任。

徐致靖(1844—1918年),字子静,江苏宜兴人。光绪二年进士,入翰林,官至礼部右侍郎。曾上书保荐康有为,及上书请光绪帝废除八

---

① (清)梁启超:《饮冰室诗话》,舒芜点校,人民文学出版社1959年版,第1页。
② (清)陈夔龙:《梦蕉亭杂记》,北京古籍出版社1985年版,第14页。
③ 陈捷延:《过客吟 捷延咏史诗存》(下),中国文史出版社2012年版,第1984页。
④ (清)康有为:《康南海自编年谱》,见中国史学会主编《中国近代史资料丛刊 戊戌变法》(四),上海人民出版社1957年版,第161页。

股。后变法失败，被囚禁，光绪二十六年被释放，待罪，后赦免。后南归，居杭州，工书法，风格飘逸，宗王羲之父子。著有《仅叟诗文》《奏议》等。

八月初三，赴礼部上任，祭祀韩公时，失足不起，遂请假二十日。

《梦蕉亭杂记》："越日，公赴部履新，部中土地祠祀唐韩文公愈，例须行礼，公于行礼时，故为失足不起，众目共睹，匆匆扶归，即缮折请病假二十日，贻君亦同日请假，风义可佩。"①

按，越日乃相对于八月一日而言，即八月初三。按《梦蕉亭杂记》载："余谓，'从前乾嘉时代，和珅擅权用事。闽中某中丞时为苏抚，与和素通声气。后知和将败，恐罹党祸，亟思请疾，而又无词可措，爰于大朝会时，观瞻所系，故作失足昏晕状，具折请假开缺，卒免于祸。公盍仿而行之。'公踌躇未决，贻君曰，'此计甚妥，师座若肯弃此官，门生亦愿弃微职，从公优游林下。'"李端棻请假之计乃陈夔龙与贻毂为之策，然仍无其他史料佐证此，故是否乃陈夔龙与贻毂为之策划，有待考证。但其请假之事于其上《滥保匪人自请惩治折》中可证。

八月十九日，上《滥保匪人自请惩治折》，朝廷当日下旨戍守新疆。

《觉迷要录》："戊戌八月十九日奉，上谕李端棻《滥保匪人自请惩治折》。"②

《清实录·德宗实录》："谕内阁，李端棻奏滥保匪人自请惩治一折。该尚书受恩深重，竟将大逆不道之康有为等滥行保荐，并于召对时一再面陈。今据事后检举，实属有意取巧。未便以寻常滥保之例，稍从末减。礼部尚书李端棻，著即行革职，发往新疆，交地方官严加管束，以示惩儆。钦此。"③

《滥保匪人自请惩治折》："奏为滥保匪人，自请惩治，恭折仰祈圣鉴事。窃因时事多艰，需才孔亟，臣或谬采虚声，而以为足膺艰巨。或

---

① （清）陈夔龙：《梦蕉亭杂记》，北京古籍出版社1985年版，第14页。
② 叶德辉：《觉迷要录》，见《近代中国史料丛刊三编》（330），文海出版社1987年版，第10页。
③ 《清实录（第57册）·德宗实录（6）》，中华书局1987年版，第611—612页。

轻信危言，而以为果由忠愤，将康有为、谭嗣同奏保在案。本月十一、十四等日恭读上谕，康有为所为，诚非臣梦想所及，虽凡被诱惑之人，圣恩宽大，概不深究。惟臣职分较崇，知人不明，万难原宥。比拟具疏陈请，又恐事后检举，或以引咎为邀恩之计。悚惶迫切，病势益增，姑续假期，静以待罪，乃泥首数日，朝廷尚无谴责，鸿慈高厚，钦感莫名。而臣内疚于心，终觉难安寝馈，惟有请治臣以应得之咎，以为大臣滥保匪人者戒。理合恭折自陈，不胜伏枕待罪之至。伏乞皇太后，皇上圣鉴。谨奏。"①

按，戊戌变法失败后，康、梁外逃，戊戌六君子被斩于菜市口，朝廷却迟迟没有处置李端棻，其心感彷徨，随上此折，以求朝廷降罪。李端棻于八月十九日上《滥保匪人自请惩治折》，朝廷便于当日下旨："将李端棻革职，戍新疆"。

李被贬消息传出，康有为赠诗《戊戌八月国变纪事》。

康有为《戊戌八月国变纪事》："抗疏维新冠九卿，燕然荐剡累先生。最怜七十老宗伯，沙碛冰天万里行。"②

按，此诗作于戊戌变法失败后康有为在逃期间，诗中的七十老宗伯即指李端棻，表达了康有为对李端棻遭遇的同情和前途的担忧，与对顽固派的痛恨之情。

后张荫桓赠诗《途阅邸报，李苾园尚书亦戍新疆，闻已首途》。

张荫桓《途阅邸报，李苾园尚书亦戍新疆，闻已首途》："出关休悔著鞭迟，减死投边有故知。月旦竟成新鬼录，清时安有党人碑。未罹对簿榆囹辱，只办轻装玉塞驰。多难况当衰老日，龙廷犹得望罘罳。"③

按，此诗作于戊戌变法后，张荫桓在被流放到新疆的途中所作，他被流放的日期是光绪二十四年八月十五日，而李端棻被流放的日期为八月十九日，故此诗写于之后。该诗表达了张荫桓对戊戌变法认输不认罪的情怀，对逝去的"戊戌六君子"以深深的悼念，对李端棻遭遇同样

---

① （清）朱寿朋：《光绪朝东华续录选辑》，台湾大通书局1984年版，第15页。
② 《清议报》一八九八年十二月二十一日。
③ 王贵忱：《张荫桓其人其著》，《学术研究》1993年第6期。

命运的同情。

张荫桓（1837—1900年），字皓峦，号樵野，广东南海人。曾任山东盐运使、按察使、太常寺卿、户部侍郎等官职。曾出使美国、西班牙等国。参与戊戌变法，变法失败后被流放到新疆乌鲁木齐。光绪二十六年（1900年）被处死于戍所。好书画、工诗，著有《铁画楼诗文集》六卷等。其生平所作诗后收录于《张荫桓其人其著》中。翁同龢对其有"此人有文采，熟海疆情形，其言切实"[1] 之评价。

出帝都之际，作诗《和文信国乩诗》。

《和文信国乩诗》："怕听中秋月有声，要从菜市哭忠贞。幸予被遣为迁客，匹马秋风出帝城。"

按，何麟书所注，戊戌六君子遇难为八月中旬，先生亦以是时迁谪出都。此诗在于悼念为变法牺牲的"六君子"和对自己命运的叹息。

又一诗云："数载饱看葱岭雪，一鞭归踏陇头云。多情亦有王炎午，强拟予为信国文。"

按，何麟书注："先生在戍所，京中讹言有密为赐帛，门人某某等设置遗祭，为文以哭之，故言。"时，京中传言慈禧太后因记恨李端棻，派人将流放边疆的李端棻于中途谋杀。当谣言传开，李端棻的门人为李端棻设置灵位祭奠，以为苾园已死。李端棻闻言而作此诗，表达了作者对于人生的无奈。

十二月作诗《戊戌十二月朔日寄九弟秦州》。

《戊戌十二月朔日寄九弟秦州》："我本伤心人，叠遭伤心事。垂老遭愈奇，一朝成废弃。往事诚已矣，来者略须计。但举一二端，其余皆琐碎。臣罪原当诛，扪心岂容避。所赖圣恩宽，祖宗余荫庇。以此两卜之，或可返南旆。彼时贱归来，合家欢无暨。非能学二疏，知足避荣位。但愿学温公，徒步归洛市。苦事与愿违，异方久羁滞。神明日以衰，精力日以悴。零丁几弱息，行止将谁恃。我命犯孤鸾，一家仅三四。致彼啼饥寒，飘零绝域地。昂昂七尺躯，俯仰真怍愧。更有关怀

---

[1] （清）翁同龢：《日记》，见翁万戈编，翁以钧校订《翁同龢日记》（第4卷），中西书局2012年版，第1872页。

者，待了向平志。光阴始若飞，眨眼庚子岁。蜀地远哉遥，婚取非容易。只此撄我心，思之时陨涕。如何筹两全，特以告群季。言尽意无穷，聊当音书寄。"

按，此诗写于戊戌年十二月，时，李端棻应在被流放途中。本诗乃一封家书，李端棻在戊戌变法失败之后，将自己的遭遇皆写入诗中。该诗表达了李端棻对戊戌变法中志士们被杀害的悲愤之情，以及对自己命运多舛的担忧。诗中提到"蜀地"，则该书信应是寄往蜀地，然不知其九弟是谁，只知其字秦州。

光绪二十六年庚子（1900 年）　　六十八岁
春，作诗以书扇款式赠张掖某县令。

《苾园诗存》："乙亥秋负弩西来，道经舨得假居试院养疴。明年春，序康移宰斯邑，适馆授餐，久而弥笃。方幸尘语常亲，忽焉骊歌邃唱。别绪黯然，不能自已。爰成一律，用达感激之私，兼识一时鸿爪。"

"识荆虽晓得因亲，慰我飘蓬泛梗身。两次天恩容病假，一年地主倍情真，凤钦友夏诗归定，今见萧咸政绩新。不独士民歌众母，春风嘘到谪居人。"

按，根据李之遭遇来看，去甘州应为"戊戌变法"后，戊戌变法后一年为己亥年，而文中却是乙亥，乙亥年是光绪元年（1875 年），与之不合，故文中乙亥应为己亥，即光绪二十五年（1899 年）。

按何麟书注："戊申于贵阳中藻团扇，上书此诗。盖先生留张掖时为县令某君所书，不知何以辗转留黔中，亦一缘也，以居于书扇款式，故题字较多。"① 时，李端棻被流放至新疆，中途生病留甘州张掖。由诗中可以看出时李端棻状况十分窘迫，生活都需要当时的县令接济，且当时李端棻有病在身。在囊中羞涩且病魔缠身的状况下，可想而知当时李端棻的处境是多么的凄凉。

按黄江玲女士《"诗界革命"的宿将——评李端棻〈苾园诗存〉》考证："该县令也许是《近代名人小传》的作者沃丘仲子。"② 又《近代

---

① 许先德、龙尚学主编：《贵阳五家诗钞》，贵州教育出版社 1995 年版，第 3 页。
② 黄江玲：《"诗界革命"的宿将——评李端棻〈苾园诗存〉》，《贵州文史丛刊》2010 年第 2 期。

名人小传》载："在戌日，予馈以资。复书字画，整润胜平昔。但言苏轼，务养生，起居皆有节制，是诚能处艰困者。"① 即表明其于李被流放时救济过李，李于折扇上作诗以赠之。

八月末作诗《党祸》，挽唐才常。

《党祸》："几见清流误国家，权奸颠倒是非差。狭心但解酬恩怨，盲眼何曾识正邪。戮辱通团无漏网，晋唐明宋有前车。汉阳渡口京都市，云散风凄日又斜。"

按，诗中提到的"清流"即指维新志士，之后又提到汉阳，汉阳地处武汉。维新志士中的唐才常就因"自立军"起义延期而被杀害于武汉。唐才常乃李端棻于戊戌变法期间保荐，李端棻为唐才常被杀感到悲痛不已，故用晋唐明宋的党祸之争来突出党祸之惨烈。因唐才常逝世于光绪二十六年（1900 年）八月二十一日，故得此诗作于庚子年八月末。

考：《清通鉴·同治朝　光绪朝　宣统朝4》："谕令李端棻、王懿荣为京师团练大臣，并派湖北提督张春发、江西臬司陈泽霖迅速带队北上，星夜驰赴京师。"②

时，李端棻因病留甘州张掖，且李端棻乃罪臣之身，朝廷不会毫无原因启用李端棻，按《清史稿·王懿荣传》载："二十六年，联军入寇，与侍郎李端遇同拜命，充团练大臣。"③ 故知，与王懿荣一同被任命为团练大臣的是侍郎李端遇，而不是李端棻，故《清通鉴·同治朝　光绪朝　宣统朝4》中记载应是笔误。

光绪二十五年己亥至光绪二十七年辛丑（1899—1901 年）　六十七岁至六十九岁

流放过晋地时作诗《感时》。

《感时》："小恙宁占噬嗑凶，略施调剂便全功。岂期酝酿痈成患，

---

① （清）沃丘仲子：《近代名人小传》，中国书店 1988 年版，第 109 页。
② 章开沅：《清通鉴·同治朝　光绪朝　宣统朝4》，岳麓书社 2005 年版，第 870 页。
③ （民国）赵尔巽等：《清史稿·王懿荣传》，中华书局 1977 年版，第 12778 页。

竟入膏肓药费攻。和缓难求来晋地，参苓况未备梁公。病瘤在抱君知否，忍见疮痍满眼中。"

"自家病尚不知除，精骨衰残脑气枯。昨夜安排将补救，今朝思想竟模糊。胸中那有活人术，掌上空擎记事珠。笑尔庸医庸带巧，苍生瘠甚尔偏腴。"

按，诗中提到的梁公，应是指梁国公，而唐朝的梁国公狄仁杰的遭遇和李端棻有相似之处，皆被贬。诗中又提到晋地，指的是山西一带。故该诗作于流放途中，地点为晋地。

时李端棻因病留甘州，作《寓甘州示诸弟》《在甘州病余自遣》《答甘郡诸茂才》《感怀》《示旧仆王云》诸诗。

因这几首诗皆无法判定其所作之具体时间，笔者只能按其生平遭遇，暂编年于此。

《寓甘州示诸弟》："传说边城极阻艰，轻裘忽近玉门关。远行经岁都忘倦，老去能生幸得闲。始识雷霆皆雨露，要乘风雪看天山。寄言群李休惆怅，得酒依然便解颜。"

按，此诗作于李端棻留甘州时，此诗可以看作一封家书。表达了作者被流放时的落寞心情，也表达了作者对美好生活的向往。

《在甘州病余自遣》："西望轮台万里长，休将白首戍遐荒。此日转觉逍遥甚，自问何曾险阻尝。老去心情无冷暖，闲中岁月是羲皇。近来渐少还家梦，识破迷途即故乡。"

按，时李端棻因病留甘州，该诗题目就已经道出作诗的时间。该诗表达了作者对未来的担忧和思乡之情。

《答甘郡诸茂才》："锁闱幽邃许停车，为养沈疴得渐除。罗雀门多佳客至，集膳堂近圣人居。眷言芹采皆同类，何幸樗材不弃予。住久还愁增别绪，东西揽辔总踌躇。"

按，该诗的背景是作者因大病渐除，门庭渐多拜访友人，表达了作者对自己虽老，但非无用之朽木的感慨之情。

《感怀》："无谓功名弃亦难，无多岁月忍抛残。人言老景如尝蔗，我误庸医说梦兰。卧病何人为料药，妨衰自己劝加餐。置身本在清华地，拼作凄凉旅馆看。"

按，诗中提到李端棻本人卧病在床，且有关于仕途的一些感叹，据此可以得出，作此诗的时间应该在己亥到辛丑之间。因此段时间李端棻被流放，且因病留张掖。此诗的内容反映了这段时间李端棻的遭遇和感慨。

《示旧仆王云》："呵斥曾无怨，还依旧主人。不嫌予屡空，难得汝来亲。恋旧辞通显，抛家愿苦辛。愧非萧颖士，负汝爱才身。"

按，李端棻被流放新疆时，离开京都时只有老仆王云一人跟从。此时李端棻因病留甘州，在其身边照顾他的也只有王云，作者有感而发，表达了对仆人王云的感激之情。故笔者认为该诗作于其生病期间最为可能。

光绪二十七年辛丑（1901年）　　六十九岁

元旦作诗《元旦试笔》

《元旦试笔》："催梭日月走双丸，爆竹声中岁又阑。转眼一年仍作客，赧颜众口尚称官。也呼仆辈通虚谒，强与家人觅醉欢。马齿渐增何所望，但期努力自加餐。"

按，诗中提到作客，故知李端棻仍在张掖，再则又提到转眼一年，故应是到张掖后的第二年，即光绪二十七年，又由题目可知，该诗作于辛丑年元旦。

作者在诗中写道"赧颜众口尚称官"，表达了作者名存实亡的无奈；后又提到了"马齿渐增何所望，但期努力自加餐"，表明作者仍期望被朝廷再次起用，虽希望渺茫，但却从未放弃。

下诏赦回黔中。

《清史稿·李端棻传》："二十七年，赦归。"又《贵州通志·人物志》："初端棻以戊戌案被遣，革职遣戍新疆，二十七年（1901年）恩赦回籍。"[①]

按，公元1901年，朝廷恩赦李端棻回籍。李端棻回贵阳之后并未沉寂多久，又投身贵州的维新事业中去。

---

① 冯楠总编：《贵州通志·人物志》，贵州人民出版社2001年版，第201页。

李病情加剧，因朝廷下令赦归，让其看到希望，作《久病转剧，书以自嘲兼自慰》。

《久病转剧，书以自嘲兼自慰》："自夏徂秋住病乡，无缘更觅养身方。诚哉五福不言贵，耋矣一身空自忙。周泽清斋非厌肉，渊明嗜饮久停觞。且将世故全抛却，领取闲中趣味长。"

"腐败文章羞袭旧，浇漓世俗怕趋新。耐烦才是真消遣，苦恼须知有夙因。最忌众中露芒角，要从衰后见精神。恶魔从此休来觑，正气团成不老身。"

"乡心岁岁忆鲈莼，今得还乡愿已伸。老爱旧亲谈往事，病如处女避生人。忧谗屈子萧骚意，僵卧衰安困顿身。同类嗤予中尚热，招来闲事太无因。"

按，关于作此诗的时间，诗中提到"今得还乡愿已伸"，即此诗作于朝廷下诏赦回黔中之后，故时间为1901年。作者因病情加剧而思绪纷飞，感叹自己一生命运多舛，又因朝廷下令赦回贵阳，让作者看到了希望，用以表达作者跌宕起伏的心情。

回黔中途经湖北，张之洞邀其小住，回到贵阳之后作诗《寄赠张香涛同年》赠张之洞。

《寄赠张香涛同年》："鄂州小住得依因，大慰飘萍泛梗身。贵贱交情今乃见，文章结契自然真。归来陶经犹垂念，羞涩阮囊不虑贫。独愧不如安邑客，忍将口腹累斯人。"

按，该诗是李端棻赠予张之洞的。作者在诗中提到"归来"，即恩赦回贵阳。鄂州即武汉，此时张之洞任湖广总督，张之洞邀其小住。作者引用羞涩阮囊的典故，暗喻自己囊中羞涩，受到张之洞救济，作者十分感激，回到贵阳后赠诗以表谢意。故该诗是在贵阳所作，且作者是刚刚被恩赦回贵阳，故此诗作于光绪二十七年。

同年，科举时代称同榜或同一年考中者。李端棻与张之洞皆于同治二年中进士，故文中称张之洞为同年。

回贵阳后，因囊中羞涩，无钱以购居所，作诗《买屋甚惬意不果得》。

《买屋甚惬意不果得》："觅得城隅屋数椽，全招远岫到窗边。楼环嘉树常生静，园有寒蔬可摘鲜，无奈探囊太羞涩，遂教酬绢费周旋。长安第宅知多少，瞬息沧桑一慨然。"

按，该诗描绘作者买房未得的情景，纵观李端棻一生，需要买房却囊中羞涩，应是在其回贵阳之后。笔者用以下两件事来佐证：第一，李端棻一生在外做官，回贵阳已是多年之后，其幼时家贫，故回贵阳之后有买房的需求；第二，李端棻为官清廉是不争之事实，但为官期间至少有俸禄可拿，应不至于囊中羞涩，其被恩赦回贵阳时已革职，并无俸禄可拿，且在其回贵阳途中还接受过张之洞的救济。笔者认为符合以上两个条件的只有其还贵阳后，故笔者推断作该诗的时间为光绪二十七年。

李归贵阳后，因处境尴尬，但有人仍称之为"绅"，喜极而作此诗。

《晚岁还里，人称曰绅，虽如驽骀，暂受鞭笞，实觉家居备极荣幸，世有求而未得，我则喜而作此》："云懒才归岫，泉清柱在山。略尝乡宦味，徒抗俗尘颜。实事惟求是，无官我不闲。幸承天独厚，赋性最冥顽。"

按，该诗之题目即已点明，晚岁还里，即其晚年还故里。李端棻于光绪二十七年回黔中，即该诗为辛丑年所作。该诗表达了作者晚年还乡，虽此前被贬，但乡邻仍称之为"绅"，作者十分欢喜而作此诗。

与于德楷创办贵州铁路矿务总局，李任总经理。

《于德楷先生事略》："光绪二十七年（1901年），李端棻、于德楷首创贵州铁路矿务总局，李为总经理，于自任协理，聘周素园（培艺）为总文案，开展收回帝国主义所垄断的铁路、矿产权利运动，筹办矿业学堂，倡兴民族工业。"①

按，李端棻被赦归后，仍继续进行维新活动，此举就是其中之一。时，由于贵州经济基础薄弱，故铁路矿务总局开办不久即停办。

于德楷（1842—1913年），字仲芳，贵州贵筑人（今贵阳）。其一生致力于贵州维新事业，参与贵州矿务总局、贵州公立师范学堂、贵州通省公立学堂等的创办，对贵州近代的发展做出了重要的贡献。

---

① 李芳：《于德楷先生事略》，中国人民政治协商会议贵阳市委员会文史资料委员会编《贵阳文史资料选辑》（第32辑），1991年，第185页。

光绪二十七年至光绪二十八年（1901—1902年）　六十九岁至七十岁

作《静中偶成》《瓶花》《水仙花》《恶木一株覆满庭院，暗无天日，芟去枝叶，豁然开朗，诗以纪之》《臬署观荷》《即事》《伏天即事》《菊山》《菊花盛开，十六弟以牛脯来约，何琴如昆仲同醉，次日作此赠之》《购菊百余本，见者都道不佳，戏而作此》《秋菊杂咏》《雨前》《读陶渊明集》《书怀》《自题小像》《咏梅》《红梅》《白梅》诸诗。

此段时间是李端棻被赦回贵阳之后最清闲的一段时光，按《苾园诗存》载："辛壬之交，书时在左右，每脱一稿，或口述旧作，辄笔录存之。"① 故李端棻的诗大多在辛丑年和壬寅年这两年所作。然，在这些诗中尚未查获所作之具体时间，故笔者无法对其准确编年，但能够根据所作之诗内容确定其大致时间在辛壬之交的诗稿归类于下。

《静中偶成》："数载浮踪鲜定居，今朝得止胜丘隅。不闻边塞无稽语，喜读生平未见书。仆辈千呼聊复尔，亲朋一饭莫招余。思量往事真优孟，坐看浮云幻太虚。"

按，该诗首句说明在过去的几年，作者居无定所，现今得一隅安定之居，故此诗也应当是回贵阳后不久所作。

《瓶花》："瓷瓶何日插鲜花，为别生机到病家。只惜篱边新种菊，连朝冒雨损芳华。"

按，李端棻回贵阳之后的一年时间里都很清闲，该诗所描绘的是插花，作者能有如此闲情雅致，表明作者十分清闲，故该诗也作于辛壬之交。

《水仙花》："连宵寒重勒花魂，呼婢忙移就火温。向晓姬人忽惊唤，道花开满小瓷盆。"

按，该诗表明水仙花之娇气，无法受寒，作者为了能见开花，对其

---

① 何麟书：《李苾园先生遗诗序》，参见许先德、龙尚学主编《贵阳五家诗钞》，贵州教育出版社1995年版，第2页。

悉心照顾，后终得实现。该诗也从侧面反映出作者心系花草，正是其悠闲期间所作诗之风格。

《恶木一株覆满庭院，暗无天日，芟去枝叶，豁然开朗，诗以纪之》："沉沉脉脉日无光，傍晚还生湿气凉。除却炎蒸能暂解，看花玩月总相妨。骈枝叠叶坠纷然，俯见清池仰见天。剪到根荄殊未忍，留将生意续年年。上有营巢哺子乌，卒瘏子口费勤劬。怜他风雨飘摇甚，留与一枝好护雏。"

按，该诗从侧面反映出作者此时十分清闲，有闲心管理花草，与辛壬之交的背景吻合，故笔者将该诗归于此时段所作。

《臬署观荷》："使君民瘼最关怀，听讼余闲兴复佳。梦草堂中陪一醉，不知此地是官斋。花犹未尽叶犹肥，贴水亭亭绕四围。小饮多时看不足，临行乞取数枝归。"

按，该诗描绘作者于臬署观荷，且闲情逸致高涨，此背景与其回贵阳后一年刚好吻合，故笔者将该诗归于此时段所作。

《即事》："天生万物有天机，草草劳人领略稀。正午风凝群雀起，初更月上数鱼依。要从静里无心过，便觉闲中逸兴飞。即景遣情真自在，恍然今是昨都非。"

按，该诗表明作者闲情雅致之情正浓，且不用操心其他烦心事，此背景与其返贵阳后一年内一样，故将其归于此时间段。

《伏天即事》："萧斋幽寐胜茅庵，几坐心澄月映潭。触景敲诗机趣活，有时贪睡梦魂酣。风将暑退无蝇集，日似年长称尘谈。天与清福休辜负，闲中领略静中参。"

按，诗中描绘了作者身处优雅的环境下，兴起而作此诗。此诗的风格清新脱俗，与李端棻刚回贵阳时心情吻合，故将其归于此类。

《菊山》："好山多被雉垣遮，欲去寻花路转遐。把菊叠成山意思，看山不厌又看花。况复采菊东篱下，南山陶句悠然写。是山是菊且勾留，莫谓菊真山是假。"

按，该诗套用陶渊明诗句"采菊东篱下，悠然见南山"，表明作者也有陶潜的闲情逸致，际遇也有相似之处。按陶渊明当时作诗之背景，可得作者也是在相同的背景下作此诗，即回贵阳之后。

《菊花盛开，十六弟以牛脯来约，何琴如昆仲同醉，次日作此赠之》："偶思小饮待招筵，已是黄昏欲暮天。自古夜游须秉烛，吾家先哲有青莲。登高何必苦追攀，万朵攒成四壁山。富贵排场穷措大，甘心沉醉在花间。屠门大嚼意忻然，都道持螯数不鲜。我替黄花真负屈，可能涤去世腥膻。幸得苏程旧戚来，高谈快语杂嘲诙。峥嵘喜有凌寒竹，信是西州继起才。"

按，该诗是李端棻赠予其十六弟，因前日菊花盛开，十六弟以牛脯来约，一起饮酒赏花。该诗表明作者有效仿陶渊明之意，与此时段作者之心境不谋而合，故该诗作于该时段秋日。

《购菊百余本，见者都道不佳，戏而作此》："丰标休说太寻常，也有精神助晚香。傲骨棱棱谁得见，肯随时世斗新妆。乱头粗服见天真，疑是渊明醉后身。欲趁今朝花下饮，白衣送酒更无人。自家面目自家知，一任悠悠罪口嗤。色相生来原是淡，非关风雨损寒姿。比兰幽静比梅清，底事丰神太瘦生。我欲问花花不语，为花聊作不平鸣。"

按，诗中谈到作者买菊花，后又有陶渊明之典故，故作者作此诗时间应为辛壬之交。

《秋菊杂咏》："吾爱吾庐只立锥，种花无地可编篱。秋来也对秋芳饮，全赖亲朋好赠持。铜瓶随插两三枝，人与菊花那暂离。怪我尘缘犹未尽，形神相对不相宜。菊花天气最难晴，傍晚回廊往复行。细数枝头开几朵，蒙蒙月上不分明。一夜潇潇雨未停，深怜盆蕾减芳馨。生来傲骨原无恙，不似春花落满庭。"

按，李端棻回到贵阳后，有仿渊明之意，所作之诗与陶渊明也有几分相似之处，此其一。诗中还有一点亦可证此诗为回贵阳后不久所作，"全赖亲朋好赠持"，该句表明李端棻生活窘迫，靠亲朋好友接济，此与其回贵阳后之生活状况相合。故，归于此类。

《雨前》："阴雨前宵又昨朝，傲霜风节亦飘摇。扶持尚赖竹君子，聊藉一枝免折腰。冒雨寒英次第开，赏秋无处觅香醅。偷闲姑向篱边望，恰好逢人送酒来。层英被雨似开残，移置前闱与后闱。自引壶觞窗下酌，醉横双眼两边看。一生爱菊爱清高，未必菊花果姓陶。我爱陶诗兼爱酒，醉余对菊便挥毫。"

按，按该诗内容可得，该诗作于秋雨前。该诗最后两句表明作者与陶渊明有相同的心境。

《读陶渊明集》："布帛文章清且真，先生宁是一诗人。庶乎屡空自耕读，邈焉寡俦无喜瞋。暂现宰官终处士，深防异代作遗民。山林素裕经纶志，惜不逢时但隐沦。"

按，作者爱陶诗，且己之意境与陶潜之意境有异曲同工之处，此诗也是作于辛壬之交。

《书怀》："余痛犹悲孟母机，白云回首思依依。卅年宦海成残局，一卷闲书送夕晖。德裕筹边原乏术，渊明迷路已知非。只愁片土无干净，纵得还家不算归。"

按，该诗最后一句表明，该诗作于其被恩赦之后。作者引用德裕筹边、渊明迷路的典故，表明作者虽已还乡，但仍心系国家之安危，表明其爱国之情。

《自题小像》："花一瓶，钟一座；钟不鸣，花不堕。有人一个，披裘兀坐。茶几有时凭，藤床懒去卧。聊将一卷摊，不求万卷破。"

按，该诗是作者描写某一时间点的自己。据该诗内容可知，时作者是十分悠闲的，没有烦心事，亦无欲求，故此时段应是作者归贵阳后。

《咏梅》："繁华历尽世知稀，清节归来悟昨非。休道玉颜萧索甚，愿经霜雪更增辉。素服轻盈浅淡妆，对月如开玉照堂。艳歌莫唱红罗曲，不及罗浮梦亦香。"

按，诗中提到"归来"一词，即指作者被恩赦后回到贵阳，作者因看到梅花开而有感而发作此诗，虽确定是作者回贵阳之后所作，但具体时间仍不能确定，故将该诗归类于辛壬之交所作。

《红梅》："铁石心肠久灭磨，清癯只会老岩阿。谁知又作繁华梦，点额胭脂着色多。羞随桃李共争春，雪艳图中别有神。只惜孤山林处士，暮年犹未脱红尘。"

按，从该诗的尾句得出以下信息，时李端棻已是暮年，回到贵阳，但该诗提到作者仍未放弃做官的念头，据此可得出当时李端棻回贵阳不久，故作该诗的时间为辛壬之交。

《白梅》："坚冰练骨雪为肤，那许尘嚣半点污。纵使玉容消瘦甚，霜花飞上转敷腴。铅膏洗却寿阳妆，对月如开玉照堂。颜色只妨霜雪妒，移来虚室更生光。"

按，该诗首句提到"尘嚣半点污"，暗谕作者本人被流放新疆是作者此生的污点，作者做此感叹唯有在此事之后，且作者十分清闲，故该诗作于此段时间。

光绪二十八年壬寅（1902年）　　七十岁

春，与于德楷等乡绅创办贵阳公立师范学堂。

《民国贵州通志》："光绪二十八年绅士于德楷、乐嘉藻、李端棻、李裕增等创办贵阳公立师范学堂。"①

按，1902年清廷颁布《钦订学堂章程》，李端棻并与热衷教育事业的乡绅于德楷等一同创办公立贵阳师范学堂，为贵州的高等教育事业做出了重要贡献。

乐嘉藻（1867—1944年），字采臣，贵筑人（今贵阳）。光绪十九年举人，曾参加公车上书。后回黔，专注于贵州之维新事业，为贵州近代之发展作出了重要贡献。

李裕增，文献阙而无征。

---

① 任可澄、杨恩元撰：《民国贵州通志》（三），贵阳书局1949年铅印本，第601页。

受聘于经世学堂，作诗《应经世学堂聘》。

《戊戌政变后回贵阳的李端棻》："1902年（清光绪壬寅年），贵阳当道聘李主讲经世学堂。"①

按，时贵州巡抚为邓华熙，他聘请李端棻为经世学堂之山长（即校长），李端棻借此机会传播西学。

《应经世学堂聘》："帖括词章误此生，敢膺重币领群英。时贤心折谈何易，山长头衔恐是名。糟粕陈编奚补救，萌芽新政要推行。暮年乍拥皋比位，起点如何定课程。"

按，该诗表达了作者接到此消息时，心生惶恐，担心不能胜任山长之职。但此事又激发了作者心中的雄心壮志，作者希望能借此机会好好施展才华，传播西学，促进贵州之维新事业发展。

于经世学堂讲授三次月课，后又题《我犹　师不》联；因受人诽谤，作诗二首《闻谤自责》《闻谤再自责》。

《戊戌政变后回贵阳的李端棻》："第一次月课，李出题为'卢梭论'；第二次月课，李出题'培根论'；第三次月课，李出题'朋友相处，常觉自己不是，方能感化他人的不是说'。随后李便作联语'我犹未免为乡人，甫邀恩命释回，莫补前愆，敢谓巍躬堪表示？师不必贤于弟子，所愿英才崛起，突超先辈，庶几垂老睹文明。'挂在学堂内。"②

按，时贵州省尚未开始维新事业，封建势力仍占统治地位。李前两次月课出题皆为西方资本主义代表学说，贵州省内学生竟无人知晓，李便传下资料让学生抄写。后一学生将卢梭比孔孟，李将其作头名，人们认为是渎圣，后便出现了诽谤李诗三首，按《戊戌政变后回贵阳的李端棻》载："（一）康梁遗党至今多，请尔常将颈子摩，死到临头终不悔，敢将孔孟比卢梭。（二）居心只想做奸臣，故把康梁分外亲，此君曾被康梁误，复把康梁再误人。（三）新疆谪戍感君恩，得庆生还返玉门，

---

① 殷亮轩：《戊戌政变后回贵阳的李端棻》，中国人民政治协商会议贵州省贵阳市委员会文史资料研究委员会编：《贵阳文史资料选辑》（第2辑），《纪念辛亥革命七十周年》，1981年，第99页。

② 同上书，第100页。

□□□□□□□，夸了卢梭又培根。"①

李闻此三首诗，便作诗《闻谤自责》："轻信人言悔莫追，咎由自取更何辞。维新毕竟输仍旧，用夏原来易变夷。家贼难防凭压力，谤书遍布荷良规。不然民智开通后，团体合群孰御之。"

《闻谤再自责》："亚圣当年至教垂，人之思在好为师。如何贸贸皋比拥，无怪纷纷物议滋。垢面果能甘受唾，吹毛谁忍更求疵。暮年闻过原堪喜，愿诵宾筵卫武诗。漫说文缘易结欢，结欢未得怨多端。下车攘臂羞冯妇，避地无心学段干。那有真修孚众望，惧留笑柄到旁观，爱人人反不予爱，漫责诸生不自宽。"

按，按何麟书注："先生主讲经世学堂，以开通风气为己任，定期召集诸生讲演阐发民权、自由、真理，月课以培根、卢梭诸学说命题，一般学生哗以为怪，即黔中名士，其后且在京师拥讲席谈革命如某某等者，当日亦著竹枝词以讥之。其时民智寒陋，可见一斑。未及期年，先生亦解馆。"李端棻以开化民风为己任，然，人们并不知情，却作诗以讥讽作者。作者对此自责不已，故作此诗，后又作再自责诗一首。足以证明作者为自己未能完成任务而自责不已。

归贵阳后一年，作诗《自遣》。

《自遣》："无恙归来又一年，吾庐吾爱极欣然。安排竹石能医俗，消受香花即是仙。黑熟甜乡真自在，白甘晶饭胜肥鲜。只怜文字终遭忌，枉费精神种恶缘。"

按，该诗首句表明作者已经回到贵阳一年，因作者是光绪二十七年回贵阳，又一年，即光绪二十八年，故该诗作于壬寅年。该诗作于作者清闲之时，"自遣"为题并是最好的诠释。

添孙，头一日请客吃饭，次日并得病厌荤，作诗《予年七十有余始见孙，客至留饭，次日即病厌荤，感而作此》以记之。

《予年七十有余始见孙，客至留饭，次日即病厌荤，感而作此》：

---

① 殷亮轩：《戊戌政变后回贵阳的李端棻》，中国人民政治协商会议贵州省贵阳市委员会文史资料研究委员会编：《贵阳文史资料选辑》（第2辑），《纪念辛亥革命七十周年》，1981年，第100页。

"一举居然累十觞，浇余块垒润枯肠。不图嗜饮陶元亮，翻似长斋周太常。食肉恐因曹刿鄙，含饴愿已向平偿。醉乡趣味争浓郁，老态癫狂也不妨。"

按，该诗的题目已经道明作诗的时间，七十有余，即已过七十岁，但未满七十一，故为光绪二十八年所作。作者先引用陶元亮、周太常的酒、斋典故，后又引用曹刿嘲笑肉食者的典故，虽不想嗜酒超过陶元亮，吃斋比过周太常，但也不会被曹刿嘲讽食肉。

送别王玉麟，赠诗《仲瑜太守将径普安，作此送别仍叠前韵》。

《仲瑜太守将径普安，作此送别仍叠前韵》："一麾果尔著先鞭，来暮应歌叔度贤。我辈偶为真率会，此行翻作别离筵。展敷新政无求速，怀保小民要惠鲜。听到循声喧贯耳，老怀不醉亦狂颠。"

按，《近代安宁名人王玉麟》载："光绪二十八年，林氏（林绍年）鉴于王玉麟学识渊博，才艺过人，长期屈身幕客，殊为可惜，因而极力向朝廷推荐。结果，王奉召入京选官。……王玉麟到北京后，初授贵州普安直隶厅同知。"① 故，此诗应是作于壬寅年间，具体时间不详。此诗是李端棻赠予王玉麟，诗中建议王玉麟为官不应求速，应心怀百姓。

王仲瑜，1856年生，卒年不详，仲瑜是其字，其名王玉麟，光绪末任都匀府太守。年少时因与陈荣昌在五华山五华寺内作诗唱和，一次作诗表达了"白云出岫，不复归来"，陈荣昌便将其比作诸葛孔明，和诗中有"请问西邻诸葛亮，草庐何日复归来"。民国《安宁县志稿》总结他在贵州时的宦迹说："居官勤政爱民，廉介无苟且，黔人戴之若父母。"

光绪二十九年癸卯（1903年）　　七十一岁

元旦作诗《癸卯元旦试笔》。

《癸卯元旦试笔》："红笺亲展快书红，语在吉祥不在工。亿万斯年天子寿，七十日老远臣躬。金莲玉笋声华重，墨绶朱钩禄养丰。更逐国民知爱国，文明大启亚洲东。"

---

① 万揆一：《近代安宁名人王玉麟》，中国人民政治协商会议云南省安宁县委员会文史资料委员会编：《安宁市文史资料选辑》（第6辑），《历史人物专辑》，1991年，第75页。

按，此诗的题目道出了写作时间，为癸卯年（光绪二十九年）元旦。该诗表达了李端棻虽已是古稀之年，但仍充满了豪情壮志的情感。

五月，作诗《闻京都学生遇害》。

《闻京都学生遇害》："黑气浸浸压帝畿，嘻嘻怪事是耶非。学堂未获收明效，文字翻能贾祸机。狝薙同胞曾得计，摧残国脉更何悲。党人两字真心法，一网轻投漏网稀。"

按，该诗中的学生是指在京师大学堂就读而在光绪二十九年拒俄运动中遇害的学生，拒俄运动于五月初展开，故该诗作于癸卯年五月。作者引用"贾祸"的典故，表达作者对清政府残害学生的激愤之情。

六月末，著文《普通学说》。

按《普通学说》落款载："光绪纪元二十九年贵竹蒲藏锋。"① 及书末尾手写注"编辑者贵筑李端棻，印刷者武庙铅字活版所光绪二十九年七月初二日刻在精世学堂演说毕后给"②。

按，据其书注，此文应为七月初二李于经世学堂之演说稿，该文约一万多字，故其准备此演说稿之时间应在此之前。故笔者将其归类于本年六月末所著。

《普通学说》内容大致可分为三部分：其一，提出读书的两种途径及目的。即一救时，一穷理；其二，介绍、分析和阐述普通学；其三：结合国情分析，将当时中国教育分为三个阶段③。该书后附有普通学各科书目。

光绪三十年甲辰（1904年）　　七十二岁

夏，李自鄂归来，作诗《壬癸年间种竹都活，今夏自鄂归里，率多枯槁。感而赋此》。

---

① （清）李端棻：《普通学说》，武庙铅字活版所1903年版，第13页。
② 同上。
③ 张新航：《李端棻及其所著〈普通学说〉一书》，《贵阳文史》2005年第4期。

《壬癸年间种竹都活，今夏自鄂归里，率多枯槁。感而赋此》："去时千个绿成窠，今日清阴减却多。笑口索他开未得，何堪雨助泪滂沱。落了高标本性生，也无依傍也无荣。主人一去园丁懒，谁把霜筠为养成。报我平安两度春，琼枝玉叶好丰神。如君劲节还憔悴，况是衰年久病人。此君一日不能无，隙地阶前尚有余。且待新雷催好雨，呼童移种补墙隅。"

按，诗的题目写到，今夏自鄂归里，故此诗写于夏天，按《苾园诗存》载："癸卯……次年，先生入鄂，其间暌离者经年。"① 癸卯年是光绪二十九年，次年即光绪三十年（甲辰年），故该诗写于甲辰年夏。该诗借竹枯抒情，壬癸年间所种之竹虽大部分已经枯萎，但仍有少许坚强地活了下来。暗谕作者虽经过劫难，但坚强地挺了过来，诗尾写到"呼童移种补墙隅"，也表现了作者仍能堪重任的心，仍希冀朝廷能够再次起用，表达了作者的壮志未酬之情。

时李端棻为哲甫先生题隶书《文含　事丰》联。

其内容如下："文含经纬谋深夹辅，事丰其杰词赋膏腴。"款识："哲甫仁兄大人雅鉴，苾园弟李端棻时年七十有二。"

按，款识处已经说明李端棻时年七十有二，即此联为光绪三十年（1904年）所作。至于哲甫仁兄是何许人也，据笔者考证应是陈哲甫先生。时陈哲甫在贵州考察矿产，李端棻亦于此时开始办矿务，故成为志同道合之友。虽陈哲甫年少于李端棻，但陈哲甫亦是书法大家，李端棻于款识处题仁兄，是对其尊称。书作见附录。

陈哲甫（1867—1948年），名恩荣，以字行，天津人。其探黔南矿产，八指头陀赠之"斯游或胜虎溪乐，吟啸何止人两三。霞外襟期倘不弃，文殊摩诘当同龛"②，可见对其评价之高。

---

① 何麟书：《李苾园先生遗诗序》，见许先德、龙尚学主编《贵阳五家诗钞》，贵州教育出版社1995年版，第2页。
② （清）释敬安，梅季点辑：《七古一章》，见《八指头陀诗文集》，岳麓书社1984年版，第338页。

是年，朝廷下诏，恢复其官名，即礼部尚书；因此事而多烦恼，作诗《请托者多，作此谢之》《酬应稍繁，作此自遣》二首。

《贵州通志·人物志》载："三十年（1904年）开复原衔。"①

按，李于光绪二十四年八月被革职，光绪二十七年被恩赦回籍，后清政府将戊戌变法时被革职流放之官员，开复原衔，李赫然在列。

《请托者多，作此以谢之》："冷淡情怀世不知，妄将俗事强人为。极峰无赖非亲故，巧宦何须要护持。干木逾垣思远避，曹丘推毂竟何辞。吾安吾分吾心得，见好还妨物议滋。"

按，该诗首句说明李端棻在落难时得见人世冷淡，后又因开复原衔而受人攀附。诗中引用段干木逾墙避官、曹丘生扬季布的典故，引出名人也有烦恼。当李端棻被开复原衔之后，人们对其托付较多，即官场的攀附之风，李端棻对此十分痛恨，便作诗以全部谢绝。故该诗作于李端棻开复原衔后不久。

《酬应稍繁，作此自遣》："不是王臣蹇蹇躬，聊居无计养疏慵。自嗤闲极偏忙极，真把乐中当苦中。病莫能兴非选客，老当益壮竟成翁。道予意气无人信，冷淡篱边剩菊丛。"

按，该诗题目就说明作者的应酬繁多，而后又在诗中提到其已是高龄。而光绪三十年开复原衔一事，正合此诗的写作背景，故该诗也是写于光绪三十年。

光绪三十一年乙巳（1905年）　　七十三岁

十月，与人奏请迁贵阳中立中学于次南门雪涯洞，改名贵州省公立中学。

《民国贵州通志》："光绪三十一年十月，在籍前礼部尚书李端棻、四川候补知府于德楷和内阁中书唐尔镛、任可澄、前仁怀厅训导华之鸿，呈请就次南门外雪涯洞创设中学堂。经贵州巡抚林绍年批准，将原设在本书院的贵阳府中学堂改移来雪涯洞，并更名'贵阳中学堂'。"②

按，1905年10月李端棻与于德楷等创设贵阳中学堂。李端棻回黔

---

① 冯楠总编：《贵州通志·人物志》，贵州人民出版社2001年版，第201页。
② 任可澄、杨恩元：《民国贵州通志》（三），贵阳书局铅印本1949年版，第601页。

后一直积极推动贵州教育的发展，创办公立学堂乃其中之一。此举为贵州的中学教育事业做出了重要贡献。

腊日，与王仲瑜等作消寒会，作诗《答消寒会诸君仍叠前韵》，会后作诗《乙巳腊日，偕谢秀山、王仲瑜、刘嘉予、李孟仁、倪俞宣五太守，谢子林直刺，作消寒会，诗以纪之》。

《答消寒会诸君仍叠前韵》："春寒尚怯□吟鞭，名作多于四十贤。杨木杯宽惊满座，棣棠诗好咏当筵。酒兵鏖战标争夺，庖屋增华柳贯鲜。自笑搜肠无好句，那能神妙到毫颠。"

按，此诗为作者在与谢秀山、王仲瑜等作消寒会时所作，用以回答诸君所提之前韵。

《乙巳腊日，偕谢秀山、王仲瑜、刘嘉予、李孟仁、倪俞宣五太守，谢子林直刺，作消寒会，诗以纪之》："六位齐挥五马鞭，白头忝列竹林贤。春寒偶饮屠苏酒，腊日争开函丈筵。老去诗肠原腐朽，宦游文燕亦新鲜。此生此境如常有，衰态还堪一醉颠。"

按，题目已说明乃乙巳年腊月所作，作者与谢秀山、王仲瑜、刘嘉予、李孟仁、倪俞宣五位太守一同作消寒会，作诗以记之。

谢秀山，秀山是其字，其名谢文翘，云南昭通人。清光绪庚辰年进士，后任镇远知府。《昭通县志稿》对其评价："谢文翘性严峻，正直不阿；敏而好学，文学、经济俱臻诣。著作甚丰。"其代表作《红药山房诗集》《四六文稿》等。

刘嘉予，经查，无考。

李孟仁，经查，无考。

倪俞宣，经查，无考。

谢子林，经查，无考。

年底，送别林绍年，赠诗《林赞虞中丞并以送别》。

《林赞虞中丞并以送别》："我亦苍生爱戴深，何斯荣戜竟遥临。边隅向化如风草，学校勃兴胜泮林。事必求详方发纵，才优治剧极韬沉。福星正朗忽西指，无计攀留拂众心。"

按，该诗是作者为林赞虞送别时作的一首送别诗。按作者自注：

"乡人具呈请留，答以格于例，事遂中止。"该注表明乡人皆留林赞虞，林赞虞答以格于例，遂止。按《清史稿·林绍年传》载："二十六年，迁云南布政使，就擢巡抚，兼署云贵总督。……移抚贵州，而湖北、广东两巡抚旋亦议裁。……三十一年，移广西。"① 故该诗应是光绪三十一年为林赞虞送别而作，然林绍年移广西巡抚于该年年底，故该诗为光绪三十一年年底所作。

林绍年（1842—1910年），字赞虞，福建闽县人。同治十三年进士，张謇曾对其评价："自闻公拜汴抚之命，朝野皆知司马君实之不安于位，是有天命，无可复言。顾汴人之得公，则正如百昌之苏于春阳，可谓大福。"如此可见林绍年为官之道。

表弟何季刚欲经商，作诗《赠何季刚表弟》。

《赠何季刚表弟》："书田难得兆丰年，通变聊将子母权。霸主事功惟足食。圣门货殖亦称贤。治生岂曰非儒者，择术何妨法计然。欲救国贫先自救，萌芽商学要精研。"

按，按何麟书注"乙巳岁，予兄议经营商业，先生力赞其成，作此诗以赠"②，可知此诗作于乙巳年，即光绪三十一年，然却无具体时间，故将其编年于该年之最后。该诗以经商为出发点，然延伸至救国，突出表现了李端棻虽已不为人臣，但仍然关心国事，表达了其救国热情。

光绪三十二年丙午（1906年）　　七十四岁
仲春，作诗《答陈哲甫观察》。

《答陈哲甫观察》："不是贾生少壮年，谪居那得古今怜。独君不惜广长舌，谓我宜得艰巨肩。默揣孱躯殊愧甚，纵邀宽诏亦徒然。置身蓬颗无余望，□□□□自在天。"

按，《八指头陀诗文集》载："丙午仲春，陈哲甫观察招高邕之、吴雁舟、狄楚青、狄南士、陈子言及余于一粟庵午斋，观察出黔南探卅

---

① （民国）赵尔巽等：《清史稿·林绍年传》，中华书局1967年版，第12390页。
② 许先德、龙尚学主编：《贵阳五家诗钞》，贵州教育出版社1995年版，第19页。

图索题，因作七古一章应之。"① 故陈哲甫观察出黔南探卄图索题的时间应为光绪三十二年仲春，而李端棻作此诗则在此之后。

九月初十过七十三寿，后作诗《七十有三初度自寿》。

《七十有三初度自寿》："多谢宗亲进一觞，殷勤祝我寿而康。宁知白发增新恨，惭对黄花有晚香。痴钝儿心真漆暗，艰虞国步要金偿。幸喜故人留苦语，长庚星朗小重阳。正喜餐眠胜旧年，病魔才退恶魔缠。那来善果邀天眷，但就残龄证孽缘。身后声名云易散，眼前缺陷海难填。香山雅会无人续，休为桑蓬作盛筵。"

按《苾园诗存》自注，该诗的"幸喜故人留苦语，长庚星朗小重阳"是"六十初度，张香涛同年赠联有此语"。即该句取自张之洞于李端棻六十岁时的赠联。虽此诗的题目明言作者七十三岁过寿而写，但按李端棻出生那一年并作一岁，此时李端棻过完寿即七十四岁了，故笔者将此诗归于李端棻七十四岁作。

过寿后，作《七绝数章》以自遣。

《数月来多拂意事，颇觉心动，大错矣，大错矣。亟取〈黄庭〉读之，顿觉六根尽净，万虑皆平，但知非即改，且于修身克己不无裨益。口占七绝数章，聊以自遣》。

"扰攘尘凡数十春，可怜处处尚荆榛。踢天踏地何时了，犹是黄粱梦里人。

"尘缘摆脱也知难，略惹尘缘便胆寒。一编展诵玄玄集，顿觉胸襟海样宽。

"我笑世人惑路歧，世人笑我路多迷。谁知彼此都成错，五十休将百步嗤。

"人言谓我脑筋枯，遇事善忘信不诬。我听斯言无可辨，人生难得是糊涂。

"应事何尝想认真，聊随同类强铺陈。我无真意人尤伪，彼此原来

---

① （清）释敬安，梅季点辑：《七古一章》，见《八指头陀诗文集》，岳麓书社 1984 年版，第338页。

是哄人。

"苦苦甜甜已遍经，漫将尘累役吾形。及今摆脱非为晚，尚有工夫养性灵。"

"百年已度七十三，除却餐眠何所贪。只要胸中渣滓静，离尘奚待结茅庵。"

按，作者在最后一章并已表明，作者已七十三岁，故该诗作于光绪三十一年。作者引用"南柯一梦"的典故，表明最近的日子似黄粱梦，又用"五十步笑百步"的典故，表明其与世人皆为路迷。

光绪二十九年癸卯至光绪三十三年丁未（1903—1907年）　七十一岁至七十五岁

因无法确切编年以下诸诗，按李之遭遇、思想境界等诸方面因素，结合诗之内容将其分为以下几类：

该时段为李的晚年阶段，积极发展贵州教育事业，但其间又屡遭人谗言，李端棻深感无奈作《感时二首》《去谗》《闻人言自解》诸诗。

《感时二首》："又被人言蛊惑深，徒贻笑柄海难禁。艰危世界空蒿目，顽固官僚病丧心。欲从大陆寻安土，但祝皇天遍雨金。长安闻道如棋局，杜老陈编不敢吟。长征甫得卸征车，胡不容人喘息舒。无争光阴仍局促，有情风月任抛疏。诗出未必防新政，游钓经难恋旧居。我欲逾垣师往哲，春秋责备愧何如。"

按，作者作这两首诗的背景为其遭人言语，且自身病魔缠身，作者作此两首诗以自慰。

《去谗》："惟口兴戎祸患萌，听言须要察其情。不疑盗嫂兄安在，曾子杀人母亦惊。蛇影杯弓滋惑惧，蜃楼海市宛生成。问明圣训昭千古，潜诉由来总不行。"

按，作者引用不疑盗嫂、曾子杀人两个典故，表明作者正遭冤屈或诽谤，又用杯弓蛇影、海市蜃楼来表明谗言之可怕。此情景与李端棻晚年生活背景相合，但无法确定其确切时间，故将其归于此时段。

《闻人言自解》："习静何关养性灵，甚衰未肯过劳形。人言自大诚虚语，我病非真亦误听。无事悠悠闲白日，有时默默诵黄庭。合群最好居乡法，何必矜矜判渭泾。"

按，该诗之背景，即作者遭人言，心情十分郁闷，作诗以自解。

李晚年，病魔缠身，经常因此而苦恼，为此作《湛轩遣晚香玉一盆，适昼眠初觉，正诵道经，不觉悠然有悟，陶然自足。援笔记之》《湛轩晚香玉数枝随置枕上，宵分香气尤烈，拈此用却睡魔》《病后饮食顿加》《畏寒》《伤老》诸诗。

《湛轩遣晚香玉一盆，适昼眠初觉，正诵道经，不觉悠然有悟，陶然自足。援笔记之》："正恋北窗卧，忽闻香百和。遗我玉一茎，洁净不容唾。幽花如美人，风来娇欲堕。恐污好颜色，缟衣独自坐。静对神亦闲，开函补清课。"

按，该诗记录作者诵经之时，受晚香玉花香吸引，陶然自足，作此诗以记之。该诗应与《湛轩晚香玉数枝随置枕上，宵分香气尤烈，拈此用却睡魔》所作时间相差无几，但确切时间仍无法断定，故将其归类于其晚年时段所作。

《湛轩晚香玉数枝随置枕上，宵分香气尤烈，拈此用却睡魔》："信手拈花置枕旁，困人天气梦魂香。醒来恐披风吹散，呼婢休将碧幔张。心清妙有香触鼻，何况明明花气袭。我欲问花参一解，秋香满院寻无迹。"

按，作该诗的背景为，作者时常因梦魇缠身而无法入睡，借晚香玉袪除梦魇。李端棻晚年时病魔缠身，睡眠也会因梦魇而受到影响，而该诗的写作背景恰与此相合。故该诗作于其晚年阶段。

《病后饮食顿加》："无端病后成饕餮，观我朵颐亦自佳。庸胜曹交徒食粟，迂如周择厌供斋。漫言温饱非初志，毕竟清虚是本怀，避谷无方仍大嚼，几时冲举脱形骸。"

按，李端棻晚年经常病魔缠身，而该诗的写作背景是在病好转之后，饮食量大增而作，故归于此时段作。

《畏寒》："秋色清华秋气鲜，捣衣时节未装棉。人犹拂扇千珠汗。我独披裘九月天。惭对晚花撑瘦骨，怕题新稿耸寒肩。可知百病由中热，一服清凉已熟煎。"

按，该诗表明作者年老体衰，体弱多病，九月即需披裘以避寒。作者因此而作感叹。

《伤老》："无事忘机养太和，有时乘兴发高歌。谨防岁月闲中过，磨炼精神病后多。纵使前途无影响，莫因垂老便蹉跎。寄言年少诸同志，似此衰残可奈何？"

按，该诗作者以自身之情况，提醒青年人应珍惜时光，莫使时光流逝，才知光阴胜金。此乃李端棻晚年发出的感慨。

其晚年常以诗自慰，以抒发己之情感，作《书怀》《感时》《自问》《杞忧》《自喜》《有感》诸诗。

《书怀》："出为霖雨要担当，入卧烟霞要善藏。笑我尚无真见地，旁人安有好收场。瓮中酒热姑谋醉，囊底钱空莫自伤。欲访明师传秘法，天风渺渺海苍苍。只扉虽设总常关，那得八公相往还。才拙休争千载誉，家居幸得一身闲。酬酬酒向胸襟洒，吟苦诗从角枕删。静坐旁斋先学静，不知门外有尘寰。圣贤仙佛本同伦，大道还须近取身。何必避人兼避世，但能高隐即高真。全神养气长生药，虚利浮名浩劫尘。客至衣冠休责我，疏狂习惯懒迎宾。世事纷如百不谙，戒贪只有道心贪。浮生早悟炊粱幻，老境休言食蔗甘。群鸟争枝头懒看，孤云返岫亦怀渐。悠然颇得渊明趣，却异清流只善谈。道若登天不易成，纷纷俗务苦相萦。得逢邈遏行千里，胜以逍遥过一生。以力伏魔休妄动，即心观妙去昏盲。后天习气消除尽，自有明师指点明。"

按，该诗提到"囊空""避世""渊明趣"等字眼，这些都是出现在陶渊明晚年诗歌中的词语，故笔者将此诗归于李晚年所作。

《感时》："学派何分旧与新，纷纷聚讼究何因。绝无思想皆顽党，略得皮毛作解人。可惜尊荣安富辈，甘为奴隶马牛身。若问后来真结果，波兰印度是前尘。"

按，李端棻思想由之前的较开明到后来的全面推崇维新，李端棻晚年仍从事贵州的各项维新事业，为贵州的发展做出了重要贡献。该诗表达了作者对朝廷封建官员的痛斥。李端棻虽在乡野，仍时刻为祖国之未来担忧。

《自问》："闭门索句心徒苦，伏案观书眼损明。自问余生何所事，只堪习静与闲行。看花足乐易飘举，饮酒消愁易沉醉。自问余生何所宜，惟有加餐与酣睡。"

按，该诗为作者的一首自问诗，作者晚年思绪纷飞，纵观此生作此感叹。

《杞忧》："休道成人受苦辛，多财即现宰官身。白身市侩皆朝士，黄口婴儿亦荐绅。但以苞苴权子母，那知恩泽被人民。滔滔天下皆如此，无怪要求遍铁轮。莽莽喧传重外交，庸庸惟解忌同胞。行人择路皆循辙，暴客乘机要代庖。冲突从来无善果，平和未见长新苗。时代至今成黑暗，昏昏点漆更粘胶。"

按，该诗上半部分揭露了清政府的腐败，买官成风，表明作者对腐败之风的痛恨；下半部分对朝廷之决策毫无进步之意的痛斥，表明作者对国家前途的担忧。该诗写作风格与其晚年风格一样。

《自喜》："蕙疲意态转腾轩，更喜药能投病源。筋力虽屡休过惜，精神愈用自还元。惰骄最碍资生计，勤苦方为治事根。谨守此心无放逸，免教末路溃篱藩。"

按，作者作该诗之背景是其意识更加清晰，且药能投病源。此与李端棻晚年之处境相同。

《有感》："七十犹如此，百年将奈何。瓠棱空想像，日月已蹉跎。伏枥惊残岁，攀鞍愧伏波。四方多猛士，定可挽天河。"

按，该诗首句即已点明时间，据此知该诗作于其晚年。李晚年患病期间，时常空想，抒发其对岁月之感慨。

李虽晚年，作《政治思想》《学术思想》两诗以表达其政治与学术思想。

《政治思想》："天地区分五大洲，一人岂得制全球。国家公产非私产，政策群谋胜独谋。君为安民方有事，臣因佐治始宣流。同胞若识平权义，高枕无忧乐自由。"

按，该诗描绘了作者之政治思想，李之维新思想于晚年趋于成熟，该诗即是表达其维新思想。该诗作于其晚年。

《学术思想》："早知素习尽虚空，志积维新日有功。目的胡为犹惝恍，心思毋乃欠昭融。素王学术无今古，黄种灵明胜白棕。宗旨看真须取法，何妨时势造英雄。"

按，该诗描述作者的学术思想，在其学术思想中，作者仍不忘维新，且引用素王之道来说明学术思想要与时俱进。此乃其晚年思想。

以下几首诗，乃李端棻答人之语。其中有关于学术思想、维新思想等内容，包括《答王眉生茂才》四首、《答袁杏村方伯》四首，含和韵一首，及《有感用车书鱼韵》韵诗、《答刘嘉予太守》八首，含和韵一首。

《答王眉生茂才》："铸金错彩斗繁红，五色笔花各样工。书腴浸润全撑腹，学养团成独立躬。落才不假科名重，同类喧传学殖丰。志趣如斯真可畏，瞳瞳海日正升东。"

《再答王眉生茂才》："佳句联翩缀锦红，重重巧法自然工。目无余子诗言志，胸有群经道积躬。司马病多尘累少，沈郎腰瘦砚田丰。儒修料想兼中外，西学昌明更欲东。"

《三答》："晓起推窗日未红，飞来诗句速兼工。联交愿作忘年友，修己难宽自厚躬。吟罢定知胸臆畅，病余当复面容丰。中朝怀我无知己，馆职终虚赐陆东。"

《四答》："游泮花才插帽红，文心诗髓已精工。论诗巨擘齐廉士，任性率情楚直躬。早岁声名甘露顶，绝伦颖秀小安丰。羡君俊少忘予考，便欲乘槎泛海东。"

按，以上四首诗乃李端棻答王茂才之诗。王眉生乃何许人也，已无法考证，只知其为秀才。作者在诗答中谈及了思想、交友、学术等内容，对后生可算金玉良言。

《答袁杏村方伯》："生幸同时愿执鞭，棠阴况接使君贤。多情每助含饴乐，适兴欢于落帽筵。酒数漫依金谷罚，和章数见玉溪鲜。萧闲自分同方外，岂意昌黎识大颠。"

《再答袁杏村方伯》："吟场驰骋复加鞭，禊事重修继往贤。视昔视今如合契，一觞一咏漫开筵。风流老辈人惟旧，明媚春光景渐鲜。作赋登高公健者，追陪还恐踬而颠。"

《三答》："嬉戏如挥竹马鞭，何期琐琐动高贤。敢言自领骚坛队，为慕公开护法筵。人似松乔高且寿，诗如梅蕊冷弥鲜。主持风雅犹余事，扶我黔黎免困颠。"

按，以上三首为答袁杏村方伯之诗，然方伯其人亦无从考证，其善题联。《黔联璀璨》中录有其联，其一："题相宝山。合向西南撑半壁；试看高下拱群山。"① 其二："题池心亭。六月好风花四面；一樽清话水中央。"②

《答袁杏村方伯步书车鱼原韵八首》："卅年善政不胜书，淡泊将回北路车。自是朝廷资倚畀，秋风未许恋鲈鱼。救时厌睹近时书，闭户造成合辙车。默召编氓咸感化，欣欣乐意验禽鱼。豪华坐拥百城书，问字无劳数对车。清恐人知知转众，公庭何待表悬鱼。余闲得句不停书，僚友纷来问字车。管领骚坛成小队，一堂雅雅复鱼鱼。嗜古深藏万轴书，连云充栋汗牛车。白头倾盖非为晚，愿向公家作壁鱼。一语为公慎重书，祝公为国缓悬车。自来大器终成晚，八十蟠溪尚钓鱼。北阙当年误上书，冰天雪地走飞车。幸承圣世恩波渥，杯水苏回

---

① 向行端：《黔联璀璨》，贵州人民出版社2003年版，第456页。
② 同上书，第457页。

涸辙鱼。衰朽荒芜久废书，空空腹笥消虚车。雷门布鼓真堪笑，深恐明珠目混鱼。"

《有感用车书鱼韵》："寂寞久绝故人书，想见盈门流水车。欲诉寒暄通一语，南来无雁北无鱼。休说乐群共砚书，漫夸无憾共裘车。早知臭味差他甚，深悔当年近肆鱼。祸缘德薄位尚书，艰苦曾驱雪海车。荐引昔年空抗疏，进贤深愧直哉鱼。不临乞米鲁公书，耻下趋迎冯妇车。淡泊自甘降妄想，可能考老背鲐鱼。寄请诗酒与琴书，安步优游以当车。健饭加餐心便足，何须弹铗叹无鱼。"

按，此两首诗皆采用了车书鱼韵。前诗乃答袁杏村方伯之韵，后一首则是在前作完成之后，作者观己一生，有感而作。

《答刘嘉予太守》："和章初就汗颜红，深愧抛砖句未工。笑我空疏徒窘步，识君清白久持躬。一麾出守箕裘绍，五绔兴歌誉望丰。领郡定知多喜色，慈舆早迓汉江东。"

《再答刘嘉予太守》："须臾又吐笔花红，好语如珠一一工。贱子始终叨刮目，清词琢炼苦吟躬。载赓寿母年登耄，为悯黔黎岁祝丰。回忆禅房栖息夜，剪灯话到漏丁东。"

《三答》："传笺剪翠又裁红，速比枚乘马比工。交善君真晏平仲，危言我鉴息夫躬。边隅宦况何防瘠，循吏家贫例不丰。独喜归来联旧雨，相思不隔暮云东。"

《四答》："一封书展露桃红，誉我新词字字工。那有隐耕诸葛志，徒存食粟曹交躬。佳篇持赠如联璧，雅意殷勤每设丰。料得梦中犹觅句，诗简传到日方东。"

《五答》："饱饫天仓法粟红，滥竽充数等齐工。为居朔漠三年地，留得冰霜百练躬。尘话常亲心迹著，鹏搏行见羽毛丰。多情果践双柑约，追陪愿上东山东。"

《六答》:"鏖战心花怒发红,居然力敌不休工。寅僚踵至犹挥翰,局务心劳要息躬。传命吟简时往复,触机诗料倍加丰。一言戏赠君领记,再报琼琚罚作东。"

《七答》:"偶标吉语自题红,博得骚人琢句工。连日纵谈生逸趣,三年薄谴儆顽躬。军储计算如农部,刑法持平媲沈丰。犹忆翠华西幸地,朝朝紫气尚来东。"

按,以上七首乃李端棻和刘嘉予之诗,和韵红、工、躬、丰、东。和诗至七答,由此可见,时作者诗意正浓;引用多种典故和诗,亦可见作者学识之渊博。

《刘嘉予太守尝来谈及某公晚年诗,有"老来诸事要安排"之句,其结语也,予喜其入情入理,恰有老人心事口吻。因以结句为起句,及其意作七绝六章。偶遇万不得已之时,又值无可奈何之天,藉以提撕猛省,亦养性都病之一助也》:

"老来诸事要安排,惟有功名不系怀。司马岂非贤宰相,被人诬作党人魁。老来诸事要安排,只有金钱不系怀。可惜石崇王恺辈,都因豪富召奇灾。老来诸事要安排,只有妻孥不系怀。雍纠因何谋及妇,恃他伉俪本无猜。老来诸事要安排,只有儿孙不系怀。游夏圣门高弟子,色难不敬况庸才。老来诸事要安排,只有我身不系怀。失却本来真面目,更从何处觅形骸。我原无事要安排,知有甚么可系怀。除却餐眠抛不得,得兼二者乐无涯。"

按,该七言六章之前就已说明,兴起因刘嘉予之前谈及某公晚年诗以"老来诸事要安排"为结尾,公以此作开头,又因闻老人之心事,起意而作。作者引用各种典故以说明诸事需安排之原因。

光绪三十三年丁未(1907年)　　七十五岁

八月,由侍者搀扶于达德学堂巡查。

凌惕安《清代贵州名贤像传　第1集　第4卷》:"惕安于丁未八月得见于达德学堂纪念会场,侍者二人扶掖登阶,双目炯炯如电,躐朱履，袍色蔚蓝，修髯若雪，时距梦奠才二月耳。及今思之，老辈风徽，至深引慕。"①

按，光绪三十三年即丁未年，八月，李两鬓斑白，由两侍者搀扶，视察学堂，可见其对贵州教育事业的关心。此乃李最后一次视察学校，未逾数月，病逝。

李逝世前数日，寄信于梁启超。

《清光禄大夫礼部尚书李公墓志铭》："距梦奠前数日，犹遗（寓）书启超曰，'昔人称有三岁而翁，有百岁而童。吾年虽逾七十，志气尚如少年，天未死我者，犹将从诸君子之后，有所尽于国家矣。'"

按，李于逝世前数日，寄信于梁启超，信中之内容表达其虽年老体衰，但仍想报效国家。体现出李深厚的爱国之情。

十月十二日卒于家中。

《清光禄大夫礼部尚书李公墓志铭》："薨于光绪三十三年丁未十月十二日。"

《清代贵州名贤像传 第1集 第4卷》："生于道光十三年九月初十日，卒于光绪三十三年十月十二日，年七十有五岁。"②

按，光绪三十三年十月十二日，即公历1907年11月15日，故李卒于该日。

考《近代中国报道》："3月23日（二·二十一）本日，前礼部尚书病逝。"③

康有为《祭故礼部尚书苾园李公文》："惟光绪三十四年三月十九日康有为谨于绝域陈中华馔设葡萄酒设故礼部尚书苾园李公之位祭而哭之。"④

梁启超为李所撰之墓志铭谓之逝世于光绪三十三年十月十二日，

---

① 凌惕安编：《清代贵州名贤像传 第1集》（第4卷），商务印书馆1946年版，第3页。
② 同上书。
③ 《近代中国报道》，一九〇八年三月二十三日。
④ （清）康有为：《祭故礼部尚书苾园李公文》，参见上海市文物保管委员会编《康有为遗稿 戊戌变法前后》，上海人民出版社1986年版，第633页。

据《清光禄大夫礼部尚书李公墓志铭》载："翌年戊申三月十二，葆忠奉其丧葬于贵州省城大关口先人之茔。驰书日本，乞启超为铭。"知李之继子李葆忠应于信中说明李逝世之具体时间，故梁之说法更能反映真实日期。因旧时交通闭塞，消息传播较慢，然《近代中国报道》与康有为所写之祭文，因是在梁得消息传出后，才得此消息。康有为所作之祭文中提到，李已故，即表明李之逝世日期并非三月十九日。然《近代中国报道》称李逝世于光绪三十四年二月二十一日，此说法并不可靠。

参考文献

（清）梁启超：《梁启超全集》，北京出版社1999年版。

孔祥吉：《戊戌维新运动新探》，湖南人民出版社1988年版。

钟家鼎、王勺：《关于李端棻在戊戌变法中的几个问题》，《贵州文史丛刊》1996年第1期。

许先德、龙尚学主编：《贵阳五家诗钞》，贵州教育出版社1995年版。

黄江玲：《"诗界革命"的宿将——评李端棻〈苾园诗存〉》，《贵州文史丛刊》2010年第2期。

政协成武县文史资料委员会编：《成武文史》（第2辑），《白浮图乡专辑》，1994年。

王炜编校：《〈清实录〉科举史料汇编》，武汉大学出版社2009年版。

（民国）赵尔巽等：《清史稿》，中华书局1977年版。

（清）翁曾翰：《翁曾翰日记》，张方整理，凤凰出版社2014年版。

（清）永瑢、纪昀主编：《四库全书总目》（下），中华书局1965年版。

朱孔彰：《中兴名臣事略》，华文书局1969年版。

杨成彪主编：《楚雄彝族自治州旧方志全书·大姚卷》（上），云南人民出版社2005年版。

（清）沃丘仲子：《近代名人小传》，中国书店1988年版。

戴逸、李文海主编：《清通鉴》17（穆宗同治十三年起—德宗光绪十年止），山西人民出版社 1999 年版。

（清）朱朋寿：《光绪朝东华录》，中华书局 1958 年版。

（清）陈夔龙：《梦蕉亭杂记》，北京古籍出版社 1985 年版。

何静悟、龙尚学主编：《贵州联语两种》，贵州教育出版社 1999 年版。

丁文江、赵丰田编：《梁启超年谱长编》，上海人民出版社 1983 年版。

《申报》，一八八九年九月初六日。

陈占标：《梁启超应乡试中举的诗文》，《广东史志》1999 年第 3 期。

中国社会科学院近代史研究所近代史资料编辑部编：《近代史资料》（总 86 号），中国社会科学出版社 1994 年版。

朱东润、李俊民、罗竹风主编：《中华文史论丛》（第 4 辑），上海古籍出版社 1982 年版。

（清）梁启超：《戊戌政变记》，中华书局 1954 年版。

（清）李端棻：《杜公瑞征墓志铭》，《贵阳志资料研究》1987 年第 11 期，杜白珣加注。

中国史学会主编：《中国近代史资料丛刊·戊戌变法》（二、四），上海人民出版社 1957 年版。

孔祥吉：《康有为变法奏议研究》，辽宁人民出版社 1988 年版。

《湘报》，一八八九年五月二十四日。

（清）梁启超著，舒无点校：《饮冰室诗话》，人民文学出版社 1959 年版。

佛雏：《王国维哲学美学论文辑佚》，华东师范大学出版社 1993 年版。

（清）黄遵宪：《黄遵宪全集》（上），天津人民出版社 2003 年版。

茅海建：《戊戌变法史事考》，生活·读书·新知三联书店 2005 年版。

北京大学历史系中国近代史教研组编：《中国近代史参考资料》，北京大学出版社 1972 年版。

黄寿鸿：《清史纪事本末》，上海书店出版社 1986 年版。

（清）梁启超：《梁启超全集》（第一册），北京出版社1999年版。

（民国）赵尔巽等：《清史稿·贻縠传》，中华书局1977年版。

章开沅：《清通鉴·同治朝　光绪朝　宣统朝4》，岳麓书社2005年版。

叶德辉：《近代中国史料丛刊三编·（330）觉迷要录》，文海出版社1987年版。

陈捷延：《过客吟　捷延咏史诗存》（下），中国文史出版社2012年版。

《清实录（第57册）·德宗实录（6）》，中华书局1987年版。

（清）朱寿朋：《光绪朝东华续录选辑》，台湾大通书局1984年版。

《清议报》一八九八年十二月二十一日。

王贵忱：《张荫桓其人其著》，《学术研究》1993年第6期。

翁万戈编，翁以钧校订：《翁同龢日记》（第4卷），中西书局2012年版。

冯楠总编：《贵州通志·人物志》，贵州人民出版社2001年版。

中国人民政治协商会议贵州省贵阳市委员会文史资料研究委员会编：《贵阳文史资料选辑》（第32辑），1991年。

（清）释敬安著，梅季点辑：《八指头陀诗文集》，岳麓书社1984年版。

任可澄、杨恩元撰：《民国贵州通志》（三），贵阳书局铅印本1949年版。

中国人民政治协商会议贵州省贵阳市委员会文史资料研究委员会编：《贵阳文史资料选辑》（第2辑），《纪念辛亥革命七十周年》，1981年。

中国人民政治协商会议云南省安宁县委员会文史资料委员会编：《安宁市文史资料选辑》（第6辑），《历史人物专辑》，1991年。

（清）李端棻：《普通学说》，武庙铅字活版所1903年版。

张新航：《李端棻及其所著〈普通学说〉一书》，《贵阳文史》2005年第4期。

向行端：《黔联璀璨》，贵州人民出版社2003年版。

《近代中国报道》，一九〇八年三月二十三日。

凌惕安编:《清代贵州名贤像传 第1集》(第4卷),商务印书馆1946年版。

上海市文物保管委员会编:《康有为遗稿·戊戌变法前后》,上海人民出版社1986年版。

附录一

《清光禄大夫礼部尚书李公墓志铭》

梁启超

启超以光绪己丑受学贵筑李公，旋婿公妹，饮食教诲于公者且十年。戊戌，启超以国事获罪，走东瀛；公亦以同罪戍西域，遂不复相见。又十年，而公薨于里第，海内识与不识，匪不叹悼，顾哀感未有如启超深者也。

公讳端棻，字苾园，其先湖南衡州府清泉县人。曾祖某、祖某，俱赠顺天府尹，复赠公官。祖始徙黔，乃籍贵阳之贵筑。父某某，以公贵，赠如其官。母何氏，赠一品夫人。公幼而孤，依母以育，而季父京兆公朝仪实教养之。京兆公者，启超外舅也。以道学吏治闻于时，事具国史本传。京兆公既以古圣贤之教率其家，而于诸子中爱公独挚，所以督之者良厚。故公终其生立身事君，大节凛然不可犯，一如京兆公。

弱冠，补博士弟子员。同治癸亥，年二十九，以联捷成进士，入翰林。倭文端、罗文恪方倡程朱学以厉末俗，公咸从奉手，有所受焉。丁卯典山西试，庚午分校顺天试，壬申督云南学政。时滇乱甫戢，民生凋悴。公校士之暇，辄为疆吏筹教养诸大政，多所赞画。有骄将以重贿为子弟干进，公正色斥之，风烈振厉。巡抚岑襄勤公敬礼有加，欲荐仕滇藩，共靖滇宇，公辞焉。旋母太夫人弃养任所，公哀毁骨立，奉榇归里，振贫恤匮，族党讴思。服阕入都，迁监察御史。未几，京兆公尹京兆，回避，返词曹。光绪己丑，以内阁学士典广东试，辛卯典四川试，甲午典山东试，壬辰副会试总裁。历迁刑部侍郎，权工部侍郎，总督仓场。戊戌七月授礼部尚书，未逾月而遣戍之命下。

公之为言官也，以直声闻，筹海防，论武备，拳拳焉几国耻之一雪。其议大礼一疏，益言人所不敢言。识者谓司马文正、欧阳文忠之濮议，皆不及焉。其历次典试，所拔擢皆一时知名士，世亦以比庐陵。其权工部也，监修陵工，前此奉职者，率以侵冒为固然，公严绝苞苴，同列惮之，官纪一肃。其督仓场也，睹漕运之极弊，抗疏请尽撤漕仓诸官，而身乞退职以为之倡。夫在前代交通未开，设官挽南漕以饷京师，固非得已。然岁糜国帑千万，豢冗吏，利已，不胜其病。海运既通，漕员益成赘疣，人人知其敝而莫肯言，则甚矣。积习之中人烈也！公倡汰冗官之议，而所汰则请自隗始。盖所知者惟国家之利害，而藐躬未遑计也。呜呼！忠矣。天子既可公奏，益鉴公诚，遂受特达知，为春官长。是时朝廷宵旰图治，兴利革弊日不给，求贤才若饥渴。公既抗疏，请大改官制，设立法之府，益尽以人事君之道，举所知以进。未几，疑狱兴，党祸作，天子眷念重臣，不忍加斥，而吏议持之，遂有新疆之谪。呜呼！古名臣大儒，其遭遇与公一辙者，何可胜道？后之良史，未或有私焉。以公夙性恬退，得失久置度外。鞶带之褫，不足为公辱；俎豆之名，不足为公荣。独其所策国家百年大计，踬于中道，未获睹其成，而赍志以殁，此则公所为不瞑于九泉也。

公既远戍，而大乱旋作，胡骑犯阙，乘舆蒙尘。公在戍所，不忧一身之阽隍，而忧君父之不即安；不耻恶衣恶食，而耻国威之坠落，国权之陵夷，以其忠爱，发为歌诗。盖左徒之在江潭，拾遗之窜同谷，志洁言芳，后先同揆矣。天心悔祸，大难初靖，朝廷痛定思痛，渐谅公忠，畴昔建议，往往见诸施行，遂命赐还，旋复故秩，而公固已幸矣。

既返故里，主讲席，犹复以奖励后进、开风气为己任。黔中铁路、矿产，涎者数国。公以利器不可假人，民膏不可外溢，首倡自办以杜隐忧。盖其为民请命之心，历数十载如一日也。距梦奠前数日，犹寓书启超曰："昔人称有三岁而翁，有百岁而童。吾年虽逾七十，志气尚如少年，天未死我者，犹将从诸君子之后，有所尽于国家矣。"呜呼！廉将军之善饭，马伏波之据鞍，以今方古，岂曰复绝？天不慭遗，夺我元老，悲夫！

公治行方正，而和以待人；自奉淡泊，而博施济众。服官数十年，所得俸钱，咸散诸亲旧；其视诸从昆弟、诸从子如己，饮食衣服相共也。性至孝，以母夫人茹贫抚孤，备尝荼蘖，既得禄养，先意承志，靡所不至。母逝，痛哭绝而苏者再。侍京兆公如父，发斑白犹侍膳作舞彩戏云。妻傅氏，续娶王氏，皆赠封一品夫人，先公卒。蚤岁生丈夫子女子各二，俱不育。以从弟端榘子葆忠嗣，有孙一人，曰心良。

公生于道光十三年癸巳九月初十日，薨于光绪三十三年丁未十月十二日，春秋七十有五。翌年戊申三月十二日，葆忠奉其丧葬于贵州省城大关口先人之茔。驰书日本，乞启超为铭。铭曰：

神州赤县一发危，立宪期成庶起衰。议院之议畴倡之，觥觥李公超也师。黄钟声洪里耳贻，七十荷戈征西陲。归来幽怨托江蓠，大业不就鸣以诗。其言将行其人萎，功耶罪耶良史知。潜德或闵征此辞。

《祭故礼部尚书苾园李公文》

康有为

惟光绪三十四年三月十九日康有为谨于绝域陈中华馔设葡萄酒设故礼部尚书苾园李公之位祭而哭之曰：

呜呼！
维新之艰难兮，公缔其始。
惟党狱之钩锢兮，且痛荷戈边鄙。
渺沙碛之漫天兮，扬大风而目眯。
戴冰天而履雪窖兮，冻云漠漠而不起。
袭壮夫而隳指裂肤兮，况寒侵夫暮齿。
回睨乡国其何所兮，莽长天之万里。
玄伤岁月之绵□兮，历三年之时序。
思君门而九重兮，念妻孥而何倚。
缅邈隔越而不得见兮，空想像于梦寐。
时噩耗之惊告兮，心震慄而不已。
类鱼鸟之在网罗兮，若鱼肉之在砧几。
伤惊魂之难定兮，渺难定夫生死。
惟公峨宗伯之端冕兮，擂笏庙堂而抗议。
百僚奔走而仰视兮，听上卿之挥指。
自木天之翔步兮，乃文衡之数弭。
督漕粟之万艘兮，上星辰而听履。
夫何至谪戍之险难兮，惟鄙人之所以。
惟忧国如在疚兮，乃爱才而倒屣。
策变法而累抗疏兮，发维新之大旨。

请决军国之大计兮,论煌煌而纲纪。
帝心简而长春官兮,惟耆英之是倚。
谓予国士可托国兮,扬王庭而誉美。
乃剡章未旋踵兮,忽政变之祸起。
日月忽其幽暗兮,帝座惊而移徙。
痛尧台之幽囚兮,走九关之缇骑。
痛柴市之同归兮,怨楚囚之投畀。
惟匪人之误荐兮,公遂得罪于大理。
几幽蹇而不还兮,道路多传以忧死。
望京邑之邱墟兮,夫何不魂惊而神沮。
幸玉门之生入兮,得休黔水之故里。
望复辟而起公兮,赓明良而燕喜。
再捧杖以驰驱兮,光大业于新史。
岂意宋玉宅中之悲歌兮,遂永诀于千祀。
惟悲恻伤悼于肝肺兮,痛□贻累乎知己。
念维新之光焰万丈兮,赫赫元老于青史。
祈中国之长生兮,岂计祸难之觏止。
神灵当顾而无憾兮,又何必悲夫谪戍。
惟庸庸之厚福兮,安富贵而无可纪。
虽位极于公卿兮,与草木而腐靡。
惟贤豪之遘难兮,乃自三古而多矣。
钩甘陵之南部兮,惟黔水之大旗泥泥。
与日月而同光兮,惟神上骑夫箕尾。
哀陈祭于穷发绝海兮,奠葡萄酒而设琼茅几。
惟神无不之兮,尚远歆其芳旨。
呜呼哀哉!尚飨。

《李苾园先生遗诗序》

何麟书

苾园先生,余长姑之子也。幼孤,依母以居,尝从先中宪湘雪公受业，学为诗古文。性至孝，家无儋石，自甘藜藿；而日必竭蹶备甘旨以奉母，先公亟称其贤。时吾家亦中落，先生以舌耕自给，间分馆谷周济之。咸丰庚申，先公成进士，改庶常，旋散馆为四川知县。越二年，先生亦乡会联捷入词林，为京曹。南北万里，迄于先公之殁，阅二十有六年，甥舅乃不复一相见，亦可悲已。光绪辛丑，先生赐环回里，书与先生无三日不见，见辄娓娓谈往事，或竟日不休。尝曰："吾一生为人之道，得之吾叔；为学之道，得之吾舅。"追怀畴昔，欷歔若不自胜。其时，先生年已七十矣。生平喜为诗，心有所触，一一托之吟咏。当其下笔，直抒胸臆，无所缘饰雕缋。及其既成，精光锐气，似经千锤百炼而出。盖性情真挚，蕴蓄宏厚，非肖声袭貌者可伪为也。晚岁家居，感怆身世，慨念时艰，居常悒悒，日唯以诗自遣。顾不自珍惜，往往随手散佚；其家人又不知收弆，以故存者绝鲜。辛壬之交，书时在左右，每一脱稿，或口述旧作，辄笔录存之。癸卯，书偕计北上。次年，先生入鄂，其间暌离者经年。自后书执教鞭，日鲜暇晷，晤对渐稀。又未几，而先生逝矣。数年抄集，仅得诗百余首。贵州文献征辑馆搜求先生著述，久无所得，远道寓书，就询于余。余喜先生之诗得以传世，不至终秘也，为录副本应之。综先生生平之作，今兹所存，百不逮一。然吉光片羽，藉以窥先生襟袍，使后生小子知所取法，岂不与夏卣商彝同其宝重耶！

民国第一丁丑春二月，时侨寓昆明。

附录二

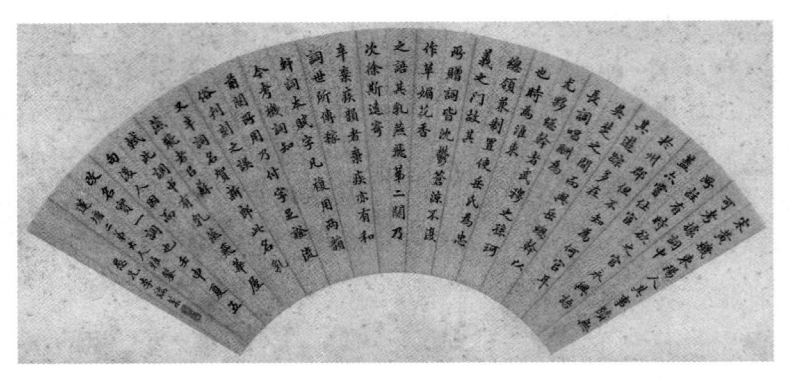

楷书扇面《四库全书总目·竹斋诗余》

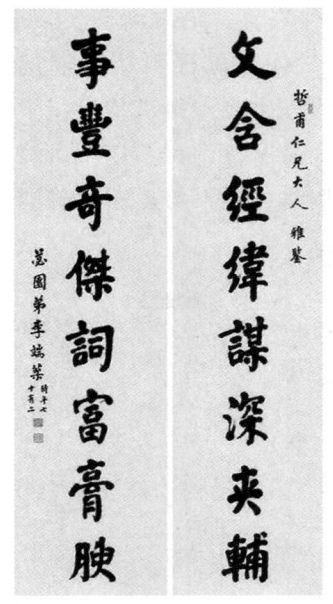

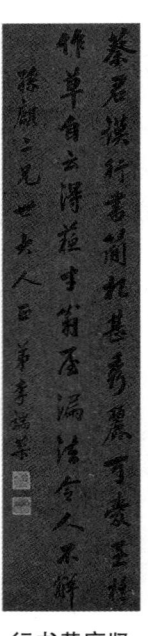

楷书《文含　事丰》联　　行书黄庭坚《山谷题跋》　　隶书《礼疏　学浅》联

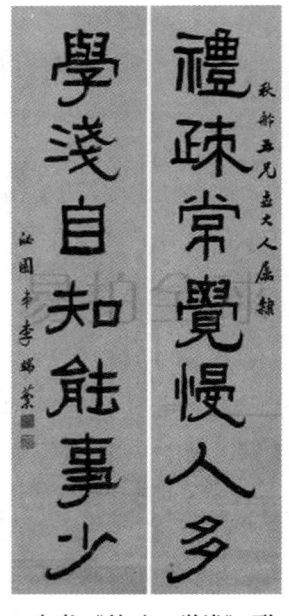

行楷《无欲　有福》联　　　　行书临《怀仁集王羲之圣教序》

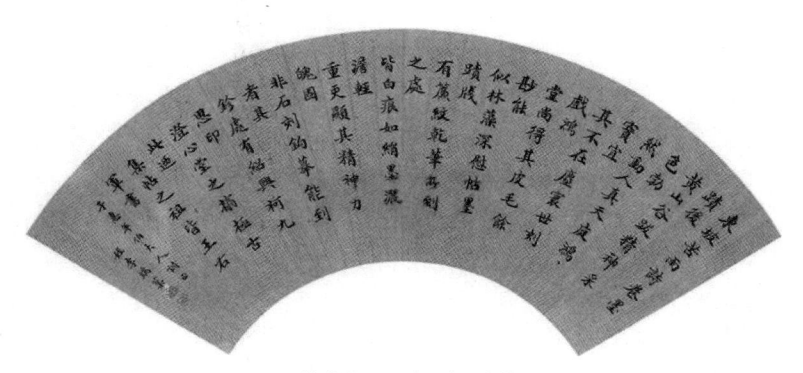

楷书阮元《石渠随笔》

黔域文化赋

《贵州赋》序[1]

张新民[2]

贵州文教之开,已历二千余年。两汉经营西南夷,即有舍人、盛览、尹珍诸大儒相继崛起。自明迄清,文章学问之盛,虽在中原硕儒,亦可颉颃比肩。其风流所被,誉周四海,于今为烈,彬彬可观。盖造化含奇,钟灵毓秀,地气转移,时变屡迁,郁积勃发,文献岂不兴耶?而气候之宜人,山川之雄伟,物产之丰饶,民风之醇美,族群之和谐,信仰之神奇,文化之多元,则又人所共知,不遑详述也。

友人刘君长焕,黔之金沙人也。少好学若性,潜心典坟,笃志圣贤;长求道四方,遍游寰宇,广交名贤;近复卜居京师,讲学解经,授业释惑。而诗虽余事,偶或歌咏,则语惊四座,咸叹为奇才。盖得家乡雄奇山水之助,故赋文赡富工丽,宛然有乾坤浑灏之气,遂能发诸心而见乎辞,当下令人感奋兴发,久久流连其中而不知返也。

前日,长焕君从京师转来其《贵州赋》,嘱余撰序。余盥手焚香奉读,乃不禁赞叹曰:古今歌咏山川风物人文,撰述可谓夥矣,然或局限于胸襟器识,或受制于篇章规模,欲求其总揽名胜古迹之全,具见人物典籍之盛,则戛戛乎其难!独有是赋,其叙沿革也,则通古今,溯源流;其言地理也,则明四至,理分合;其述山川也,则赞名胜,颂古迹;其载物产也,则掇珍异,拾奇特;其论人物也,则绍贤达,表逸民;其宣民风也,则张和融,树特立;其辨文物也,则综妙绝,证悠久。凡足迹之所游涉,耳目之所闻见,载籍之所著录,风土之所流传,林林总总,形形色色,无不备于斯编,何其盛耳!至于作者之情挚品

---

[1] 原载《贵州赋》卷首(贵州人民出版社2010年版,2015年10月三印单行本)。

[2] 作者简介:张新民(1950—),先世武进,祖籍滁州,现为贵州大学中国文化书院荣誉院长、教授。兼职贵州儒学会会长、国际儒学联合会理事、中华儒学会副会长。著有《阳明精粹·哲思探微》《存在与体悟》《贵州地方志考稿》《贵州:学术思想世界重访》《中华典籍与学术文化》等,主编《天柱文书》,整理古籍近10种。

端，才赡学博，其言之文质相宜，典丽得当，则稍览斯赋即可知之，固不必赘述矣。读者手此一册，则可卧游黔中山水，饱览名胜古迹，结交高人奇士，观赏霓裳傩面，静听笙歌箫笛，品尝小吃土产。而以之为导游图，则上下古今，城邑乡野，名物风景，如指诸掌。人皆纵情黔中山水而不倦，衣冠礼乐则弥久而弥传矣。

《诗·定之方中传》有云："建邦能命，龟田能施命，作器能铭，使能造命，升高能赋，师旅能誓，山川能说，丧纪能诔，祭祀能语，君子能此九者，可谓有德音，可以为大夫。"则德音九能，赋居其一。君子登高，睹物兴情，旨远辞文，岂能不赋乎？摛华掞藻，不失温柔敦厚微义，览胜探奇，顿生江山多娇意气，缘情作制，何可不歌欤？昔贤赋《三都》《两京》，人人争读，一时纸贵洛阳，千古传诵。今快阅长焕君之《贵州赋》，比况前贤，愈信其能传诸久远，与山水交相辉映。遂不揣固陋，乐为喤引云。

乙未年菊月止叟谨识于筑垣依庸山水心溪梦馆之晴山书屋

孔子二五六六年岁次乙未九月

耶稣 2015 年 9 月

贵州赋[①]

刘长焕[②]

寰宇茫茫，古国悠悠。神秘夜郎，远镇南陬。奇山异水，天下寡俦，四方所重，冠名贵州。星分井鬼[③]，地接湘粤[④]。负阴抱阳，四时胜绝。含泽布气，枢纽通衢。岚逸空岫，诡谲迷离。林壑朴茂，秀蕴天机。

黔中山脉，自昆仑绵延而发派[⑤]，走乌蒙磅礴以龙骧。乘大势崔嵬以东来，蓄王气逶迤而贞祥。娄山青蟒巨门，启巴蜀于赤水；苗岭白虎大帐，控滇桂于盘江。乌江跳脱，玉带环抱；红水曲迭，紧锁贪狼。梵净插云天，彤管耸翠；横断映碧霞，永宝金箱。三万明堂瑰丽，八千峦头跌宕。南北江河，各归渊海[⑥]；东西崧岑，共蔚紫光。

至若草海旖旎，舞鹤翱翔；红枫缤纷，游鳞惝恍。丹霞彩幻，遗女娲之炼石；红岩天书，传武侯之南征。龙宫乃哪吒闹海之所，天台非刘阮迷失之居。奇峰双乳，嫦娥沐浴以坦饰；杜鹃百里，仙女繻襹而忘收。黄果树横空跌断，银河倾泻；织金洞神工鬼斧，地宫别造。舞阳澄明，陶令有未到之憾；峰林罗列，霞客称天下之奇。雷公山有不涸之井，仙人洞藏玄冥之幽。九龙洞、九洞天，东西遥感；八仙洞、八舟河，南北相闻。十里招堤，十丈飞瀑；荷花映日，雪浪拍天。万泉千湖，遐迩闻名。

灞陵桥烟雨空蒙，狂飙溅落；陡坡塘霜乳浮石，翡翠盈虚。滴水鸣

[①] 该赋原载《贵州商报》2008年11月24日，后多次由贵州人民出版社出版单行本。
[②] 作者简介：刘长焕（1971— ），贵州省金沙县人，字燊然，斋号梦莲居，北京开明书院创建者，山长。中国九三学社社员，著名学者、辞赋家、诗人、诗词理论家。中国当代大悟儒门心法之实证传习者。
[③] 《汉书·地理志》：秦地，于天官东井、舆鬼之分野也。又西南有牂柯、越巂、益州皆宜属焉。
[④] 《幼学》云："东粤西粤，乃广东广西之域。"此指广西。
[⑤] 《三才图会》：天下山脉祖于昆仑，"成三龙入中国"之势。云、贵、桂、粤、浙、闽诸省乃为南干。
[⑥] 乌江、清水江、赤水等入长江。盘江、都柳江、红水河入珠江。苗岭为其分水。

潭，篁竹蔓野，别胜柳州之记；坠珠碎玉，碧练落天，独迈谪仙之诗。息烽、石阡、乌当、剑河，享凝脂水滑之润；夜郎、万峰、杜鹃、鸳鸯，极湖泊漂筏之趣。马岭花江，惊世骇俗之险绝；金凤丹霞，幽邃难测之奇观。荔波漳江，空山灵雨。森林葱郁水上，嘉卉绿透天心。

　　于是钟灵毓秀，荟萃人文。汉代三贤①，导夫先路；守仁心学，哲启后昆。赤松顿悟，禅林开启②。了尘怀德，布发慧根③。海通巨手，乐山劈造龙象④；子尹通儒，播州序写春秋⑤。藻才隽秀，开草昧而兴读书之台⑥；联芳并起，惊域外而入竹坨之选⑦。淮海易谈，江左流风；圣哲遗训，人物之冠⑧。文聪柔翰，天才瑰异，卓荦三绝，誉满江南⑨；君采浓情，天末才子，拔帜先登，仙椽巨造⑩。梦草池，天河潭，遗才隐秀⑪；康熙典，西湖句，气冲广寒⑫。川楼吟藏甲之句⑬，升庵撰履黔

---

① 三贤：指汉代儒学大师尹珍、辞赋家盛览、训诂家舍人。
② 赤松（1643—1706年），俗姓韩，法名道领，号赤松。浙江人，为中国禅宗临济第33代传人。在黔灵山创立"弘福寺"。
③ 了尘（1851—1914年），俗姓张，法名圆洲，号了尘。贵阳人，承临济正宗。
④ 四川乐山大佛，被列为世界文化遗产。始建于唐代开元元年（713年），开创者为贵州遵义人"海通法师"。
⑤ 被章士钊誉为"西南硕儒"的郑珍，字子尹，号柴翁。其所著《遵义府志》被梁启超誉为"天下第一"。
⑥ 《寓安文集》是贵州最早著录的传世文集，作者王训，为贵州"开草昧之功"的第一人，其在黔灵山建有"王训读书台"。
⑦ 《联芳类稿》为明代贵州宣慰司同知宋斌的两个儿子宋昂、宋昱兄弟的诗稿合集。清代朱彝尊选编《明诗综》将二人诗作选入并给以很高评价。
⑧ 孙应鳌（1527—1586年），字山甫，号淮海，贵州凯里人。为王阳明再传弟子，著《淮海易谈》，官至工部尚书，曾掌"国子监"，有《学孔精舍诗稿》传世。
⑨ 杨文聪（1596—1646年），字龙友，号山子。明末画家，抗清官员。原籍贵州贵阳，流寓金陵。万历四十七年举人，官至兵部郎中。画与董其昌、王时敏等齐名，合称"金陵九子"，诗歌被列为"崇祯八大家"。以"诗书画三绝"名噪江南。
⑩ 谢三秀（1550—1624年），字君采，贵阳人。被誉为"拔帜先登"的"天末才子"。著有《雪鸿堂诗集》。朱彝尊《静志居诗话》称为"黔人之轶伦超群者"，且评其诗作"隽永冲融、驰骋中原"。
⑪ 吴中蕃（1618—1695年），贵阳人。其在贵阳城中建有梦草池，花溪天河潭（今为国家级风景区）则为其隐居之所。孔尚任《官梅堂诗集序》认为"黔中无人"。后来见到吴中蕃《敝帚集》之后，深感抱愧于贵州。以吴氏之人品、气节、才情、风范虽中原"名硕夙老"未必能过。
⑫ 周起渭（1665—1714年），字渔璜，号桐野。为康熙朝两大著名诗人之一，官至翰林院侍读。《康熙字典》编纂官。以《西湖》诗震动江南。有"若把西湖比明月，湖心亭是广寒宫"之句。
⑬ 吴国伦（1524—1593年），江西人，字明卿，号川楼子。明代"后七子"之一，其在贵州学政任上，遍游各地，有《藏甲岩稿》。藏甲岩在贵阳城南，传孔明南征时藏兵甲之地。

之文①。《易笺》发轫平坝,经义服膺晓岚②。松山淹雅,默存生敬慕之心③;柴翁宏博,萼孙有仰止之气④。九驿开凿,奢香风范⑤;沙滩诗教,霞蔚云蒸。连史笔赞钟瑄,"周公"盛誉⑥;曾文正悼莫五,泪和酒樽⑦。一家泽润八英,科甲挺秀⑧;五代举贤翰林,禀赋超群⑨。诛杀太监,宫保手段⑩;放眼寰宇,酬唱黎星⑪。苾园请折而北大首倡⑫;平

---

① 杨慎(1488—1559年),字用修,号升庵,四川人。明代著名学者和诗人,有《罗甸曲》《关索庙》等记述贵州的诗歌。

② 陈法(1692—1766年),字世垂,一字圣泉,晚号定斋,贵州平坝人。清代知名学者和治水专家。著有《易笺》《明辨录》《醒心录》《敬和堂文集》《内心斋诗稿》《犹存集》《河干问答》等。还善书画,书法造诣尤高,有画作《玩易图》等。其《易笺》收入《四库全书》。总目提要说"易笺八卷,国朝陈法撰其书,以易为专明人事,其驳来知德错综之说,最为明晰,其论筮亦极有理解"。

③ 陈田(1849—1921年)字松山。其居官清要,潜心嗜古,辑成《明诗纪事》200卷,参与辑成《黔诗纪略后编》30卷,《略补》3卷,负责《黔诗纪略后编》各诗家的传证工作。范旭仑《容安馆品藻录》记载钱钟书对陈田"淹雅"十分敬慕。

④ 钱仲联(萼孙)评价清代贵州诗人郑珍有"清诗三百年,王气在夜郎"之句。

⑤ 奢香(1358—1396年),彝名舍兹,开通"龙场九驿",促进了云南、贵州、四川三省交通。明太祖朱元璋称道:"奢香归附,胜得十万雄兵!"

⑥ 周钟瑄(1671—1763年),字宣子,贵阳人。任台湾诸罗(今嘉定)县知县时建学馆,修城隍,搋陋规,并教民耕作,发给耕牛、农具、种子,辟阡陌,广田畴,开沟渠,筑塘堰,促进了农业发展,使老百姓得利。人民感其德,称所修塘堰为"周公堰",并建"周公祠",为他塑像。著《读史摘要》《劝惩录》《退云斋诗集》《诸罗县志》《生番归化记》《松亭诗集》等。连横主编《台湾通史》列有27位在台做官的贵州人。周钟瑄被盛赞为"周公",颇有先秦圣贤之誉。

⑦ 莫友芝(1811—1871年),字子偲,号邵亭,贵州独山人。清代著名版本目录学家、诗词家。与曾国藩过从,其去世后曾国藩撰挽联云:"京华一见便倾心,当年虎市桥头,书肆订交,早钦宿学;江表十年常聚首,今日莫愁湖上,酒樽和泪,来吊诗人。"

⑧ 贵州铜仁府陈灿兄弟八人皆中科甲,誉为"八英"。

⑨ 清代开州(开阳)何氏一门,五代共出七个翰林,传为佳话。

⑩ 丁宝桢(1820—1886年),字稚璜。贵州织金人。曾任山东巡抚、四川总督。以诛杀慈禧所宠太监安德海而名震全国。性格刚烈正直,为清代名臣。曾国藩赞叹为"豪杰士"。

⑪ 黎庶昌(1837—1898年),贵州著名外交家和散文家。曾出任英、德、法、西班牙四国参赞,驻日公使。著有《西洋杂志》,有《黎星使宴集合编》。

⑫ 李端棻(1833—1907年),贵州贵阳人,官至礼部尚书。为戊戌变法的重要人物。曾向朝廷保举严修、唐才常、熊希龄、夏曾佑等人。变法中又密保康有为、梁启超、谭嗣同等。1896年上《请推广学校折》,首倡京师大学堂(北京大学前身),为近代民主先驱。

刚剪发而同盟先行①。恩铭若飞，树举大纛②；达文逸群，头角峥嵘③。六逸文章，思沉翰藻；④素圆笔政，力主新生⑤。文襄广雅，养于黔灵⑥，茫父画笺，领异标新⑦。许肇南渡重洋，工程科学之端绪⑧；张永立创函数，宇宙锥体以奠基⑨。其毅化学，领世界之先⑩；元勋方程，

---

① 平刚（1878—1951年），字少璜，贵阳人。为贵州反对清政府的第一个剪掉辫子的人，孙中山在日本成立同盟会，平刚即刻加入并一直投身革命。
② 邓恩铭（1901—1931年），字仲尧，水族。贵州荔波人。中共一大代表，山东中共党组织的创始人。王若飞（1896—1946年），贵州安顺人。是中国共产党早期杰出的无产阶级革命家。
③ 周达文（1903—1938年），贵州镇远人，中国共产党早期理论家、翻译家，与邓小平为联襟。周逸群（1896—1931年），贵州铜仁人，早年留学日本，1924年入党，曾入黄埔军校。1927年与贺龙率第20军参加南昌起义，1930年任中国工农红军第六军政委，1931年在岳阳战斗中牺牲。
④ 谢六逸（1898—1945年），字六逸，号光燊。中国现代新闻教育事业的奠基者之一。著名作家、翻译家、教授。1917年以官费生赴日就读于早稻田大学。1922年毕业归国，入商务印书馆工作。后历任神州女校教务主任及暨南、复旦、大夏等大学教授。1930年任复旦大学中文系主任，又创设后来闻名于海内的新闻系，任主任。并提出新闻记者须具备"史德、史才、史识"三条件。此举为全国大学设新闻系之开始。
⑤ 周素园（1879—1958年），别字树元，澍元，贵州毕节人，1907年在贵州创办第一份日报《黔报》，宣传民主思想、爱国主义。参与领导贵州辛亥革命。1936年2月红军二、六军团到达毕节，组织贵州抗日救国军，以57岁高龄毅然随红军二、六军团长征。有《周素园文存》等。
⑥ 张之洞（1837—1909年），清朝洋务派代表人物之一，字孝达，生于贵阳六洞桥。少年在贵州度过。1909年病卒，谥文襄。有《张文襄公全集》。
⑦ 姚华（1876—1930年），字重光，号茫父，贵阳人。是清末以后贵州士林的佼佼者。于诗文词曲、碑版古器及考据音韵等，无不精通。书、画则山水、花卉、篆、隶、真、行，亦有高深造诣。有《弗堂类稿》。梁启超、鲁迅、郭沫若、郑振铎、陈师曾、陈叔通、郑天挺、马叙伦、梅兰芳等对姚华多有高度评价。
⑧ 许肇南（1886—1960年），名先甲、号石楠，贵阳人。1906年赴日本留学，1908年转赴美国入伊利诺伊大学，为贵州省第一位赴美留学生。1910年回国后，考取第二届清华大学公费生，再次赴美国，入威斯康星大学专攻电机工程，获理学及电气工程学位。在美留学期间，被举为中国留美学生会会长，并在康奈尔大学与他人共同发起成立中国科学社及中国工程师学会。后创办河海大学。著有《家学古荻编》《客敦》《古籀统系论》《继志述事》《札探古董》等。
⑨ 张永立（1912—1972年），贵阳人，1935年留学比利时。以《宇宙线和乙烯分子的振动》获博士学位。是世界宇宙锥体理论的奠基人，在分子振动理论中有一个函数被命名为"张永立函数"。
⑩ 邢其毅（1911—2002年），贵阳人。毕业于北京辅仁大学。先后获美国伊利诺伊州立大学哲学博士，德国慕尼黑大学化学博士。在研究"普林斯反应"基础上完成氯霉素合成。与人合作研究"人工合成牛胰岛素结晶"，在世界处于领先地位。1982年获中国自然科学一等奖。

破相对之理①。拳击摘金牌于盛世，歌喉传原态与八荒。古今人事，绵绵不尽。辉耀八表，煌煌殊勋。

于是乾造阳刚，坤载阴柔，潜滋暗长，悄然化育。植被纷披，万类繁衍。油杉直而云霄，桫椤古而伞盖，长雉结伴幽栖，猕猴成群游憩。灵猫玩乐，乱以荆棘，大鲵慵懒，睡以沟浍。

五方杂处，文化和融。苗寨居山野，结猓猿之好；布依处水岸，侣鱼虾之盟。水家万代文字，侗族天籁和声。银饰叮当，伴鸣鸾之响；歌舞缠绵，吹引凤之笙。霓裳七彩，紫皇惊羡；蜡染摘纹，通变天人。刻木示信，存婚俗之古风②；马尾巧绣，见浮雕之含情。龙舟牯藏，祭树杀鱼，迎雷招龙，姊妹吃新，谓苗家节日之繁盛；浪哨情歌，铜鼓乐调，八音坐唱，三旦七生，是布依风俗之天成。蝌蚪爨文，经沧桑而不阙；木楼飞檐，历风雨而弥新。鸟语蝉鸣，流水琵琶，行歌坐月，徜徉襟怀③；猴人变戏，火把逐邪，酒对篝火，风颂比兴④。

文物古迹，玄机暗示。观音、大洞，考石器早晚之别⑤；可乐、宁谷，论文化远近之分⑥。玛瑙玉骨，誉美战国；镂空铜豆，汉代匠心。干栏架构，南方独有，水稻陶模，千载农耕。抚琴佣，弦命高山；画像

---

① 秦元勋（1923—2008），贵阳人。毕业于浙江大学数学系。获哈佛大学文学硕士、哲学博士。回国后担任中科院应用数学研究所、中国核工业部等领导职务。著有《核装置分析》。为"两弹元勋"。长期研究爱因斯坦相对论，提出"时空质三合一而以质量为主"的理论，被世界认为是对相对论的继承、发展和突破。

② 清乾隆《镇远府志》载，苗族俗无文字，交谊用竹木刻数寸，名为"刻木"。婚嫁则"姑之女定为舅媳。倘无子，必重献于舅，谓之外甥钱，否则终身不得嫁或招少年往来"。《贵州志略》亦有苗族"刻木示信，犹存古风"的记载。

③ 《蝉之歌》《琵琶歌》《行歌坐月》等，是侗族大歌中最动情的内容。

④ 彝族撮泰吉，为彝族古老的戏剧，叙述着人类的起始故事。彝族有火把节，叙述爱情的忠贞，驱逐邪魔，增加团结。得先秦风颂比兴之要义。

⑤ 白寿彝总编《中国通史》说："在我国南方，属于更新世中期的遗址，首推贵州黔西观音洞"。1964年，中国著名考古学家裴文中先生在黔西观音洞开始发掘，在前后九年中，共掘出土3000多件石制品和23种动物化石。测定为距今24万—18万年的旧石器早期人类活动遗址，史称"观音洞文化"。贵州盘县大洞遗址的发现被列为1993年"中国十大考古新发现"之首，是继观音洞之后，规模巨大，文化内涵丰富的旧石器时代中期遗址。在中国"独一无二"。

⑥ 赫章可乐乡为全国重点文物保护单位。发掘出大量的古墓葬，年代从战国至西汉，部分为汉墓，部分为"南夷墓"，且有目前尚无先例的"套头葬"法，出土大量铜器、铁器，被认为是夜郎时期的文物。安顺宁谷镇，2006年公布为全国重点文物保护单位。墓葬年代为西汉至东汉末年。出土大量货币、陶器、瓷器、铜器、铁器、金银器、玉器等。

砖，乐奏韶音。鎏金铜鍪，千年溢彩；夔纹玉璜，万代藏灵。九凤金冠，状明代显贵之奢；三足铜奁，谓炎汉梳妆之盛。棺悬崖穴，秘玄海内；敖氏刻石，艺飘九土①。文庙古佛遍布山川，道观天主落户黔省。立派开宗，相竞南北。水乳交融，殊于方外。屯堡着明朝之衣冠②，镇远融三教于当世③。遵义红星，千秋成败；危局扭转，亿兆同晖。岜沙遗枪手之部落，隆里兴儒道于边隅。飞云崖，石门坎，述文化往来；文昌阁，海龙屯，存建筑精髓。

玉屏箫笛，清音舞伴瑶池；茅台佳酿，玉液醉倒仙人。从江奇豕，荣珍国宴④；下司猎犬，封氏高辛⑤。桐梓笋芽，清心可口；瓮安娄菜，韵味幽深；正安木瓜，男女投报之嘉信⑥。都匀毛尖，琴书冲和之极品。紫袍玉带，文房之宝；罗甸水晶，京畿所贵。花瓶漆器，妍于大唐三彩，傩神面具，异于京剧谱纹。小吃琳琅，不可计数。豆花肠旺，嘴馋宇内⑦；羊肉锅巴，魂断离人⑧。民族风物，特立迥异；黔中锦绣，尽显斑斓。

峰际连天，飞鸟不通⑨，谓黔道之往古；高速纵横，川流不息，绘康庄于今世。卅载鼎革，万道铸凿。三线建设以纬地，航天谋筹而经天。伟业肇基博物，大器启蒙涵泳。庠序隆昌，蔚为大国；讯息频繁，天涯咫尺。能源富庶，惠及华夏。水火互济，暖送东南。试验乃勤政别

---

① 敖氏刻石，又名敖家坟。位于贵州金沙县石场境内，为晚清以来国内罕见的技艺精妙而保存完好的大型墓葬石刻群。

② 安顺屯堡，为明代军事遗存，村落井然。妇女衣着一律保留600年前的古典方式，也体现出明代南京一代的服饰特点，为世界服饰流行的最典型状态。有服饰文化的"活化石"之称。

③ 镇远乃黔东重镇，城市历史两千多年，名人题咏颇多，而至今保存儒释道三教于一个栋宇，非寺非观非庙，亦寺亦观亦庙。为宗教文化融合不悖的又一典型。

④ 贵州从江香猪为国家保护的特异品种，鲜嫩而营养丰富。

⑤ 麻江下司猎犬，为世界名犬。猛而有英姿。《玄中记》曰："狗封氏者，高辛氏有美女未嫁，犬戎为乱，帝曰：'有讨之者，妻以美女，封三百户。'帝之狗曰盘护，三月而杀犬戎之首来。帝以为不可训民，乃妻以女。流之会稽东南二万一千里，得海中土，方三千里而封之。生男为狗，生女为美女。"此借之赞其俊美。

⑥ 正安野生木瓜，味鲜涩，独具保健功能。《诗经·卫风·木瓜》有"投我以木瓜，报之以琼琚"之句。

⑦ 遵义小吃豆花面，贵阳小吃肠旺面，为黔中"二面"也。

⑧ 金沙羊肉粉，瓮安绿豆锅巴粉，为黔中之"二粉"，也可堪小吃之代表。

⑨ 王阳明初到贵州修文，有"峰际连天兮，飞鸟不通"的吟唱。

开,循环创发展新面①。恪守绿色天基,臻化人文至理。体制务去微壑,良策须存大道;构嘉善而同光,图南天以高骞②。风骨傲于九域,山川分与天下。

美哉贵州!屹大山之脊梁,开生态之文化。

壮哉贵州!舞多彩于世界,兴伟业于中华。

---

① 自1988年以来,贵州毕节以生态建设、人口控制、开发扶贫为核心的开发试验,创建生态经济发展新模式。

② 《庄子·逍遥游》有云"而后乃今将图南"。

都匀赋

葛明义[①]

彩云之都，水韵之城[②]。雄立西南，俯瞰神州[③]。揽苗岭于膝下，抚斗篷于怀中[④]。蛟龙腾细浪，云横城西，引为龙山；五溪汇邦水，飚擎龙渊，故名剑江[⑤]。云城本彩云之中，因之以为雅号；桥城在百桥之间，故而又有嘉名。春秋属牂牁，秦汉归夜郎。元置都云司，明建都匀府。尝名毋敛，亦曰宾化。西南通衢，黔南首府。舟楫曾游汉口，动车飞驰南北。波撼洞庭水，浪拍珠江岸。襟滇黔而带三湘，控川渝而牵陕甘，衔八桂而越重洋。起于千仞，尽显高贵神韵；吐纳百川，始成五彩气象[⑥]。

若夫山川之流峙，天地之宠骄。一江碧水绕城，清波潋滟；千山环翠抱郭，峰岚耸峻。佳壤耀灵气，神工铸精魂。东山郡倚，登而府城尽收眼底；龙山高峙，临之天下皆入怀中[⑦]。金钟山芳樽连天际，嘉南园

---

① 葛明义，现为贵州省作家协会主席团成员，黔南州作家协会主席，中国辞赋学会贵州分会副会长，黔南州诗词楹联学会顾问，黔南州民间文艺家协会顾问。

② 彩云之都，水韵之城：都匀原名都云，即彩云之都的意思，是水孕育出来的城市。都匀市是贵州省较早建立的府城之一，现为黔南布依族苗族自治州的首府。

③ 雄立西南，俯瞰神州：意出莫友芝《登都匀城东山》诗句："孝陵（指朱元璋）点笔成雄郡，忠介（指邹元标）投荒起达材。"

④ 揽苗岭于膝下，抚斗篷于怀中：苗岭由东南向西北延伸，其中段横卧都匀市境，斗篷山位于苗岭中段，海拔1960米，是贵州中部最高的山峰。为国家风景名胜区。

⑤ 细浪：指群山如浪。邦水：在都匀城西，由五条溪流汇集而成，像剑一样切开龙山奔涌而出，在钓鱼台汇入大河，这是剑江之名的来历。龙渊：全名七星龙渊，春秋战国时代之传世名剑，龙渊剑出自春秋战国时代四大铸剑师之一的欧冶子之手。这是欧冶子冶铸的第一把铁剑，开创了中国冷兵器之先河。

⑥ 起于千仞，尽显高贵神韵；吐纳百川，始成五彩气象：上句喻有高贵之气和高原贵州之神韵，下句应和彩云之都的意蕴。

⑦ 东山郡倚，登而府城尽收眼底；龙山高峙，临之天下皆入怀中：东山在城东面，是都匀府城的靠山，龙山在城西面，是都匀府城的屏山。

香茗播天下①。归兰峡谷，菩提福佑斯地；凤啭漂流，波起浪遏飞舟②。鸥鹭翔集，锦鳞戏滩。水在城中，清澈润泽斯阜；城在水畔，美轮灿然是邦③。观东山晓日、西峰缕云、梦遇观澜、雁塔涵潭，皆赴今日之约；想北岭七星、南楼夜月、鱼石朝宗、灵岩雨花，俱演往日春秋④。曾记否？江霞映火，酒旗飘风，渔舟唱晚，百舸争流⑤。时可尝感慨，以为江南；亮吉则惊诧，叹若水乡⑥。

至若人文之渊薮，礼仪之旧邦⑦。谒思鹤南书院，仰止先贤遗风⑧。亲炙相如，牂牁赋帝盛览；师从许慎，黔境文宗尹珍⑨。鹤楼成匀，继

---

① 金钟山芳槚连天际，嘉南园香茗播天下：金钟山指螺蛳壳，槚为茶的别称；嘉南园指都匀中国茶文化博览园，园内有"嘉南坊"为其门。

② 归兰峡谷，菩提福佑斯地；凤啭漂流，波起浪遏飞舟：阳和乡大峡谷，其山似菩萨头像，其山下为福庄村。凤啭河在墨冲镇，适宜漂流运动。

③ 水在城中，清澈润泽斯阜；城在水畔，美轮灿然是邦：指剑江穿城而过。美轮灿然指房屋建筑的高大、众多与宏丽。

④ 观东山晓日、西峰缕云、梦遇观澜、雁塔涵潭，皆赴今日之约；想北岭七星、南楼夜月、鱼石朝宗、灵岩雨花，俱演往日春秋：指都匀八景，前四景还能看到，后四景只能在梦里相约。

⑤ 江霞映火，酒旗飘风，渔舟唱晚，百舸争流：都匀曾是清水江源头重要的水码头，昔时商船云集，酒家林立，渔业资源丰富，好一幅繁盛的府城景致。

⑥ 时可尝感慨，以为江南；亮吉则惊诧，叹若水乡：时可：指冯时可，字元成，号文所，约生于明嘉靖二十年，约卒于天启初年。松江华亭人，隆庆五年进士，其父亲是明末著名的"四铁御史"冯恩，人称铁口、铁膝、铁胆、铁骨的"四铁"御史。冯时可先后任过广东按察司佥事、云南布政司参议、湖广布政司参政、贵州布政司参政。他一生淡泊名利，著述甚富，文学造诣颇高，与邢侗、王稚登、李维桢、董其昌被誉为晚明文学"中兴五子"。在都匀期间有《都匀道中口号赠夏逸人》茶一诗谈到都匀的茶事活动："客路悠悠绕夜郎，驱驰渐入瘴烟乡。都蛮落日恐行旅，野老烹茶迎道旁。策杖无言机事少，停车有客赠长歌。四邻给炭熙熙乐，似半耕桑乐岁穰。"其著有《茶录》一书，是明代重要茶人之一。亮吉：指洪亮吉（1746—1809年），阳湖（今江苏常州）人。清代经学家、文学家。初名莲，又名礼吉，字君直，一字稚存，号北江，晚号更生居士。乾隆五十五年科举榜眼，授编修，充国史馆编纂官。后督贵州学政。嘉庆元年回京供职，嘉庆四年以越职言事获罪，充军伊犁，嘉庆五年赦还，从此家居撰述至终。文工骈体，学术长于舆地。洪亮吉论人口增长过速之害，实为近代人口学说之先驱。

⑦ 人文之渊薮，礼仪之旧邦：指人才济济、历史文化悠久的地方。

⑧ 谒思鹤南书院：指都匀士人为纪念张翀、邹元标而建的鹤楼书院和南皋书院。

⑨ 亲炙：指得到某人亲自教授；相如：指司马相如；盛览：牂牁郡人（今都匀），西汉辞赋家，贵州汉代三贤之一，与司马相如亦师友；许慎：汉代五经文字大家，《说文解字》的著者，尹珍的老师；尹珍：毋敛县人（今都匀），贵州教育先驱，贵州汉代三贤之一。

斯壤之文风；南皋谪居，畅东林之清流①。山甫黔人冠冕；恭寿贵大鼻祖②。三十九进士，聚文脉之炯曜；一状元骤起，称西南之翘楚③。骚客唱和，袁枚久慕启秀；名士风流，国藩早钦宿学④。贵山书声，传子俊之勋绩；广州法政，扬同龢之功业⑤。编四库，尧华时称巨手；撰通志，尚象当誉史伯⑥。更若遵义府志两部，俱是都匀二儒佳构⑦。沈家客栈，霞客记游千言；抗战憩居，悲鸿跃马腾骧⑧。南洲礼隆，化成风

---

① 鹤楼：指张翀，号鹤楼，明代柳州八贤之一，因弹劾严嵩被贬都匀九年；南皋：指邹元标，明代东林党首之一，因弹劾张居正被贬都匀六年。在都匀期间他们再次开启了都匀的崇文重教之风。

② 山甫：孙应鳌（1527—1586年），字山甫，号淮海，谥文恭。贵州清平卫（今凯里）人。官至工部尚书，国子监祭酒，明朝的名臣大儒，为明代四大理学家之一；恭寿：周恭寿（1876—1950年），字铭久，都匀府麻哈州人，举人，曾留学日本，历任贵州教育厅长和贵州大学首届校长，是省内外知名的教育家。

③ 一状元：指光绪戊戌状元夏同龢，都匀府麻哈州人。是西南地区的两个文状元之一。

④ 袁枚久慕启秀：袁枚（1716—1798年），字子才，号简斋，晚年自号仓山居士、随园主人、随园老人，清代诗人、散文家、文学评论家，钱塘（今浙江杭州）人。乾隆四年进士。为"清代骈文八大家"，文笔又与大学士纪昀齐名，时称"南袁北纪"。启秀：字怀芳，贵州都匀人。清朝乾隆二十四年（1759年）举人，二十八年（1763年）进士。历任河北灵寿、新乐、玉田知县。擅长诗词，著有《养园诗抄》二卷，为黔诗之优秀作品。曾至南京随园，与著名诗人袁枚唱和。有《过随园看杏花》《随园梅下观灯》《留别随园主人》等诗，载袁枚《续同人集》中。国藩早钦宿学：国藩：指曾国藩。宿学：指莫友芝（1811—1871年）字子偲，自号邵亭，又号紫泉、眲叟，贵州独山人。晚清金石学家、目录版本学家、书法家，宋诗派重要成员。家世传业，通文字训诂之学，与遵义郑珍并称"西南巨儒"。语出曾国藩亲笔书写的一副挽联：京华一见便倾心，当年虎市桥头，书肆订交，早钦宿学；江表十年常聚首，今日莫愁湖上，酒樽和泪，来吊诗魂。

⑤ 子俊：指陶廷杰，字子俊，清代都匀人，先后出任甘肃布政使、陕西巡抚等职。退休后曾主讲贵阳的贵山书院，培养贵州学子。其赠银2000两，重修都匀文峰塔，希望家乡人才辈出。广州法政，扬同龢之功业：指广州中山大学的前身法政学堂，夏同龢曾任广州法政学堂首任校长。

⑥ 四库：指《四库全书》。尧华：指陈尧华，都匀人，清乾隆进士、翰林院检讨，参与《四库全书》的编纂；通志：指万历《贵州通志》。尚象：指陈尚象，都匀人，作谏官时，知无不言，言无不尽，直声震朝野。因与礼科给事中李献可等先后两次上疏言建皇储事触怒了万历皇帝，陈尚象第一次被罚俸半年，第二次被廷杖，并被削职为民斥归。这是中国历史上轰动一时的帝一怒而长废谏官十三人的事件。陈被废回到都匀后，参与《贵州通志》的主纂工作。史伯：西周末期人。思想家。掌管起草文告、策命诸侯、记录史事、编写史书，兼管国家典籍、天文历法等，为朝廷重臣。

⑦ 更若遵义府志两部，俱是都匀二儒佳构：指莫友芝编纂《遵义府志》和周恭寿修纂《续遵义府志》。

⑧ 沈家客栈，霞客记游千言；抗战憩居，悲鸿跃马腾骧：徐霞客，名弘祖，其游历途经都匀入住沈家客栈并在此写下了游历都匀的文章。抗战期间，徐悲鸿曾在此居住并为都匀人士画马百张。

雅；文峰挺秀，振起人文①。

　　尔乃英雄之辈起，豪杰之挺生。庄蹻假此而王滇池，纪昀权尔以培郡风②。谢恕保境而匡大义，怀昌率部以归大统③。扶纲葬主而存忠恕，邬涂成仁以为烈慜④。德龙毁家纾难，超群痛击法寇⑤。效荆轲先培刺袁，荡顽寇其勋讨逆⑥。誓抗日将军练兵于斯，斩倭寇八千勇士赴缅⑦。南下西进，尽逞豪雄⑧。三线建设，聚国中俊彦，砺长剑以临八荒；改

---

　　① 南洲礼隆，化成风雅；文峰挺秀，振起人文：指南沙洲、文峰塔。

　　② 庄蹻：（？—前256年），一作庄豪、庄𫷷，战国时期楚国将军，楚庄王之苗裔。他生平中有两件大事，一是反楚起事，二是入滇，为第一代滇王。纪昀：（1724—1805年），字晓岚，一字春帆，晚号石云，道号观弈道人，直隶献县（今河北沧州市）人。清代政治家、文学家，乾隆年间官员。历官左都御史、兵部尚书、礼部尚书、协办大学士加太子太保、《四库全书》总纂修官。乾隆三十三年（1768年）授贵州都匀知府。乾隆帝认为纪昀学问优胜，到外省做官不能尽其所长，将其留在身边。同年四月，擢升为侍学士。

　　③ 谢恕：牂柯郡毋敛县（今都匀）人。西晋时牂柯郡太守。官至抚夷中郎将、宁州刺史。西晋末年，出现十六国割据的局面，李雄在成都建立割据政权后，派其弟李寿率军攻打东晋政权无暇顾及的西南地区，南方中部地区几乎都为李雄所有，只有谢恕为西晋保守郡郡，并将李寿打败，受到东晋王朝的信任和嘉奖。怀昌：指尹怀昌，五代后晋时都匀人，土著大酋长。后晋天福八年（943年），尹怀昌率其所属十二部归附于湖南的楚王马希范。

　　④ 扶纲葬主而存忠恕，邬涂成仁以为烈慜：明永历帝被吴三桂杀死在云南昆明，并挫骨扬灰。原永历朝大臣、都匀人扶纲派人到昆明在焚烧永历帝的地方，把泥土运回都匀并将他保留下来的衣物一同埋进坟墓，以供祭祀。另外，都匀人邬昌期、涂宏猷均为永历朝大臣，随永历帝逃亡缅甸，被吴三桂杀于缅甸。清乾隆皇帝感其忠贞赐节慜谥号。

　　⑤ 德龙毁家纾难，超群痛击法寇：德龙：陆德龙（？—1624年），字钟阳，明朝贵州都匀人。明神宗万历二十八年（1600年）举人。授新化知县，治术媲古儒吏。明熹宗天启二年（1622年），水西安邦彦反叛，围贵阳城。当时陆德龙刚辞官回到家乡。他倾其家资募兵千人，随新任贵州巡抚王三善解贵阳围。次年，又从三善渡陆广河、次黑石、渡渭河、抵大方，累有斩获。天启四年（1624年）春天，军粮食尽，还军至内庄兵败，王三善遇害，陆德龙等皆战死。朝廷赠陆德龙光禄少卿。超群：指黄超群，1835年生于都匀府麻哈州，1884年，法国侵略者入侵我国东南沿海时，黄超群任福建海防营务处统领，他率领士兵迎头痛击，大煞法军的气焰，鼓舞了中国爱国军民的士气，为中国军民最后战胜法国侵略者奠定了一定的基础。

　　⑥ 效荆轲先培刺袁：即都匀人张先培，其与贵定人黄芝萌均为革命党"北方共和会"成员，1912年1月与杨禹昌等人刺杀袁世凯未成功，被捕就义于北京。被誉为荆轲式的英雄。荡顽寇其勋讨逆：熊其勋（1882—1917年），贵州都匀人，生于广西那地土州，清末在那地招兵自卫，历任总督教练、管带等职。民国成立后，随唐继尧入黔，历任黔北防营管带、督带、统带、陆军第五团团长、护国军第七支队长、暂编第三混成旅旅长等职。1917年7月，在刘、戴成都之战中，突围时遭到川军埋伏被俘就义。同年7月，北京政府追赠陆军中将荣衔。

　　⑦ 誓抗日将军练兵于斯，斩倭寇八千勇士赴缅：抗战期间国民党将领孙立人曾率部驻扎都匀训练，后开赴缅甸前线对日作战。

　　⑧ 南下西进，尽逞雄豪：指人民解放军南下西进，解放大西南。

革开放，驰域内骄子，振英气而壮山河①。呜呼！东山埋忠骨，西山树雄碑，魂励后人；九溪归一水，八井出慧泉，渊育俊杰②。时空腾挪，思接古今。临风寄意，当歌雄杰。

　　夫其国中之妙境，宇内之琼林。誉称旅游胜地，实乃养生天堂。城雅何须大，地丽不在广。西园玲珑，喀斯特之神工；岩上林茂，树盘石之妙笔③。鸣禽与嬉兽齐欢，休闲共养性咸宜④。桥呼百子文峰月亮，纳凉品茗漫步，闲逸悠然；梁曰彩虹西山云宫，渡古通今启后，继往开来⑤。天然氧仓，气候无双。地无闲草、山多灵药。临溪钓趣，桨楫舟欢。十里泳场，纳甘泉为碧波；万人浴汤，畅清流而荡漾⑥。至若清明时节，茶歌悠扬，雪芽芬芳。斗茶盛会，茶技比高。倾城皆是茶客，斯壤尽飞茗香。况乃曲径烟深，道接杏花酒舍；澄江日落，门通杨柳渔家。鱼包韭菜特有，酸汤扣肉撩人⑦。匀酒绵长，千里留香⑧。

　　若其民族之奥区，和谐之家邦。歌舞煌煌，百节雍雍。文化多元，风情多姿。九龙寺琴挑梵净之音，奎星阁钟发大吕之鸣⑨。耶稣堂歌两约全书，清真寺诵古兰真经⑩。杉湖聚秀，三江景明，石街丽影，格多

---

　　① 三线建设，聚国中俊彦，砺长剑以临八荒；改革开放，驰域内骄子，振英气而壮山河：指都匀曾是三线建设的重要基地之一，当时是好人好马上三线，聚集了大批人才。改革开放后从都匀又走出了大批人才支援国家建设，如低空雷达之父王小谟、华为集团总裁任正非等。

　　② 东山埋忠骨，西山树雄碑，魂励后人；九溪汇一水，八井出慧泉，渊育俊杰：即东山烈士陵园，西山公园解放黔南人民英雄纪念碑。市内由九条河流汇聚剑江穿城而过，故有九溪归一之说，城内外有八口大井供市民饮用。

　　③ 西园玲珑，喀斯特之神工；岩上林茂，树盘石之妙笔：西山公园喀斯特山体怪石林立，其上森林茂密。

　　④ 鸣禽与嬉兽齐欢，休闲共养性咸宜：动物园中各类动物嬉戏其中，公园虽小休闲养性正好。

　　⑤ 桥呼百子文峰月亮：指百子桥、文峰桥、月亮桥。梁曰彩虹西山云宫：指彩虹桥、西山桥、云宫桥。

　　⑥ 十里泳场，纳甘泉为碧波；万人浴汤，畅清流而荡漾：剑江之水澄澈明净，炎热的夏天畅游于江中消暑者如织。

　　⑦ 鱼包韭菜特有：指水族人民的美食鲤鱼包韭菜。酸汤扣肉撩人：都匀人有三天不吃酸走路打闹穿；指用酸汤配以独山盐酸做的扣肉味美可口。

　　⑧ 匀酒绵长，千里留香：贵州老牌八大名酒之一，曾行销全国。

　　⑨ 九龙寺琴挑梵净之音，奎星阁钟发大吕之鸣：指西山九龙寺、东山奎星阁。

　　⑩ 耶稣堂歌两约全书，清真寺诵古兰真经：指天主教堂、基督教堂和清真寺。

仙娇①，风宜别具。荷花龙王冒沙，井涌甘露之美；望江西山鹤戏，亭诵乡党之吟②。山子讴咏，清歌逸旷；银姬曼舞，金声琤锵③。绕家呃嘣曲蛊燕京④，布依古歌音绕寰宇。木叶兮啾啾，羞面兮窈窈⑤。举匏樽以相属，尽逸兴而倾觞。笙篁飞扬，耀苗家之邕熙；铜鼓齐喧，喜水家之敦睦；八音和鸣，悦布依之康盈⑥。苗年启于羊列，端节始于奉和⑦。千年之韵，和美之音。

且夫黔学之正脉，王学之名区⑧。含章蕴藻，斯文在兹。而今跳动时代脉搏，汇聚创新锋芒。构架战略定位，活跃发展内核。东西园区，工业振兴；南北布局，强劲发力。高楼林立，学府林立，厂商林立，绽放城市活力；宜居城市，园林城市，文化城市，展现城市魅力。夫旌德礼贤，文明之所先；崇文殊节，吏政之上务⑨。马踏飞燕，时不待我；翔鹰振翅，再举高飞⑩。构建大众社会，塑造平民精神。发展之事既该，复兴之道备矣。嗟呼，乘瑞风之和畅，必后来而居上；踏锦云之飞翔，定傲立于九州！

---

① 杉湖聚秀，三江景明，石街丽影，格多艳娇：指都匀开发区杉木湖、城北三江堰、石板街、格多苗寨。

② 荷花龙王冒沙：荷花井、龙王井、冒沙井；望江西山鹤戏：望江亭、西山亭、鹤戏亭。

③ 银姬曼舞，金声琤锵：指着银饰盛装的苗族姑娘。

④ 绕家呃嘣曲蛊燕京：入选2010年中央电视台青歌赛原生态节目。

⑤ 木叶兮啾啾，羞面兮窈窈：指少数民族传统的"四月八""六月六"、卯节等节日，青年男女情歌对唱、游方玩表的场景。

⑥ 邕熙指和洽兴盛；敦睦指亲善和睦；康盈指康乐丰盈。

⑦ 苗年启于羊列，端节始于奉和：坝固镇羊列村每年过吃新节，即苗年。是中国南方少数民族地区为了庆贺丰收并祈福来年丰收而举行的传统农事节日。大多在农历六月至九月间农作物成熟或农作物即将丰收期间举行。水族的端节为年节，过端节始于每年秋后的端日，从都匀奉和、阳和等地开始过端节，然后延续到三都水族自治县，持续一个多月。这里羊列、奉和两个地名只是泛指。

⑧ 黔学之正脉，王学之名区：都匀是贵州汉代三贤中的盛览、尹珍的故乡（《都匀县志稿》人物传就列有盛览、尹珍），自然是贵州文化的开启之地，因此省人大原副主任、省文史馆馆长顾久为都匀题写了"黔学正脉"匾。明代贵州有修文、贵阳、都匀、清平、思南五个王学弟子集中的重镇，其中都匀府就占了都匀、清平两地，有王学弟子42人，其中著名的有张翀、邹元标、孙应鳌、陈尚象等，因此得到省阳明学会会长王晓昕题写"王学名镇"匾。

⑨ 夫旌德礼贤，文明之所先；崇文殊节，吏政之上务：寄意旌表其民，礼遇贤者，以彰其德。殊节：高尚的节操。亦指有高尚节操的人。

⑩ 马踏飞燕，时不待我；翔鹰振翅，再举高飞：马踏飞燕为都匀中国优秀旅游城市雕塑，翔鹰振翅为原都匀开发区城市雕塑之一。

贵州文献研究

贵州少数民族口碑古籍的界定、分类与定级

印金成①

贵州是一个多民族、多语种的省份，境内居住着17个世居少数民族，其中有本民族文字的占极少数，少数民族的古籍文献种类繁多、数量庞大，但大多数以口耳相传的形式传承，所以在传承的过程中难免会发生变异，使得口碑古籍失去本真性。少数民族口碑古籍是我国珍贵的历史文化遗产，具有不可估量的价值。如何将这一批珍贵的遗产传承下去，这就需要对口碑古籍进行界定，有了一个统一的标准以后，才好对口碑古籍进行收集和整理，从而进行保护。在摸清贵州少数民族口碑古籍的家底后，根据每个民族的口碑古籍情况进行分类。再把每个民族的口碑古籍在重要性方面定一个级别，我们根据其价值的大小进行分类，是为了更好地保护口碑古籍。在理论上弄清楚这几个问题，有助于我省民族口碑古籍的普查和保护工作。

一 少数民族口碑古籍的界定

少数民族口碑古籍是一个新的概念，在了解它之前，我们先来看一下民族古籍。"民族古籍"主要是指用民族文字书写的古籍。根据我国民族的具体情况，国家的有关文件已经明确规定，民族古籍整理的范围包括三个方面的主要内容，即除了民族传统文字书写的古籍外，还应包括汉文古籍中有关民族方面的记载和各民族民间的口头流传。这里的"口头流传"也就是一般所讲的"口碑文献"。我国55个少数民族中有传统文字的民族是少数，大多数的少数民族说不上有文字记载的古籍文

---

① 印金成（1990— ），汉族，男，贵州民族大学文学院硕士研究生，主要研究方向：中国少数民族语言文学。

献,他们的历史文化主要靠口头流传。对于无文字的民族来说,大多数的民族口碑古籍其实就是口碑古籍,口碑古籍的数量远超过书面古籍,是民族文化的重要组成部分。

贵州是一个多民族聚居的省份,17 个世居少数民族中,大多数民族无本民族的文字,其文化的传承都是以口耳相传至今,内容丰富,流传面广,可以说贵州的少数民族口碑古籍毫不逊色于文字古籍,这些少数民族口碑古籍是贵州民族文化的重要组成部分。如何把这么多的口碑古籍收集、整理出来,这是一项极其烦琐的工作。

民族古籍学是一门新兴的学科,由于起步比较晚、所涉及的内容比较多、队伍不够强大等一系列的问题,其发展缓慢在所难免。但是,通过一些专家的不断努力,民族古籍学的生命力是不容小觑的。1983 年 6 月 5 日至 11 日,第一次全国少数民族古籍整理座谈会在北京召开。在这次会议上,与会者围绕少数民族古籍范围的界定展开了激烈的争论。中国民族古文字研究会根据"古籍"的字面含义认为,"少数民族古籍"即有文字记载的少数民族书籍。但中央民族大学的张公瑾、吴肃民认为,少数民族古籍的定义是广泛的,它不仅指那些有文字记录的出版物或非出版物,还应包括至今流传在民间的口碑文献(主要指那些含有民族历史折影的神话、英雄史诗或创世纪古歌等)。

在会上,吴肃民说道:"在漫长的历史发展过程中,由于社会、地理和历史条件的不同,各民族历史进程各不相同,文化发展也不平衡。有的民族虽有悠久的历史,却因无文字记载,它的历史和文化全靠口碑一代代往下传。中华人民共和国成立前,在我国 55 个少数民族中只有蒙古族、藏族、维吾尔族等共 21 个少数民族有文字,还有 34 个民族没有文字,如果按汉文'古籍'词义要求,这 34 个民族会因为没有古籍而将被拒之门外。"

张公瑾也谈了自己的看法,他说道:"其实汉族古籍早期也是含有口碑文献的,例如《诗经》《山海经》都是先在民间口头流传,后人整理成书的,我们不能因为汉字问世早、口碑文献早已记录成册,便不顾各民族历史发展的差异,而将少数民族的口碑文献从少数民族古籍范畴中排出。"

这些专家的研究,为以后开展古籍工作提供了理论上的支持,使我们对民族古籍有了一个较为深刻的认识。因此，综合前人研究的成果，我们给少数民族口碑古籍下的定义就是指各少数民族在漫长的历史发展过程中，通过生产生活及社会实践活动创造出来并口头传承保留至今的具有历史和文学价值的各种精神产品。少数民族口碑古籍形成的历史久远，都是由各民族民间艺人通过口传心授一代一代传承下来的，大多有关各民族先民的物质生活和精神生活的民族起源、历史变迁、风土人情、生活习俗、民族性格等。其内容主要有神话、史诗（创世史诗、迁徙史诗、叙事长诗）、传说、故事、歌谣、谚语、谜语等。

从时间上来说，按照《中国少数民族古籍总目提要》编写纲要的要求，民族古籍的时限一般定在1911年辛亥革命前，有些口碑古籍可放宽至1949年以前。这个时间的限定，是对于文献古籍来说的，它是以文字作为载体的书面文史资料，其成书的时间和年限具有可考性。对于口碑古籍来说，它是无实体性的口头资料，很难判定其产生的时间，这部分内容的数量非常庞大、分布广泛，在收集整理时要有针对性，既有一个时间的限定，又要具体情况具体分析。

二　少数民族口碑古籍的分类

在界定少数民族口碑古籍的概念之后，我们就可以对贵州少数民族的口碑古籍进行收集和整理。鉴于我省的民族成分比较复杂，口碑古籍的数量很大，我们应该按照对少数民族口碑古籍的定义，分民族、分地区对民族口碑古籍进行收集整理，利用《中国少数民族古籍总目提要》基本可以摸清少数民族口碑古籍的家底。在这一基础之上，再深入各个民族地区开展调查，查缺补漏，最后把各个民族口碑古籍的实际情况进行汇总，知道每一民族口碑古籍的分类，然后把各个民族口碑古籍的分类放在一起进行对比，求同存异，这样就可以形成中国少数民族口碑古籍的分类。利用这一分类也就可以知道每一民族口碑古籍的具体情况。普查的过程是艰辛的，这就需要工作人员必须具备吃苦耐劳、勇担责任的精神，切实把普查的工作做好，更好地为这个学科服务。

少数民族口碑古籍的分类是因民族而异的，所以我们要根据各个民族口碑古籍的具体情况来进行分类，参照《中国少数民族古籍总目提要》中关于各个民族口碑古籍的分类，我们对贵州几个少数民族的口碑古籍进行以下分类：

《侗族卷》分为七类：神话、传说、故事、歌谣、款词、宗教经词、侗戏（曲）。传说又分为：史事传说、习俗传说、地方风物传说；故事又分为：历史人物故事、机智人物故事、爱情故事、伦理道德故事、生活故事；歌谣又分为：古歌古词、叙事诗、琵琶歌、耶歌、礼俗歌、生活歌；宗教经词又分为：傩愿经词、巫符经词、祭祀经词。

《白族卷》分为三类：神话传说、民间故事、唱词和歌谣。神话传说按照传说对象分为：龙神话传说、本主神话传说、其他神话传说；民间故事按照故事主题分为：地名故事、文人故事、木匠故事、讽喻故事、其他故事；唱词和歌谣按照演唱场合分为：本子曲和大本曲、吹吹腔词、其他歌谣。

《苗族卷》分为五类：神话、传说、故事、史诗歌谣、民间戏剧·噶百福歌。传说又分为：人物传说、史事传说、地方风物传说、习俗传说、龙神话传说、姓氏来历传说、其他神话传说；故事分为：伦理道德故事、幻想故事、生活故事、智人故事、动植物故事、笑话、寓言·童话；史诗歌谣分为：创世史诗、古歌、叙事诗、民歌民谣（民歌民谣往下又可细分为：劳动歌、礼俗歌、生活歌、情歌、苦歌·起义斗争歌）、诵词、杂歌。

《布依族卷》分为两类：韵文体和散文体。韵文体分为：古歌·摩经、礼俗·风物、生产·生活、情歌、戏曲；散文体分为：神话、传说、故事。

从以上几个民族的口碑古籍分类可以看出，每一个民族卷本都有一个大体的分类，和汉文文献差不多，都包括神话、传说、故事、歌谣、史诗、谚语等，然后每个篇目再按照一定的顺序细分或归纳分出分目，分目里面根据内容再分若干条目。除了这几个主要的分类以外，每个民族的口碑古籍都有自己的特色，如《布依族卷》的分类中有摩经，《苗族卷》的分类中有"埋词"，《侗族卷》的分类中有"款词"，《白族卷》的分类中有"大本曲"，这些特殊的内容是其他民族所不具有的。我们把大体的分类再加上各个民族细分出来的类别，就是每个民族口碑古籍的分类。

三　少数民族口碑古籍的定级

　　少数民族口碑古籍是通过少数民族民间艺人口耳相传得以传承的。少数民族民间艺人大多数年过半百，基本上达到了老龄的程度，民间艺人的离世就意味着民族口碑古籍的流失和消亡，所以现阶段抢救民族口碑古籍的工作迫在眉睫，应该将其提上议事日程，加紧对民族口碑古籍进行收集整理，把口碑古籍放在民族古籍工作的重中之重来抓。

　　由于贵州很多少数民族只有语言而没有文字，所以大量珍贵的民族口碑古籍就没有办法落到纸面上，这部分内容大都是通过人们口耳相传的形式传承的，是民族文化不可或缺的一部分。对一个少数民族来说，由于历史的原因，口碑古籍不仅是民族历史文化、价值观念和生活习俗的重要反映，更是一个民族千百年来生存、繁衍的精神寄托。因此，口碑古籍无论从时代、内容和结构等方面来看，只要是对一个民族十分重要，能够反映一个民族的历史，具有重大的价值，都可以看作口碑古籍。

　　在历史上，汉文文献一直占据主流地位，民族古籍则名不见经传。然而，少数民族古籍也像汉文文献一样，在重要性方面可以划分为不同的级别。我们可以借鉴汉文文献划分的几个原则来指导少数民族口碑古籍的划分。

　　（一）历史文物性原则。它侧重以古籍传本的时代为衡量尺度，其价值体现在两方面：一是指其抄写或版印时代较早，具有珍藏价值；二是指其可以作为历史人物、历史事件的实物见证，具有文物价值。

　　（二）学术资料性原则。它侧重以古籍反映的学科内容为衡量尺度，其价值体现在：一是内容重要，精校细勘，文字讹误较少；二是学术见解独到，有学派特点或系统归纳众说，或在反映某一时期、某一领域、某一人物、某一事件方面，资料比较集中完备或稀缺。

　　（三）艺术代表性原则。它侧重以古籍版本具有的抄写、手绘水平和装帧形式特征为衡量尺度，其价值体现在：能够反映古籍各种装帧形制的演变；能够反映古籍板式、插图、抄写、手绘艺术及雕版制作工艺成就；能够反映古代造纸工艺及其他书写材料加工制作的变化与进步。

　　汉文文献的这几个原则我们可以参考借鉴，有些还是可取的，但少数民族口碑古籍有其自身的特殊性，有些原则就不能套用。例如少数民族的口碑古籍就没有版印一说，由于所处地区偏僻，经济发展缓慢，很多先进的技术传不到少数民族地区，再加上很多少数民族没有文字，所以就只能靠口耳相传的方式传承下去，也就谈不上抄写的水平如何了。口碑古籍按照重要性应该怎样划分，笔者认为可以有这个概念但没有必要一定要定一个级别，这样反而忽视了有些具有重大价值而未被记录的口碑古籍。

结　语

口碑古籍是无文字民族重要的古籍形式，是他们重要的文化载体，是人类文化遗产的重要组成部分。明确少数民族口碑古籍的界定标准，对于开展民族古籍的普查、收集和整理工作具有极大的帮助，在收集、整理的基础上对民族口碑古籍进行分类，摸清楚贵州每一民族的口碑古籍情况，把珍贵的民族口碑古籍保护起来并传承下去，弘扬贵州的民族文化特色，为无文字民族创制一套行之有效的记录方法，把快要消亡的民族口碑古籍抢救和保护下来，发扬中华民族多元一体的文化，推进社会主义精神文明建设。

参考文献

马小琴：《少数民族口碑古籍与非物质文化》，《青海民族研究》2006年第2期。

刘云：《彝族口碑古籍保护刍议——以黔西北毕节市为例》，《民族论坛》2014年第5期。

王喜梅：《青海民族口碑古籍开发与非物质文化遗产保护》，《求实》2014年第S1期。

吴鳃：《贵州彝族口碑古籍抢救、保护和开发研究》，《兰台世界》2015年第8期。

余永泉：《羌族口碑古籍略述》，《阿坝师范高等专科学校学报》2005年第1期。

梁学凡、龙小金：《贵州少数民族口碑古籍抢救与保护现状及对策》,《贵州民族报》2014 年 2 月 24 日。

谭晓燕：《口碑古籍保护整理之我见》,《贵州民族报》2014 年 11 月 3 日。

马小琴：《少数民族口碑古籍的传承》,《青海日报》2013 年 5 月 17 日。

马小琴：《口碑古籍的传承》,《青海日报》2013 年 6 月 13 日。

彭继宽：《关于民族古籍与民间文学的关系问题》,《民族论坛》1991 年第 1 期。

何丽：《少数民族古籍保护现状及对策》,《图书情报工作》2004 年第 6 期。

《古籍整理,为少数民族传统文化建档》,《中国民族报》2008 年 7 月 15 日。

贵安新区马场镇龙山村清代碑刻考析

朱丽霞①

一 碑刻的概况

存于贵安新区马场镇龙山村扬艾寨寨门口的两通石碑，因碑首刻有"扬艾庄契碑记"和"永垂万古"等字，笔者将它们命名为《扬艾庄契碑记》碑（见附录一）和《永垂万古》碑（见附录二）。两通碑分别刻立于嘉庆八年（1803年）和道光十八年（1838年），前者距今有两百多年的历史，后者距今也有一百七十多年历史。经过长期的日晒雨淋，碑刻风化严重，字迹辨认困难。又因扬艾寨村民没有认识到石碑的重要性，在新修村寨水泥路时将两通石碑的底座及一部分内容掩埋，现在能辨读的内容是残缺的，但从中仍然可以得到珍贵的信息。

两通碑皆为长方体碑，笔者调查时只见碑身，碑座应是被埋于水泥路下。《扬艾庄契碑记》碑高108厘米，宽72厘米，厚10厘米；《永垂万古》碑高100厘米，宽66厘米，厚12厘米。以碑文内容来看，《扬艾庄契碑记》碑碑文记载了三件事：其一，是山林及土地的买卖，买卖双方在凭中人的见证下签订契约，以此作为凭证。这反映出当时该地人们的生活状况，土地及山林的买卖转让，表现出人们的贫富差距。买卖山林及土地的原因反映出当时社会的生活风气，以土地为主要的生产要素是我国古代统治阶级提倡重农思想的重要表现。从契约中的凭中人我们又可以了解到该村寨的居民组成情况，其中有汉族人，也有少数民族人。结合笔者的调查访谈，大致可以分析出扬艾寨主要姓氏的发展状

---

① 朱丽霞，女，贵州民族大学民族学与社会学学院2015级毕业生。

况。其二，碑刻记录了该地区的"地棍"问题。在清朝中期，"乞丐"和"地棍"的存在是一个普遍的问题，在花溪区发现有专门的记录乞丐及地棍的碑刻，并且是官方文件，这足以说明该现象已对当地居民造成了严重的影响。《扬艾庄契碑记》碑中也记录有当地的地棍事件，也就说明这在当时是大事件，对居民的生活造成了严重的影响。其三，碑刻还记录有乡规民约，由于风化严重，这部分的字数极少，主要是要求村民看管好自家的家禽、家畜，不让其践踏伤害庄稼，或许还制定了赔偿和惩罚制度，但因风化无法知其详细内容。《永垂万古》碑是官方下达的文件，主要是关于税收和差役贪污问题。清代人们每年要缴纳两次税收，夏税和秋税。差役贪污是每一个朝代都会面临的问题，是与百姓生活息息相关的。政治清明，官吏廉洁，差役宽松，百姓的生活就会容易些；若是贪官太多，朝廷政治腐败，差役繁重，那么百姓的生活将会非常的困苦。

二　碑文校释

在田野调查中，笔者对龙山村扬艾寨的两通石碑碑文进行了清理、抄录、拍照，石碑因年代久远，风化严重，而无法进行拓片。此外，笔者还在村寨中进行访问，从一些老人的口述中了解碑刻的历史情况。碑文所用的都是繁体的小楷字体，还有一些常见的碑体字、异体字和俗字。笔者在录入碑文时，用"□"表示残缺或是未知的文字；"……"表示的是被掩埋或是大段风化的文字。

1. 《扬艾庄契碑记》碑碑文

揚艾莊契

碑記

揚□清莊昔□山林文契人何明玉為因拖欠帳目□處出□折到租□羊艾寨(1)莊田楊聽東至故廠南至……
川□□至□寨河清□其田計種四石六斗(2)四至分明凭中上門出賣與曹序先名下管業□面議……
孫□□銀一百九十兩整親手收明除酒水書字(3)外並無分厘欠之亦無私債貨物折此……
是邊□成交且賣之後認從曹處上莊住坐永遠管業田有好歹賣莊自見如有來歷不明……
□人等前來□□系賣豐一面承□不幹買主之事其隨莊銀一兩九分一釐(4)赴廣順州(5)上伸……
□□□無存□□人心不古立此契一紙永遠為照□有土租每戶麥子各三斗維□□煙銀……
□□□□ 符念城李□公
 吳天□□□□
順治十八年七月二十日之賣約何明玉親筆因嘉慶□年九月內黃泥堡(8)地棍趙士聖訛詐□……
二分照紙管業憑中人 李蘊之 劉道芬 趙碧公 黎水□ 張盤芙(6) 佃戶老□□ 老十么老龍眼(7)……
□□□種□□莊契拾旦一紙至呈案未接连挖至七年趙士聖情虧串伙陳阿八陳連報李阿真連名訛
□□□可綸莊內全圖及州縣分界牌文□國林□□落坑田一坵土一拾約是□訛棍情虧外……
□書民□越宿草廠經攏佑□冊徐姓自知情虧清鄉鄰出具詠興□估字據故綠牌……
□万□須迁□徐復永立
初猛國□農□木民□六□耕□禾□田□瓜菜上納朝廷下活群生終年勤苦□邁有興……
 嘉慶八年四月初三□
 □治若遇等畜踐踏稚雞啄害□□不佃
 议放牛地是曹姓庄业异姓人等□采以□绁畜践踏此议规罚……
 议山坡田园苡田土茨草各管各业不得伯霸……
 嘉庆八年四月众

按：

（1）扬艾寨：广顺州从仁里管辖的三十九寨之一，今属马场镇龙山村管辖。

（2）计种四石六斗：计，总计。《黔南事略·贵阳府》中记载："田土历来丈量，民间不知亩数，但计布种多寡。斗种之地，宽约一二亩。"① 由此可以看出，石和斗虽然都是容积单位②，但是在贵州一些地区却成为一种估算田土面积的单位。贵州地区多山地，土地丈量困难，所以便用每年栽种的种子量来表示田土面积。

（3）酒水书字：指在签订契约书时，买卖双方要约定在某一地点，通常是在卖方的家中，邀请本村寨中有学识、名望的人来作凭中人。这是一个较为隆重的仪式，主人家要准备酒水招待这些凭中人。再者，契约书由凭中人有学识的人撰写，买卖双方在交易达成后要给凭中人一定的银两作为酬劳，银两不会太多，只是表达一下心意。通常在这一场合中所花的银钱，包括酒水、饭菜所花的钱由双方平摊。

（4）庄银一两九分一厘：指的是清朝时期的赋税。清中期以后，田赋改收银两，实行"赋役合一"的制度，此时所定的赋额是：按田土收益，每石（包括地丁正银、丁耗羡银等)③ 征银一两九分一厘。

（5）广顺州：为明万历时期新置州名，赐州名"广顺"，是为了表彰金筑安抚司自愿"改土归流"的善举④。据《长顺县志》记载：明万历四十年（1612年），金筑安抚司土舍金大章奏请清朝政府"改土归流"，朝廷准其奏请，设官建治，钦定金筑安抚司置广顺，属贵阳军民府，并以金大章为土知州，职位世袭，不许管事。清雍正五年（1727年），置长寨厅。光绪七年（1881年），长寨厅同知移驻罗斛（今罗甸），改长寨厅为广顺州长寨州判。民国二年（1913年），改广顺州为广顺县，改长寨州判为长寨县，属黔中道。民国九年（1920年），废黔中道，直属于省。民国二十六年（1937年），属第一行政督察区。民国三十年（1941年），广顺县长寨县合并为长顺县⑤。

---

① （清）爱必达、罗绕典：《黔南识略·黔南职方纪略》，贵州人民出版社1987年版，第25页。

② 龙泽江、谭洪沛、吴小平：《清水江文书所见清代贵州苗侗地区的田粮计量单位考》，《农业考古》2012年第4期。

③ 顾文栋：《从清末到民国初期贵州田赋征课的概略》，《贵州文史丛刊》1991年第1期。

④ 马国君编著，杨庭硕审订：《清史稿·地理志·贵州研究》，贵州人民出版社2011年版，第86页。

⑤ 长顺地方志编纂委员会：《长顺县志》，贵州人民出版社1998年版，第2页。

（6）李、刘、赵、张等人名：居住在扬艾寨的汉族人，在这次契约的签署中起到凭中人的作用。

（7）老十么、老龙眼：居住在扬艾寨的少数民族人民，从现在该地区的民族成分来看，主要是苗族，他们是这块土地上的佃农，这里也是凭中人。

（8）黄泥堡：广顺州从仁里管辖的三十九寨之一，今属马场镇龙山村管辖。

2.《永垂万古》碑碑文

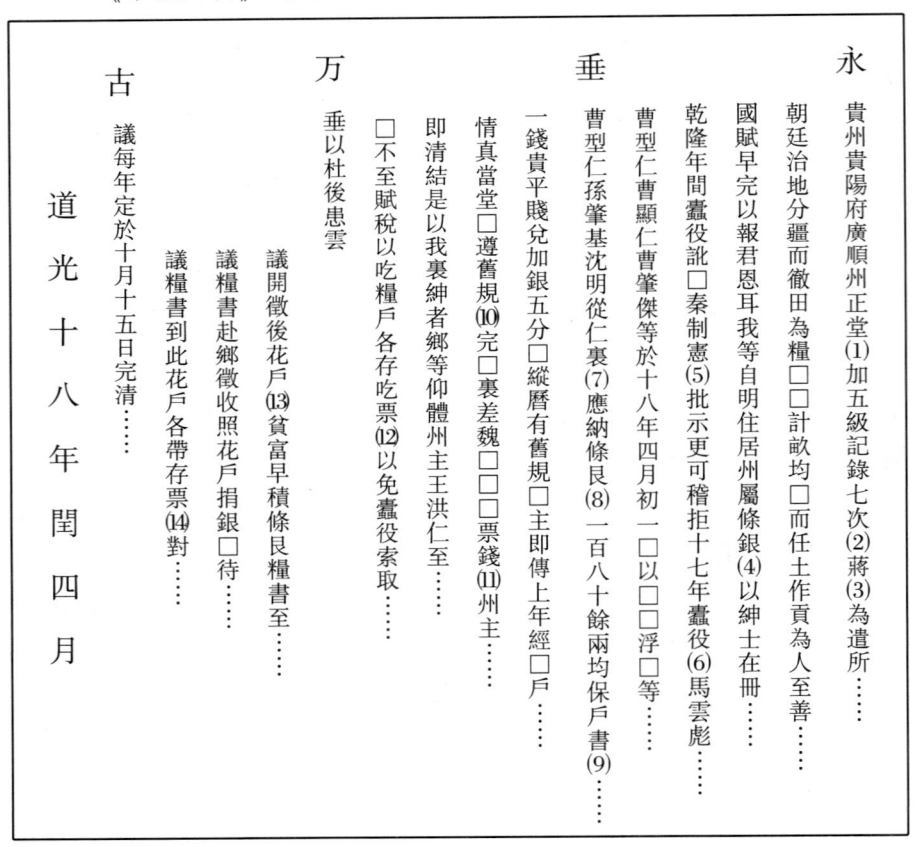

永垂万古

贵州贵阳府广顺州正堂(1)加五级记录七次(2)蒋(3)为遗所……朝廷治地分疆而彻田为粮□□计亩均□而任土作贡为人至善国赋早完以报君恩耳我等自明住居州属条银(4)以绅士在册乾隆年间蠹役讹□秦制宪(5)批示更可稽拒十七年蠹役(6)马云彪曹型仁曹显仁曹肇杰等于十八年四月初一以□浮□等曹型仁孙肇基沈明从仁里(7)应纳条艮(8)一百八十馀两均保户书(9)一钱贵平贱兑加银五分□纵历有旧规□主即传上年经□户情真当堂⑽完□里差魏□□□票钱⑾州主……即清结是以我里绅者乡等仰体州主王洪仁至□不至赋税以吃粮户各存吃票⑿以免蠹役索取垂以杜後患云

议开徵後花户⒀贫富早积条艮粮书至……

议粮书赴乡徵收照花户捐银□待……

议粮书到此花户各带存票⒁对……

议每年定於十月十五日完清……

道光十八年闰四月

按：

（1）正堂：明清时期对府县等地方正印官的称呼。因地方官府的治事大厅称为正堂，所以多用于知县（正七品）的代称。明清时，知州、知府、知县等地方长官在官署大堂处理政事，故称正堂。

（2）加五级记录七次：这是清朝的一种对官员的考评制度。根据清朝制度，凡是官员立有功绩或经考核成绩优良者，可交部议叙，给予记录或是加级的奖励（武职也称"功加"）。《清会典·吏部》卷十一记载："凡议叙之法有二：一曰记录，其等三（计以次，有记录一次、记录二次、记录三次之别）；二曰加级（计以级，有加一级，加二级，加三级之别），合之，其等十有二。"①对官员的奖励分为"加级"和"记录"两种，各有三等，最低的是"记录一次"，累计记录三次可以算作"加一级"，再有功绩便可称为"加一级记录一次"，依此类推。官员得到议叙，在考核时越占优势，越有助于升迁；如果官员犯错受降级或是处罚，则可以用本人所得的加级和记录相抵。这是清朝前期的议叙制度。清朝后期，吏治腐败，清政府大开捐纳之门，大小官员只要捐银达到一定的数目，也可以给予一定的奖励。议叙制度较前期有所变化，加级和记录都向上无限添加，乾隆时期甚至出现了记录三十六次、加五级、加十六级、十八级等加级、记录。该处碑文中的"加五级记录七次"明显属于清后期的议叙制度，但这也说明该官员的政绩较为卓著。

（3）蒋：蒋时淳，湖北天门县人，道光十八年（1838年）任广顺州知州②。

（4）条银：清朝中后期流行的一种白银货币形式。条银最早是越南的货币，后随着贸易往来流入中国，并且在发展中呈现出自己的特色。

（5）秦制宪：制宪是清朝时期对总督的称呼。明朝初期，用兵时设置总督，事毕即调令其他地方任职或是直接裁减，后来设置渐广。明武宗正德十四年（1519年）曾改称总制，俗称制台，下属则尊称其为制帅、制宪或督宪。至于碑文中提到的秦制宪是何许人，笔者在文献资料中没有找到有关的记载。

（6）蠹役：蠹，弊端，弊病。蠹役即指害民的差役。

（7）从仁里：当时广顺州下辖十里之一，据（清）金苔修，但明

---

① 昆冈：《钦定大清会典·吏部》，上海图书集成印书局，光绪十九年，第22—25页。
② （清）周作楫修，萧琯等纂：《中国地方志集成·贵州府县志辑·道光贵阳府志》，咸丰二年朱德璲绶堂刻本，巴蜀书社2006年版，第194页。

伦纂《广顺州志》载："曰从仁，州东六十里。"① 辖地相当于今贵安新区党武乡、马铃布依族苗族乡、燕楼乡、平坝马场镇以东等地。

（8）艮："银"字的误写。

（9）户书：在收税之前负责通知纳税户交税和负责给纳税户开票的人。

（10）旧规：指清朝前期制定的赋税制度，特别是《赋役全书》中所制定的关于赋役的制度。

（11）票钱：清政府发行的宝钞，又称为钱票，以制钱为单位，其面值有五百文、一千文、一千五百文、两千文等8种②。

（12）吃票：与后面的"存票"都是指人民上税时的凭证。清朝时期，政府要求人民自己丈量土地，然后编造成册，上面注明应缴纳赋税的种类以及数量，政府手中的称为"易知由单"③，在人民手中的称为小单。小单即碑文中所说的存票，主要是为了防止奸胥多收或是重收，给人民增加负担。

（13）花户：旧时对户口的称呼。

（14）存票：清朝时期，通知纳税人缴纳赋税的通知单，一共有三种形式，在不同时期政府运用的通知单有所不同。易知由单，最早出现于明正德年间，顺治六年（1649年）清政府颁行于全国，康熙二十六年（1687年）因没有达到便民效果下令停止使用；截单，又称截票或是串票，截票将花户应缴赋税数额按月份分为十限，花户每完纳一部分则相应位置做标记；滚单出现于康熙三十六年（1697年），至康熙三十九年（1700年）在全国范围内推行④。

---

① （清）金苔修，但明伦纂：《中国地方志集成·贵州府县志辑·道光广顺州志》，道光二十七年广阳书院刻本，1964年贵州省图书馆复制油印本，巴蜀书社2006年版，第387页。

② 马勇虎：《咸丰年间货币流通的民间形态——徽商志成号商业账簿研究》，《安徽史学》2011年第2期。

③ 赵尔巽等：《清史稿·食货志》，中华书局1976年版，第3527页。

④ 郭丽芬：《清代州县差役的赋税征收职能及贪赃行为》，《中国国家博物馆馆刊》2013年第6期。

三 两通碑刻中的赋税制度与"蠹役索取"问题

1. 赋税制度

赋税是一个国家经济的主要来源，也是中央与地方建立联系的方式之一。贵州开始缴纳赋税是在明朝时期，在此之前贵州实行的是纳贡政策，即地方首领带上本地的特产去朝廷朝贡，以表明这些地方势力归顺中央王朝，但还不是中央王朝统治下的行政区。到了明朝时期，中央政府直接派遣官员向贵州地区征收赋税，这也表明中央政府把贵州正式纳入其统治版图内，是其直接管辖下的政区。明朝时期贵州的田赋有"屯田之赋、民田之赋、土司之赋，清朝初期贵州的田赋分为丁银和地粮，其中地粮又分夏税和秋税"[①]。赋税的征收与土地制度有着密切的关系，中国自古以来就是一个农业大国，农业税的征收是朝廷税收的主要来源，而土地制度的变化影响着农业的生产，也影响着赋税的征收。

在中央，清代管理赋税征收的机构是户部，贵州省管理赋税征收的则是户部管辖下的十四清吏司之一，主要的人员有郎中、员外郎和主事，其中郎中两人，满汉各一人；员外郎四人，满三人，汉一人；主事两人，满汉各一人。在清朝初期，贵州的赋税征收制度是沿袭明制，由布政使司主管赋税征收和财政支出，各县衙署是直接的执行机构。随着贵州经济的发展，赋税征收机构也在发生变化，中央对贵州也日渐重视，管理机构也由中央直接指派。

贵州赋税的征收方式是下乡设柜，每年赋税征收基本开始于九月，于次年二至三月完成。每到赋税征收的时节，政府派人到地方设立钱柜，纳税人随到随收。如若纳税人没有在固定时间内缴纳赋税，那么政府会有一个宽限期限，但是税率会提高，相当于利息。在赋税征收过程中，政府会派遣差役进行监督，防止当地官吏克扣或是私派。不同的地方派遣的人员不同，在赋税征收完成之时，还要由户书和差役进行登记造册，把粮食管理入库，这才算赋税征收完成。

从《永垂万古》碑碑文中可以看出，广顺地区在各个村寨应设有钱

[①] 赵艳：《清代贵州田赋研究》，硕士学位论文，贵州大学，2015年。

柜用以征收赋税，并且派粮书前来监督，粮书的到来就表示着赋税征收的开始。百姓各自准备好条银、存票以便缴纳赋税时可以快速有序地进行，这是花户在缴纳国家赋税时的情景。扬艾地区规定的每年赋税完纳时间是在十月十五日之前，这就符合贵州大部分地区征收赋税的时间，州县差役赴乡征收，是贵州赋税征收的传统方式，这里得以证实。碑文记载："征后花户贫富早积条银"，交代了此时赋税的征收以条银为主，不再是以前税收时的实物，也不是普通的银两。条银原本是越南通行的货币，因其外形呈长条状而得名。条银在明朝时期随着贸易往来流入中国，并渐渐在中国发展起来，清朝时期多个省份都自铸条银用于流通。广顺地区要求不管贫富都要早备条银，这说明地方上的催征比较到位，使人们形成一种纳税的自觉。

　　古代税收是一项复杂的项目，人民在生活中进行的各项活动都可能涉及税收的调整或是改变。土地是税收的主要依据，但是土地的归属和使用不是同一人时，就涉及赋税纳税人是谁的问题，再者土地的转让和买卖也涉及赋税问题。《扬艾庄契碑记》所载扬艾庄寨庄园及山林的买卖中买主与卖主谁承担赋税，佃农与佃户之间谁承担田地的赋税以及承担多少，这些都是我们需要探讨的问题。碑文记载"其随庄银一两九分一厘赴广顺州上……""永远管业"字样，对照古代的官契，笔者认为该处是庄田买主去广顺州府衙登记，以表明此庄田已易主，并且是永久性的，即所谓的死契。由此，也就得出买约签署以后，扬艾庄土地的赋税由买主承担。至于当地的佃农，从碑文中有佃农作为凭中人可以看出，佃农随土地转让，他们仍然在这片土地上劳作，只是土地换了主人而已。"每户麦子各三斗"，这应是佃农上缴给国家的赋税，至于说是上缴给国家而不是地主，主要是因为碑文中交代每户所上缴的麦子的量是相同的。佃农租赁地主的土地数量不同，上交的粮食数量也应有所不同，所以笔者认为这是上缴给国家的税粮。这里也反映了广顺州地区，在顺治年间缴纳赋税是以实物税为主，而扬艾寨以缴麦子为主，说明扬艾地区应盛产小麦。

　　《永垂万古》碑碑文主要涉及的是广顺州道光时期的纳税问题。从官府催征到百姓对缴纳赋税的准备都有所体现，从中可以看出官府和底层百姓之间的联系还是较为密切的。官府用这种下达文书的方式催征，一方面可以很快地传达政令，另一方面在一定程度上，避免了衙差在传达政令的过程中私自篡改命令的行为。据《广顺州志·食货志》记载："原额全熟田三万二千三百二十九亩三厘一毫三丝八忽九微七尘五纤九渺，原额全熟折色米一千六十九石一斗七升二合八勺四圭一粒一粟。"①笔者除去亩和升后面的尾数，算出广顺州道光时期每亩熟田缴纳的粮食数量为3.31升，由此看来广顺州地区的田地的赋税是相对较轻的，并且每户种植的田土较为宽广。除了田赋之外，在文献中还提到马馆银和盐银，碑文中没有提到这两种税，但是有"烟银"二字，这里没有明确指哪一种烟，是当地种植的土烟草贸易而征收的赋税，还是鸦片贸易征收的赋税。根据道光十一年嵩溥上的奏折可知当时贵州本地还没有种植鸦片，但有奸商夹带并且民间已有人吸食鸦片。从道光十五年御史袁文祥奏请禁烟的奏折，我们可以得出经过几年的发展，贵州地区已经"渐有吸食鸦片烟之人及栽种烟草、开设烟馆之事……"②由此笔者得出碑文中的烟银应不是赋税，而是官府在禁烟时没收烟民栽种鸦片烟的银两。从《永垂万古》碑碑文可以看出，赋税的征收只征银两，这与《扬艾庄契碑记》碑碑文所载在清初时征收实物税和银两并重形成对比，这种变化的发生是当时社会发展、生产力变化带来的结果，也是贵州政治经济发展的体现。

  清朝初期，社会逐渐稳定，在贵州开始实行"改土归流"，撤除明朝时期设立的卫所，建立县治，并设立苗疆六厅。这些措施使贵州人口和土地面积迅速增加，"改土归流"还使屯田和土司田减少，民田增加，这也就增加了田赋的征收。清朝前期，民田增加，加上朝廷轻徭薄赋、鼓励开荒、蠲免等政策的实施，清朝的赋税制度更加完善，也促进了贵州地区的经济发展。清朝初期在贵州主要征收丁银和地粮，丁银则是人头税，主要是征收银两；地粮则是地里生长出来的物品，有的直接征收米粮，称为本色米，有的折成银两，称为折色银。前期多征收本色米，后期多为折色银。乾隆四十二年（1777年）贵州开始实施"摊丁

---

  ① （清）金鉽修，但明伦纂：《道光广顺州志》，道光二十七年广阳书院刻本，1964年贵州省图书馆复制油印本，巴蜀书社2006年版，第394页。
  ② 中国科学院民族研究所贵州少数民族社会历史调查组、中国科学院贵州分院民族研究所：《〈清实录〉贵州资料辑要》，贵州人民出版社1964年版，第1263页。

入亩"，田赋征收开始发生变化，以丁税摊入地粮，称为地丁银。前期折色基本等于本色，但随着清政府愈来愈腐败，清后期的折色远远多于本色，人民的负担也越来越重。特别是在鸦片战争爆发后，朝廷无暇顾及贵州，也无力拨款支持，贵州只有自力更生，加上官员腐败，差役贪婪，人民生活在水深火热之中，这激起人民的反抗，起义不断。

清朝的土地制度是中国传统的封建社会的土地制度，私有制占主导地位。"土地所有者有自由支配土地的权利（包括使用权、买卖权、继承权）。"① 国家则对全国所有的土地征收赋税，所以扩大可耕种土地的面积，是朝廷增加税收的手段。早在顺治年间贵州刚纳入清朝版图，顺治十五年（戊戌）十月三十日（1658年11月24日），贵州道御史李秀奏言："迩来田土荒芜，财赋日绌，臣以为劝垦荒田之典不可不隆。其州县土民暨现任文武各官并闲废缙绅，有能捐资开垦者，请饬部从优分别授职开用，则不烦币金之费而坐收额课之盈。"② 劝课农桑是历代统治者都十分注重的政策，在贵州除了劝诫民众勤劳种植外，减免赋税也是一项重要的手段，为了增加贵州的种植面积，朝廷采取新开垦出来的生土不增收赋税或是缓几年征收赋税的政策，人民群众得到鼓舞，一时间贵州土地大量增加。在整个清朝统治的中期和前期，对贵州的土地政策都比较宽松，蠲免政策一直都有体现。

2. "蠹役索取"问题

差役在古代政治中扮演着非常重要的角色，对于差役的定义有几种说法，一种是封建时代派民户轮流供官府驱使的徭役，一种是在衙门中当差的人。前者是轮流的、无偿的，是作为一种义务来执行；后者是固定的，有一定的薪水和权力，是衙门专门招募的。碑文中所涉及的役政主要是针对后一种人而言的。差役处在一个非常巧妙的位置上，在普通百姓和官员之间起到中介作用，也正是这种巧妙的位置，在地方上地位不高的差役成为后来危害百姓的主力。

清朝时设有守护黄河的差役，称为直隶沿河堤夫；在水路驿站也设有差役，供路过行人的差遣，数量不定；设有田赋职役，专门征收赋

---

① 林京榕、陈真：《浅谈清代的土地制度》，《福建论坛》1995年第3期。
② 中国科学院民族研究所贵州少数民族社会历史调查组、中国科学院贵州分院民族研究所：《〈清实录〉贵州资料辑要》，贵州人民出版社1964年版，第1页。

税，对于此类差役的编制及其职责，国家有专门的规定，是不容随意更改的；最后还设有看守先代陵墓和先贤祠宇的差役，此类有别于其他各类，此类是以户为单位，称为陵户，专门做巡查打扫等工作。本文主要涉及的是田赋职役这一类的差役活动。

在《永垂万古》碑中就以"蠹役"来称呼征收税务的差役，蠹役指的是"害民的差役"，在官方下达的文件中都有这样的称呼，可见官方也认识到了害民差役的危害。在《清史稿》中就有这样的记载："（顺治）十五年，江西御史许之渐言：财赋大害，莫如蠹役。官以参罚去，而此蠹役盘踞如故。请饬抚按清查，甚者处以极刑，庶积弊可冀廓清。"① 由此看出，当时的差役问题已经引起了中央官员的重视，可见清朝时期的役政更加腐败，对地方的影响也就更加严重。

田赋的征收是一项繁重的任务，在贵州这样一个多山的省份，交通不发达，差役的任务是非常重的，加上政府对差役的人数有规定，不可能增加差役人数来分担繁重的任务，所以在出任务时顺便捞取好处就成为差役"犒劳"自己的一种手段。在税收过程中，州县差役的作用是非常大的。首先，州县差役负责各种田赋缴纳通知单的下发和通知单的刊刻费用的收缴；其次，州县差役还直接参与田赋的催征工作；再者，清朝时期的差役还参与其他杂役的收缴工作②。所以在赋税的缴纳过程中，差役有足够的机会贪污，压榨人民。

关于各种田赋通知单在下发时收取一定的报酬，在民间已经形成一种惯例，但没有明文规定报酬几许，所以任凭差役自己收取，这就使差役随意剥削百姓，而百姓不自知。通知单刊刻费用的收缴和下发通知单有相同的弊端，信息的闭塞使民众对官府的政策认识不全面，差役随意收取经费，民众只能随差役的"政策"而行。

田赋的征收是差役贪污最为严重的环节，特别是任务重的偏远山区，信息很难传达，而人民一年四季都忙于劳作，根本没有时间外出了解整个国家的情况，所以对于差役所谓的赋税加减无法明确分辨。就算在州县的周围，民众知晓官府的动态，但在赋税征收过程中，差役仍然

---

① 赵尔巽等：《清史稿》，中华书局1976年版，第3529页。
② 郭丽芬：《清代州县差役的赋税征收职能及贪赃行为》，《中国国家博物馆馆刊》2013年第6期。

想方设法捞取好处。有些人为了讨好差役进而达到讨好官员的目的,向差役行贿,要求其帮忙在官员面前美言几句,这种人一般是与官员有过接触或是交往比较频繁但得不到重用的人。再有就是对待普通老百姓,在赋税征收的过程中,差役们会通过各种方法贪污。比如上缴实物税时,要用当时的计量器升子来量取税粮,平时人们的一升是装满升子即可,从现存的升子的结构来看,除了一个四方的升子外,还有一条约两寸宽的木片,其作用是推去装粮食时露在外面的尖堆,使粮食刚好装满升子。但是后来差役要求在装满升子的基础上堆出一个尖堆来,用粮食淋在升子上方,直到升子装不下为止,这也只算一升。然而在回到官府上缴所征收的粮食时,又是按照传统的量法,所以差役从中赚取的是每一升多出来的尖堆,这就是所谓的淋尖。

在实物税与银两同时征收时期,有时银贵,有时物贵,理论上说缴纳实物或是银两应是凭借民众在这一年中收获了什么,或是民众能拿出什么。但是实际上民众缴纳什么是由差役决定的,为了多从百姓手中获取利益,在银贵的时候,勒令民众缴纳银两,不管民众这一年收获了多少粮食,用粮食换银两会亏损多少。在物贵的时候,勒令民众上缴实物税。差役利用这种银两与实物之间的波动来获取中间的差价,使民众在缴纳税收后更加贫穷,生活越来越困难。

清朝时期差役对人民和国家的危害是相当严重的,但是造成差役如此贪婪腐败的原因却是多样的。第一,森严的封建等级制度。在清代存在的不平等的世袭制度是造成差役贪污的重要原因之一,在这种制度下,州县差役被称为"贱役",本人及后代都没有做官的权利,也不能参加科举考试,世世代代只能是卑贱的身份。加上上层官员对他们随意辱骂、践踏,使他们丧失了人格及尊严,不再追求显贵,只要求富裕,所以形成了一种扭曲的心理。第二,差役微薄的收入。州县差役的收入非常少,有时甚至没有,他们的工资有时进了县官的腰包,为了养家糊口,他们只能压迫剥削生活在最底层的百姓。第三,频繁的官员调动。清朝时期官员的调动频繁,官员来到一个陌生地方,对该地完全不了解,只能依靠差役对该地进行管理,这就使差役在官员的管理中占有重要地位,差役就利用自己在官员和百姓之间的中介地位获取不当利益。第四,地主官僚的负面影响。在封建社会没有现在这样的监督机构,所以官员清廉与否，完全在于一个人的道德修养和人生经历，在中国历史上清廉的官员寥寥无几，而贪官数不胜数。这就为差役造成了不良影响，所谓上行下效，贪污成瘾的官员如何能够使其下属清廉正直？第五，差役繁重的任务。州县府衙的差役数量是有限的，但其任务却相当的繁重，特别是西南地区的差役任务更是繁杂。西南地区地势复杂，多是山地和丘陵，交通不方便，差役催征一来回耗时耗力，加上差役微薄的工资不够养家糊口，所以加深了其贪污的动机。

差役在封建社会的政治运行中是必不可少的，而贪污腐败自古以来就是存在的，只有不断地发展社会生产，解决最基本的民生温饱问题之后，才有解决贪污腐败的可能。只有提高全民的法律意识，健全国家法律制度、监督制度，提高官员的道德素养，才能从根本上杜绝贪污腐败。只有不断地改进社会制度，适时地调整对官员的管理手段，不断提高人民的生活水平，消除社会上存在的等级制度和人民心中的等级制度，达到真正意义上的平等。官员把官职作为一种职业，而不是敛财的平台和手段，真正做到服务于民。人民把官员看成是与自己同等级不同职业的人，不再仰视和害怕，如此，社会方能进步、方能和谐。

四 《扬艾庄契碑记》所载"地棍"问题与乡规民约

两通碑刻涉及一些史事，如庄田买卖、地棍问题、乡规民约、税收、役政等，这些都是当地的重要事件。而记载在碑刻当中，一方面是为了提醒群众遵守规定，另一方面则是作为一种凭证和依据。其中田庄买卖涉及的是中国清朝时期的土地制度，与税收有着密切的关系，这也是本文讨论的重点内容。"地棍"问题涉及的是一个时代的某一地区的社会问题，由这地方性的问题可以折射出整个社会大环境中存在的问题，是中央政策与地方实践相作用的产物。乡规民约是在国家政策、法律的前提下，实行的有利于管理地方的民间规约，由民间组织议定条规并执行，具有一定的地域性。

1. "地棍"问题

《扬艾庄契碑记》提及"地棍""讹诈"等词汇，因石碑风化较严重，有些字已磨灭，或漫漶不清难以辨认，因而笔者无法全面获悉当地地棍的具体情况，但从立碑的情况来看，地棍已经威胁到了人民的正常生活。地棍一般是没有任何职业，在社会上游荡，给社会造成一定危害的游民，其成分较为复杂，有汉民如碑文中提及的"赵士圣"；也有少数民族加入，如"陈阿八""陈连报""李阿真"等人。来源方式多样，有境外来的，也有土生土长的本地人。但他们共同的特点就是好闲、好惹事、社会责任感弱、以团伙形式出现，经常游荡在城市和乡村。

地棍有本地的，如当地的游手好闲的纨绔子弟、恶霸等；也有外来的游民，没有找到工作，有的演化为地棍，靠抢劫、讹诈、偷盗为生，有的变为乞丐，以乞讨度日。在花溪区现存有多块关于清朝时期"地棍""乞丐"的碑记，记载了清代中期乞丐、"地棍"对社会的危害以及一些解决措施。花溪区布依族苗族乡桐木岭村石头寨的寨门口就竖有两块清道光时期乞丐的碑刻，记载的是当时大量的游民、乞丐在当地强讨索取，不肯离去，扰害当地人家的历史事实。花溪区党武乡的下坝村也立有碑刻，记载了道光时期因常有成群结队的乞丐，沿门求吃喝，如不遂其意便滋生事端，于是村民上告官府，后官府颁发告示，勒令不准乞丐在该地行乞和歇宿[1]。除了花溪区以外，贵州的其他地方也有记载"地棍"、乞丐的碑刻，册亨县沉渡区者冲香岩洞寨的大路边也立有一块道光时期的碑刻，碑刻的正面则记载有"……有无籍游民，三五成群，诱赌盘剥。以乞丐为名，身栖岩洞，日则窥探门户，夜则鼠窃狗偷，盗谷物杂粮……"[2] 碑刻背面记载的是民众公议的条规，其中一条"世有不法之徒，昼夜游赌，刁害民家之子弟，各人警戒，勿喧哗"[3]。可见这类不法之徒存在的范围很广，形式多样，不同地区作案的方式不同，但都给当地民众造成了严重的影响。据《清实录》记载：雍正五年（丁未）二月初三日（1727年2月23日）谕云南、贵州、四川、广西督、抚、提、镇等："仲苗素称凶悍，加以汉奸贩棍藏其中，引诱为

---

[1] 范兴卫：《花溪区三通清中晚期"乞丐"碑考论》，学士学位论文，贵州民族大学，2009年。

[2] 贵州民族学院民族研究所编：《中国南方少数民族社会形态研究》，贵州人民出版社1987年版，第323页。

[3] 同上书，第322页。

恶，以致烧杀劫掠，毒害善良，居民深受其扰。"① 这里的"仲苗"与"贩棍"反映的是当地少数民族与外来的汉人相勾结危害当地的人民群众，这是民族融合时期的一种负面影响。外来人受到当地人的排斥，但是为了私利有部分少数民族人与外人勾结，给其方便，也使自己获得利益。但是这种利益却是以危害同胞的切身利益为代价的。而清政府对于这样的事件实行的是剿抚政策，对凶苗、贩棍进行围剿，对受害百姓进行安抚。乾隆十四年（1749年），爱必达向朝廷奏请清理苗疆诸弊的奏折中就提到"棍徒冒充差役赴各寨行凶索诈"②，这是地棍冒充官府的差役对百姓进行索诈，不仅危害了人民的正常生活，更是破坏了官府的形象，破坏了民众与官方的和谐关系，这样的做法使当地官府面临失去民心的危险。

"地棍"的大量出现是当时社会发展中存在的一个严重问题。"地棍"与乞丐一样存在于每一个朝代，只是在不同的政治环境中呈现出不同的状态，也从另一方面反映出政治的清明程度和政策的实施状况。清朝时期贵州大量出现有关"乞丐""地棍"的碑刻，这与当时中央王朝的政策是息息相关的。中国自古以来，提倡重农政策，人民依附于土地，祖祖辈辈靠种地为生，活动范围较小，人口流动量少，加上交通不方便，地域之间的隔绝大量存在。这种格局在中国漫长的封建社会一直存在，直到康熙五十一年（1712年）宣布"滋生人丁，永不加赋"，规定以康熙五十年全国的人丁为准，以后出生的新人口，则不再征收赋税。新政策的颁布，在一定程度上减轻了人民对土地的依附，获得一定自由，更多的人从事经商行业，社会上流动的人增多。再者，摊丁入亩政策的实行，不再征收人头税，加上生产技术不发达，人丁是主要劳动力，所以全国在短时间内人口快速增长，白寿彝总主编的《中国通史》也提到摊丁入亩"进一步削弱了封建的人身依附关系，推动了人口的迅速增长"③。《扬艾庄契碑记》碑中乡规民约部分的第四条"议山坡田园

---

① 中国科学院民族研究所贵州少数民族社会历史调查组、中国科学院贵州分院民族研究所：《〈清实录〉贵州资料辑要》，贵州人民出版社1964年版，第330页。
② 中国第一历史档案馆、中国人民大学清史研究所、贵州省档案馆合编：《清代前期苗民起义档案史料》（下册），光明日报出版社1987年版，第322页。
③ 白寿彝：《中国通史·清时期上》，上海人民出版社1996年版，第773页。

苡田土茨草各管各业不得伯霸……"，也说明扬艾寨在嘉庆时期人口密集，由于土地有限，荒山也成为人民眼中可以开垦之地，为了山地的所有权，寨子中起草了这样的规定。这一条规约也反映出扬艾地区外来人口增加，有很多人没有土地，有的租赁地主的土地成为佃农，有的沦为地棍到处游荡，以敲诈勒索为生。

贵州地处偏远，人口相对较少，加上清政府在贵州地区的政策的改变，大量的人口迁入贵州。但是贵州是一个多山的省份，可耕面积少，虽然中央政府一再允许人民开垦荒地，但还是满足不了人民的需求，这使很多人沦为乞丐，这就是为什么在贵阳花溪区存在大量的禁乞丐碑的缘故。除了乞丐之外，有人以打家劫舍、敲诈勒索、偷盗为生，这就是地棍。地棍比乞丐的危害更严重，地棍一般是一些四肢健全之人，不愿自食其力或是暂时没有工作之人，为了生存而做违法之事。

2. 乡规民约

乡规民约制度又称乡约制度或是规约制度，乡约制度起源于宋朝，是由民间组织自行拟定出来的一种管理制度，通常由本乡村德高望重的人来牵头制定。在贵州的一些地区，这些人被称为"寨老"或是"头人"，意思是他们是这个寨子辈分最大、名望最高的人。在明清时期，乡约制度被广泛使用，这加大了朝廷对少数民族地区的管理，到了清朝中后期，乡约制度发展成为官方管理少数民族地区的制度，地方上的寨老由官方来任免，通常任命的是寨中有势力、有威望的乡绅。官方通过他们任命的乡绅们来"传达政令，调节民间纠纷，举善纠恶，教化百姓和应付州县朔望点卯之事"①。可见朝廷也看到了乡约制度的可取之处。在少数民族聚居的地方，排外思想是相对严重的，外来官员直接治理这些地方，难度相当大。而这样他们就直接管理地方上有势力、有威望的乡绅，再让乡绅管理地方，不仅减轻了政治上的难度，也有利于地方上的稳定和团结。

《扬艾庄契碑记》中的乡规民约主要是对于这一寨居民而言的，是扬艾寨居民在日常生活中的准则，也从侧面反映出扬艾寨的社会面貌。碑刻中现存并可以识别的规约共有四条，但不完整。这四条规约反映出

---

① 范兴卫：《花溪区三通清中晚期"乞丐"碑考论》，学士学位论文，贵州民族大学，2009年。

来的是扬艾寨的人口密度、经济状况、土地利用情况以及人与人之间的交往状况。下面笔者对规约进行简单的分析。

规约一："采以□□絑畜践踏稚鸡啄害……"。要求各户人家看好自家的家禽牲畜，防止其践踏啄害庄稼，这里的一个"絑"字，表现出家禽家畜之多，絑的意思是如细米般密集的绣文，这里用来表示扬艾寨中各户所养家禽家畜之多，从侧面反映出扬艾寨居民多，人们勤劳，除了种植田地里的庄稼外，还饲养家禽六畜。这有助于提高人们的生活水平。规约二："□□治若遇等畜践踏此议规罚……"制定的是家禽家畜践踏庄稼后的惩罚制度，因石碑风化的缘故，具体的惩罚条款无缘得见，但依据所见字样，让人们清楚认识到有惩罚制度。这是规约中必须要有的条款，如果没有惩罚，那么规约很难执行下去。惩罚制度是为了维护整个规约制度而存在的，是规约制度得以施行的前提。规约三："议放牛地是曹姓庄业，异姓人等□□不佃……"这里强调的是土地的归属及地主与佃户之间的信誉问题，表现出来的是整个扬艾寨的人文状况，这一条规约表明，该土地是曹姓人的庄业，土地归属是曹姓人。而庄田上的佃户是稳定的，并不会因为外来人出高价就把土地租给外来人，这反映出该地区佃户与佃农之间的稳定关系和地主的信誉。从中也可看出该地的土地很紧张，人口增多，无地或是少地的人才会去租赁地主的土地来耕种，而当地的原住居民不可能在短期内大量增长，唯一的解释就是外来移民的增加，造成土地紧张，致使村民们明确提出这样的规定，以此来保护原住居民的利益，实现社会的稳定。规约四："议山坡田园苊田土茨草各管各业不得伯霸……"这里是明确规定了各家园田坡地的归属，各自管理，不得霸占他人的土地。该规定与规约三一样是为了防止别人侵占土地及山坡，这种地权意识在当时受到相当高的关注。这与当时的社会现象息息相关，人们只有在别人危害到自己的权利时才会高度重视自己的权利，只有危机来临才会深刻认识到之前没有注意过的领域，希望找到保障自己权利的有效手段。当时大量的外人迁入贵州，给当地人民带来了土地危机，而当地人用这种规约的制度保障了自己的权利，也杜绝了部分与外人勾结的"内奸"行为。

乡规民约的发展表现出来的是边远的少数民族地区与内地融合的历程，从自主管理到受官员任命管理，是人民意识形态的改观过程。这种从上层到下层、从少数到多数的渗透，标志着中原文化向边远地区发展、扩张。中华民族的形成正是在这样的融合中实现的。任何事物都是在不断变化的，吸收不同的元素，形成自己的特色，发展成为更能适应社会的产物。

五　两通碑刻所见家族与姓氏变迁考

《扬艾庄契碑记》中所涉及的山里田地契约成书于顺治十八年（1661年）七月二十日，是这通碑文中记载的时间最早的，可以看出这通碑最原始记载的是曹何两家之间的山林田地买卖文契。结合《永垂万古》碑有"我等自明住居州属"可见，曹何二氏明代就已经居住在此，并且何氏应是比曹氏更早居住在此地的汉族。而碑文中所记载的凭中人极有可能就是扬艾寨原有的居民。笔者在走访调查中得知，扬艾寨现在的居民有李、刘、吴、杨等姓，曹姓原本居住在此，但现已无后人。现在仍居住在此的李、刘、吴、杨等姓人家是碑文中凭中人的后代吗？还有赵氏、黎氏、符氏的后人去了哪里？《扬艾庄契碑记》中有汉族姓氏的应是汉族人，但现在居住在扬艾寨的除了李姓人家外，其余都是苗族，这里的苗族与碑文中的少数民族凭中人又有什么关系呢？根据田野调查得知，现在居住在扬艾寨的各姓居民都是和曹氏祖先同时逃难来到扬艾寨的，在曹氏买庄之前他们在地主家做长工。从这里可以看出，在曹氏买庄之前这里是有人家的，而不是像有老人家说的，在曹氏买庄之前，这里没有人家居住。且笔者认为，曹氏买庄之前做工的人家很有可能就是何家，后来在顺治十八年时何家把庄田卖给了曹氏之后，离开扬艾寨，那以后此地就没有何氏后人了。

因没有族谱，笔者无从查找碑文中的凭中人与现在居住在此的同姓人的关系。笔者更倾向于这里原本有人居住，与曹氏先祖一同来的只是其中一部分，后来与原本居住在此地的同姓人家合为一家了，形成今天扬艾寨的姓氏格局。除此之外，这里原本应是苗汉杂居，《扬艾庄契碑记》中的佃户老十么、老龙眼，明显是少数民族人名，当时他们是佃户，并且在寨子中还拥有一定的地位，此时称呼的还是少数民族的名字，这是顺治十八年，贵州刚纳入清朝统治时候的情况。到嘉庆八年的时候，从碑文中可以看出少数民族已经有了汉姓，但其名字仍然保留着少数民族的特色，如碑文中的陈阿八、陈连报、李阿真等。关于该地区少数民族后来的发展，这里有两种可能，一是在长期的发展、融合中，少数民族逐渐汉化，改用了汉族姓氏，中华人民共和国成立后，在民族识别时，把这整个区域划为少数民族；二是清朝或是清朝以前，该地区的汉族迁走了，只留下了佃户，这时期的佃户已经使用汉姓。但是对于这两种可能性，都没有依据可考，从民族发展的角度来看，笔者更倾向于民族融合这一说法。

曹家买庄之后，与曹氏一起来的李、刘、吴、杨等姓做了曹家的佃客，而曹家成为当地的地主，后来经过不断发展成为当地很有名望的家族。据说曹家历史上也出现了一些很有名望的人物，因曹家无后人居住在此，又没有族谱记载，现在的居民们已经记不清了。笔者回学校翻阅文献，在《广顺州志》中找到《永垂万古》碑碑文中所提到的"曹型仁"①的名字，地方志中记载曹型仁是清朝时期广顺地区的岁贡，因只有名字，而无其他任何信息，但从其地域和时代看，笔者推测地方志所提及嘉道时期广顺州的曹型仁就是《永垂万古》碑碑文中的曹型仁，那么曹家当时在龙山村的影响必定是不小的。

曹家的败落大致始于咸同时期。发展到咸同时期的曹家家业已经很庞大了，但由于政府的腐败，战乱不断发生，曹家就在战乱中逃散了。不仅如此，由于战乱使很多人落草为寇，马场地区土匪横行，而富裕的曹家就成了土匪抢掠的重要对象。在与土匪的斗争中，曹家不仅损失了财物，还损失了大量的人丁。传说有一次，曹家的男丁为了躲避土匪而藏身于后山山洞中，土匪却在洞口放火烟熏，有的直接被熏死，有的跑出来反抗被杀。最后，扬艾寨只有一户曹姓人家，但没有儿子，女儿出嫁去了外地，老人死后这里就没有曹家人了。值得注意的是，笔者在调查中了解到，扬艾寨的曹氏与当时的土匪曹绍华没有血缘关系，只是同姓而已。

---

① （清）金苔修，但明伦纂：《道光广顺州志》，道光二十七年广阳书院刻本，巴蜀书社2006年版，第430页。

结　语

　　一块碑刻揭示了一段时期的社会面貌，赋税征收表现的是国家对地方经济财政上的统治，前期和后期赋税征收的变化，反映出整个社会层面的变化，是贵州经济发展的表现形式之一。乡规民约首先是地方上的自治制度，后来演变为和政府合作的半自治式组织，这是中原王朝对边远地区统治过程的演变，是边远少数民族与汉族逐渐融合过程的体现。贵州社会在清朝中期曾出现过比较混乱的时期，这也与中央王朝的政策息息相关，"摊丁入亩"政策的实施，解放了人民对土地的依附，取得了人身的自由。也是因为该政策的实施，人口大量增长，外迁人口增加，这就导致了当时处于边远地区的贵州，在短时间内人口剧增，人地矛盾空前严重，这给当时的贵州人民及政府带来了挑战。社会上"地棍""乞丐"大量存在，社会秩序遭受破坏，严重影响了民众的正常生活。也正是这些不安定因素的存在，政府下达了整治的命令，今天仍可以看见当时留下的碑刻遗存，为今天的政府地方治理提供了借鉴。

参考文献

　　中国科学院民族研究所贵州少数民族社会历史调查组、中国科学院贵州分院民族研究所：《〈清实录〉贵州资料辑要》，贵州人民出版社1964年版。

　　赵尔巽等：《清史稿》，中华书局1976年版。

　　昆冈：《钦定大清会典》，上海图书集成印书局，光绪十九年。

　　（清）爱必达、罗绕典：《黔南识略·黔南职方纪略》，贵州人民出版社1987年版。

　　贵州民族学院民族研究所编：《中国南方少数民族社会形态研究》，贵州人民出版社1987年版。

　　中国第一历史档案馆、中国人民大学清史研究所、贵州省档案馆合编：《清代前期苗民起义档案史料》（下册），光明日报出版社1987年版。

长顺地方志编纂委员会：《长顺县志》，贵州人民出版社1998年版。

（清）周作楫修，萧琯等纂：《中国地方志集成·贵州府县志辑·道光贵阳府志》，咸丰二年朱德璲绥堂刻本，巴蜀书社2006年版。

（清）金台修，但明伦纂：《中国地方志集成·贵州府县志辑·道光广顺州志》，道光二十七年广阳书院刻本，1964年贵州省图书馆复制油印本，巴蜀书社2006年版。

夏家馂：《清朝史话》，北京出版社1985年版。

白寿彝：《中国通史·清时期上》，上海人民出版社1996年版。

《贵州通史》编委会：《贵州通史》（第1卷），当代中国出版社2002年版。

侯绍庄：《黔史论丛》，贵州民族出版社2005年版。

马国君编著，杨庭硕审订：《清史稿·地理志·贵州研究》，贵州人民出版社2011年版。

顾文栋：《从清末到民国初期贵州田赋征课的概略》，《贵州文史丛刊》1991年第1期。

林京榕、陈真：《浅谈清代的土地制度》，《福建论坛》1995年第3期。

戴学文：《在中国流通的越南条银》，《中国钱币》1996年第4期。

方光禄：《再谈"摊丁入亩"对人口增长的促进作用——以徽州族谱资料为中心》，《黄山高等专科学校学报》2002年第3期。

陈学文：《土地契约文书与明清社会、经济、文化的研究》，《史学月刊》2005年第12期。

杨国桢：《深化中国土地所有权史研究——〈明清土地契约文书研究〉修订版序》，《中国社会经济史研究》2008年第3期。

马勇虎：《咸丰年间货币流通的民间形态——徽商志成号商业账簿研究》，《安徽史学》2011年第2期。

龙泽江、谭洪沛、吴小平：《清水江文书所见清代贵州苗侗地区的田粮计量单位考》，《农业考古》2012年第4期。

郭丽芬：《清代州县差役的赋税征收职能及贪赃行为》，《中国国家博物馆馆刊》2013年第6期。

范兴卫:《花溪区三通清中晚期"乞丐"碑考论》,学士学位论文,贵州民族大学,2009年。

赵艳:《清代贵州田赋研究》,硕士学位论文,贵州大学,2015年。

附录

图 1 《扬艾庄契碑记》碑（朱丽霞摄于扬艾寨，2015 年 11 月）

图 2 《永垂万古》碑（朱丽霞摄于扬艾寨，2015 年 11 月）

清代以来贵州从江洛香镇大团村侗族梁氏墓地碑刻调查研究[①]

梁海霞[②]

墓葬是历史文化的一部分，民族墓葬是民族的重要文化遗存。贵州省近几年在少数民族墓葬形制和墓碑的研究上有了重要进展，如贵州省文物考古研究所编著《水族墓群调查发掘报告》，对水族的墓葬形制、年代、艺术及民族文化特征进行了探讨。还有余继平的《乌江流域墓碑雕刻艺术研究》，对乌江流域的墓碑及其雕刻艺术进行了比较深入的考察。2013年1月16—20日，我们在叶成勇老师带领下，对贵州省从江县洛香镇大团村墓群进行了调查，16日对大团村文物古迹进行了全面的调查，17日、18日、19日对墓地碑文进行抄录和拍照，20日总计墓地坟墓数量，并对碑文进行整理。本文在对其墓碑形制、碑文、雕刻艺术等调查的基础上，分析大团村的社会历史文化发展情况，从一个侧面考察这一区域侗族的政治、经济、文化的发展变化。

一 梁氏墓地概况

洛香镇位于从江县城东北面，面积37.41平方公里。辖大团、洛香、登岜、大桥、弄胖、新平、方良、平乐、登双9个村。洛香为侗语Loc yangp（洛响）音译，意为适合贸易之地，洛香是从江、黎平两县交界地带的农贸市场，市场活跃。民国时期属新安乡，1953年建洛香乡，1992年改建洛香镇。洛香镇地处低山丘陵地带，气候温和多雨。大团村离洛香镇城（洛香村）约2公里，与洛香镇城隔河相对，村庄交

---

① 本文在叶成勇老师指导下完成，是贵州省教育厅高校人文社会科学研究基地项目"贵州黎丛榕地区侗族民族志资料汇编"成果之一（项目编号：12JD069）。
② 梁海霞：贵州民族大学民族学与社会学学院2016级本科生，学士。

通便利，村民皆侗族梁姓，文物古迹有百年老房子、道光年间的就义桥及道光时期的建桥碑和嘉庆年间以来的墓碑。

大团村梁氏家族墓地坐落在大团村寨对面的一座山坡，侗语叫"大规杠"（如图1）。面对墓地的左边有一株大枫树，再往左是正在建立的学校的用地，中上右边有座新建的凉亭。墓地的坟墓背山面向村庄，寓意着守护子孙万代之意。墓地有400多座坟墓，每座坟墓的规模大小不一，坟墓之间存在复杂的打破关系，即晚期的坟墓打破早期的坟墓。

图1　大团村梁氏家族墓地所在山坡

墓地的坟墓可分为"圆形石围墓"①和土堆墓两种类型。"圆形石围墓"主要是清朝时期的坟墓，都有一定程度的损坏，所立的墓碑最早为清代嘉庆年间，有的文字已经看不清。土堆墓的数量所占比重比"圆形石围墓"大得多，其封土呈圆形、长方形两种，圆形的封土比较多，土堆墓有的不立墓碑，有的立有石碑却无碑文，该类坟墓的时间无法确认。

在对墓地墓碑进行抄录和分类的基础上，笔者把这些墓碑雕刻时间分为清朝（嘉庆年至光绪年）、民国、中华人民共和国成立后三个时期，不同时代的墓碑有不同的特点。清朝时期的墓葬形制是圆形石围墓，墓前有龛式碑；民国时期的坟墓比清朝的简化得多，只在碑座上立一块碑板即可。中华人民共和国成立后的坟墓，形制多样化，大小不

---

① 贵州省文物考古研究所：《水族墓群调查发掘报告》，科学出版社2012年版，第8、48页。

一,墓碑材料也发生了变化。

二 清朝时期的墓碑

清朝时期的墓碑形制庄严规模较大,以圆形石围墓为主要特点,即墓上结构由两部分组成,为弧形石板砌成的墓上圆形石围和墓前的长方形龛式碑。墓上石围为圆形,系用三至四层弧形石块砌成,有的最上一层石块为仿屋檐式样,石围内填土作为封土堆。墓前立有龛式碑,为双重檐悬山顶一间二柱门楼造型。

(一)墓碑形制

墓碑为双重檐悬山顶一间二柱门楼造型(如图2),以青石为材料。墓碑主要由碑身(碑板)、碑柱、碑帽、碑身罩、碑座构成,碑板位于中间,碑柱两个分别位于碑板的两边,与碑板一样高,使碑帽稳搭在石碑、碑柱的上面。碑身、碑柱最高为100厘米,碑身和碑柱一起测量最宽为126厘米,墓碑最重要的组成部分是碑身,碑柱、碑帽起修饰墓碑的作用。碑身罩是一块镂空雕刻精美的石板(图3),立于碑板前面,夹于碑柱中间,但有碑身罩的墓碑很少,墓地统计只有两座,其中一座

图 2   图 3

墓碑的碑身罩被毁,不见踪影。碑座则平放于墓碑碑板前面,夹于碑柱中间,平面光滑无纹饰。这就使墓碑的形状如一栋宅子大门或城门,其

实这也寓意着过世之人住的宅子（阴宅）。有的坟墓在其墓碑背靠封土顶部发现球形的圆石，当地人们称"状元顶"，表面光滑，无雕刻痕迹。"状元顶"不是每座坟墓都有，墓主生前参加科举考试取得功名的坟墓才有。

  1. 碑身

  碑身为长方形，最高约为 100 厘米，宽约为 50 厘米。碑身之所以是墓碑的最重要组成部分，是由于碑身所刻内容概括了墓主的姓名、身份、生卒年月日、享寿、子孙、立碑人、对联、安葬或重葬的日期等内容。碑身上的刻字是有顺序的，先中再从右向左，墓主姓名在碑板的正中间竖写，字体大，称为中榜，例如"清故恩考梁公讳用跳之坟墓"。中榜右边是墓主的出生年月日和享寿岁数，中榜的左边为墓主的子孙或兄弟和墓主的殁时。对联是在以上内容的两边对称排列，横批则在中榜的中上方，如"克昌厥后"，类似"门匾"。碑板上不仅刻有文字，同时有的还刻了精美的花纹、龙纹、凤凰纹等，但占少数。

  2. 碑柱

  碑柱有两根，厚重，位于碑板两边，大小不一，高度与碑板的高度一样，呈不规则形状或长方形。碑柱是碑帽的主要支撑点。碑柱雕刻有对联、回字纹、龙纹、窗纹、花朵纹等。对联，分别刻于墓碑的左边和右边碑柱上，有的为一对，位于碑柱正面，有的为两对，一对在碑柱的外侧，一对在碑柱的内侧，有的对联有回字纹修饰；有的碑柱雕刻双龙抱柱，对称雕刻在碑柱向内的两边，双龙抱柱成为碑柱主要特点。墓地只发现两座坟墓有窗纹，位于碑柱正面，对联的外侧，其雕工技艺比较娴熟精美。

  3. 碑帽

  碑帽，位于碑板和碑柱的上面，厚重，高为 35—61 厘米，长为 90—158 厘米。碑帽呈屋顶形状，即碑帽形状类似侗族风雨桥的悬山青瓦顶，这体现了风雨桥与侗族生活风俗习惯息息相关。碑帽的中部正面刻横批，横批的上面刻有水纹、云纹、鸟纹等。碑帽顶部有五角，其中三角在刻字匾的正上面，两角分别位于其两边。

（二）墓碑碑文

1. 碑文格式

墓碑碑文分别刻于碑身、碑柱、碑帽，内容包括墓主身份、生卒年、寿命、立碑人、立碑时间、对联等，碑文字体为繁体楷书或行书，先中后从右到左的阴刻和阳刻相结合。墓主身份、生卒年、寿命、立碑人、立碑时间的雕刻方法为阴刻，对联有的采取阴刻，有的采取阳刻。清代墓碑碑文格式如图4。

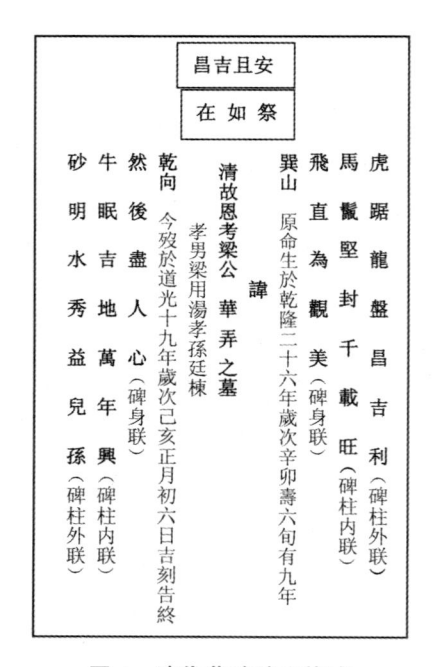

图4　清代墓碑碑文格式

墓碑碑文先中后从右到左读，所刻碑文有着严格的规定，这与对死者的尊敬和中国风水观念有关。"巽山""乾向"，是与中国墓地选址风水观有关，"巽"代表东南方，"山"即坐方，"乾"代表西北方，巽山乾向就是座东南向西北，即乾宅。"孝男梁用汤孝孙廷栋"是立碑人，也是墓主的儿孙。墓碑所刻碑文有着严格的排列格式，不能随意更改，墓碑碑文的格式至今变化不大。

墓碑对联刻在碑板、碑柱上，有阴刻和阳刻两种雕刻方式，雕刻字体为楷书和行书。清朝的墓碑对联几乎每座墓碑都有（附表2），对数达两至三对，碑柱两对，碑身一对，或碑柱一对，碑身一对，再加碑帽一横批和碑板一横批。

墓碑对联一般常用词为：吉地、佳城、青山、龙盘、虎踞、地脉、千古、长眠等，寓意着墓主所在之地为吉地，恩泽子孙万代，如"牛眠真吉地，龙耳是祥山"；"助孙枝人财两发，抚后裔富贵双全"；"虎踞龙盘昌吉利，砂明水秀益儿孙"等，一座墓碑的对联寓意包含吉地、恩泽子孙、家族富裕、恩德万世、子孙孝敬、中科举等内涵，不是单一的寓意。如道光十九年梁母梁氏的墓碑对联："万寿无疆；垂裕后昆；水□腾芳方德荣，山绕饶财才是富；崇山叠叠启人文，曲水湾湾生富贵；牛眠真吉地，龙耳是祥山"。该对联寓意老人长寿、恩德子孙万代、子孙富裕、吉地等含义。

从墓碑对联数目来看，对数呈少到多再到少的趋势，道光年间的对联对数多为三对，嘉庆、同治、咸丰、光绪年间的墓碑对联数多为两对或一对，体现了墓碑修建的盛衰变化。

2. 碑文所反映的墓主信息

墓碑碑文最重要的内容是它必须交代死者的姓名及死者生前的最高官衔或地位，它也说明死者与立碑人的关系，以便子孙的缅怀、祭拜。清代的墓碑碑文交代墓主信息比较详细，墓主信息列表如（附表1）。

（1）墓主身份

墓主的身份，阴刻在碑板中心部位，即中榜，如"清故恩考梁公讳华弄之墓"，用最简短的文字交代墓中死者的身份。"清故"，即墓主死于清朝时期，"皇清"即大清。为尊敬长辈，加了许多尊敬的词，如父亲称考、恩考、显考，母亲称妣、恩妣、先妣，男子加公、府君，女子加氏、孺人。因此墓主为男性，则碑文中"恩考"是子孙对过世的父亲的尊称，"考"指父亲，即父亲的恩情；墓主为女性，如"皇清先妣孺人梁母□吴太君之墓"中"先妣孺人"是子孙对去世的母亲的尊称，"妣"即母亲，"先妣"即已亡的母亲，"先"是"亡"的讳称，是对已亡的母亲的敬语。因此"中榜"交代了死者的身份，是碑文必不可少的部分，也是碑文最重要的部分。"讳"是讳言、不说、避讳的意思，是对死者婉词。"梁华弄"才是墓主姓名，而母亲没有明确的姓名，只刻母亲的姓氏，"梁母□吴太君"只是说明梁母姓吴，吴氏人嫁入梁姓家，为梁母。

从表中可看到，墓主为男性的墓碑，碑文才刻有确切的名字，如"梁倒挽""梁金理""梁华弄""梁用跳"等。这些姓名的特点为：①有较明确的字辈意识，从表中可推出"华—用—廷—则（泽）"字辈和"华—用—廷—普—瑞—乾"字辈。但字辈不全、不连贯且不规整，其原因一是该墓地并不是立有全部墓葬的墓碑；二是当时大团村村民的字辈观念并不是很强。②直接翻译侗语语音的名字明显，如"梁华弄""梁老嘴""梁用跳""梁艮你""梁三汉"，这体现了侗、汉两种文化的相互融合过程。

碑文出现墓主刘崇送，该墓字迹模糊，身份不详，墓碑"道光二十九年（1849年）三月清明节日立"的墓主"刘母蒋氏"，可能为"刘崇送"之妻。刘姓墓的出现，说明约在道光年间，大团村接受外姓加入梁氏房族。从墓碑形制结构看，"刘崇送"家族在大团村属于比较富裕的，因为当时对于当地农民来说，有一定的经济基础才能修建复合式结构的墓碑。

从表中看到，立碑人主要是墓主的儿孙、侄子，如墓主梁廷辅的立碑人为"孝侄男普荣孙瑞芝稽桑"，道光十一年墓主梁氏母太君的立碑人为"孝男梁用敖、梁用跳同立"。少数立碑人是墓主的兄弟，表中只有道光九年的墓主梁老嘴的立碑人为其亲弟梁国兴和梁国英。清代立碑人没有刻墓主的女儿、孙女。在32座墓碑中，男性占18人，女性占13人，一人身份不明，女性墓碑与男性墓碑比例相差并不大。

清代墓碑碑文内容比较丰富，墓碑碑文除了交代墓中死者与立碑人的关系外，有的还交代了墓主的社会地位。如"前清应授修职郎显伯考梁公讳廷辅墓"，即交代了梁廷辅在清朝被授予官衔"修职郎"（文阶官名，修职郎是正八品的散阶，散阶是授官职时同时授予的虚衔），说明梁廷辅在世时的社会地位比较高，或在村中从事与修职郎相当的职务。又如"恩赐九品梁公讳朝或墓"，"恩赐"即受到清朝统治者赐予官位，即交代了梁朝或在世为九品官。另外有"疆清故恩妣梁氏太君之坟墓"中的"疆清"，即该地属于清朝统辖的疆域。由此看来在简短规格的"中榜"所包含的内容很丰富，交代了墓主姓名、生活朝代、与立碑人的关系、所居官位、领域统辖等信息。

（2）墓主生卒年月日

在"中榜"的两边分别从右到左阴刻着墓主的生卒时间，从墓主的生卒年月日，可知墓主在世的时间范围。如墓主梁用跳的碑文阴刻出生时间为"原命生于嘉庆四年岁次癸亥吉月吉日时"，去世时间为"大限殁于同治八年十一月十六日□告终"。"嘉庆四年"，即公元 1799 年，"癸亥"为干支纪年法，指"嘉庆四年"，"同治八年"为公元 1869 年，立碑人在为墓主立碑时，因时间比较久而忘记了墓主具体的出生时间和去世时间，则阴刻"吉月吉日时"，以示墓主去世时间为吉日吉时。

墓主的生卒年月日时和墓主在世寿命，经计算发现有很多是矛盾的。如有墓主"疆清故恩妣梁氏太君之坟墓"，其所刻出生时间为"乾隆丙申年"，即乾隆四十一年（1776 年），卒年刻为"道光十九年十月"，即 1839 年，寿命刻为"七十有四岁"，据其生卒年的时间计算，墓主应为 63 岁，与 74 岁相差 11 岁。据上文《墓主身份信息表》统计，所刻的墓主生年、卒年、寿命，其中有不乏这样的矛盾。32 座清代的墓碑中，有 13 座所刻生卒年或寿命出现矛盾，即"梁母□吴太君"、道光十一年"梁氏母太君""梁华弄""梁华□"、道光十九年"梁氏太君"、道光十二年"梁母黄氏"、梁老嘴、道光二十四年梁母张氏、道光二十四年梁母李氏、道光二十九年"梁母张氏""梁士彦"、咸丰十年"梁母吴氏""梁用跳"。有 12 座墓碑生卒年、生年或卒年、寿命不明，即"梁倒挽""梁倒海""梁金理""梁廷辅""梁起才""梁用富""梁母太君""梁母英吴""梁氏石太君""刘崇送""刘母蒋氏"。可见墓主生卒年、寿命出现的矛盾所占比例非常大。

墓主的生年、卒年、寿命出现矛盾，究其原因主要为：一是清代侗族大多数人没有对生卒年的记录意识，立碑人仅凭记忆推断；二是当时的大团村只有极少数村民识字，对汉族的纪年不熟悉，使推算对应的纪年不准确；三是风蚀腐化严重，认不清具体时间；四是立碑时间和墓主去世时间相距比较远，记不清墓主的生卒年。另外有 9 座墓碑时间不明的主要原因有：一是立碑人不记得逝者的生卒年，如墓主梁金理，所刻生年为"雍正年"，卒年为"乾隆年"，而立碑时间为"同治十一年"，这是立碑人记不清墓主具体的生卒年；二是墓碑风蚀严重，无法辨认；

三是墓碑碑身前立碑身罩，无法看清。

（3）世系关系

从所抄录的墓碑碑文看，墓地出现有世系关系的坟墓，世系最多有四代。根据立碑人与墓主关系整理出以下世系：

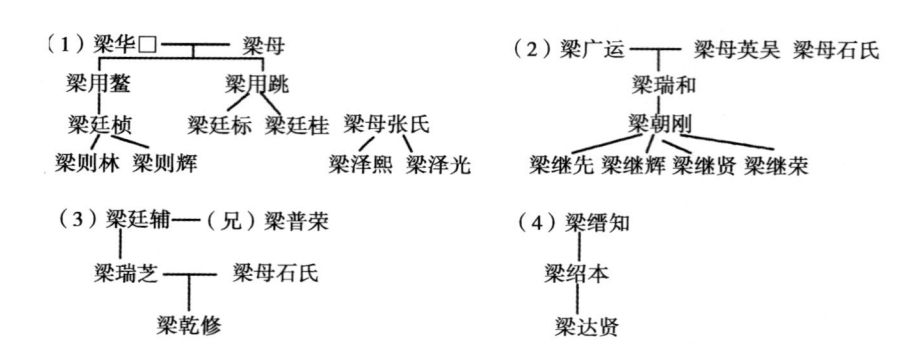

（1）梁华□──┬──梁母
　　　　梁用鳌　　　梁用跳
　　梁廷桢　梁廷标　梁廷柱　梁母张氏
　　梁则林　梁则辉　　梁泽熙　梁泽光

（2）梁广运──┬──梁母英吴　梁母石氏
　　　　　梁瑞和
　　　　　梁朝刚
　　梁继先　梁继辉　梁继贤　梁继荣

（3）梁廷辅──（兄）梁普荣
　　梁瑞芝──梁母石氏
　　梁乾修

（4）梁缙知
　　梁绍本
　　梁达贤

（三）墓碑纹饰

墓地的墓碑雕刻艺术主要体现在清朝时期的墓碑，碑帽、碑柱采用立体雕塑的手法，碑身采用平面雕刻法。不同部分纹饰体现不同特点，在每个结构的雕刻形状、雕纹、刻字等都有着深刻的文化内涵和风水观。墓碑纹饰表如（附表3）。

碑帽的独特（见图5）之处是碑帽雕刻呈侗族的风雨桥的悬山青瓦顶形状，有的碑帽横批上面雕刻云纹、水纹或鸟纹，起着重要的修饰作用。云纹和水纹采取简单的平面阳刻，鸟纹只有墓主"梁用富"的墓碑碑帽雕刻（见图5），采取平雕阳刻的两只背对的鸟，栩栩如生，两只鸟的周边、中间还雕刻花纹。

碑柱雕刻呈向内缓斜的多边柱形的建筑纹，碑柱向里对称雕刻有双龙抱柱，正面两边刻有窗纹等。双龙抱柱、窗纹并不是同时存在于一座墓碑，雕刻双龙抱柱纹的碑柱，没有窗纹，有窗纹的碑柱没有双龙抱柱纹。雕刻的双龙抱柱纹只是雕刻一半，另一半没有雕刻出来，如隐于碑柱之间，栩栩如生。雕刻窗纹的碑柱比较宽大，窗纹中还刻有花纹、格子纹、钱纹等，雕刻艺术比较精美。如道光五年的墓主梁倒海的墓碑碑柱平雕刻窗纹（见图6），左边碑柱雕刻有一个圆形，圆形内是花纹，

图 5

圆形下面是格子纹；碑柱右边是钱纹，钱纹下是格子纹。道光十一年的梁母梁氏的墓碑碑柱（见图7），比较宽，分别刻有格子纹、花纹的窗纹，左右窗花纹宽都是34厘米，对称雕刻。

图 6   图 7

碑身的整体雕刻如房子的门，方形、拱形两种形状，还雕有一块"门匾"，匾中刻有对联横批，横批周围为回字纹，"门匾"两边分别雕刻凤凰纹，如光绪十三年的梁廷辅的墓碑碑身"门匾"两边分别有只不对称的凤凰纹（见图8）。碑身采用平雕阳刻雕刻方形门或拱形门图形，而墓主的身份信息阴刻于"门"中部，对联则阴刻或阳刻于"门"外两边；有的"门槛"则平雕刻花纹等纹饰。

从整体上看，碑板除了雕刻成门型外，还雕刻少许的花纹、凤凰

图 8

纹、回字纹。从雕工技艺上看，雕刻的图案略显简单、粗糙，多采取阴刻的方法，以简约的形式表现出所要传达的内容，说明当地民间石雕工艺水平的相对滞后。如光绪十三年的梁廷辅的墓碑碑身"门匾"两边分别有只不对称的凤凰纹，雕工比较粗，道光五年的墓主梁倒海的墓碑碑柱平雕刻窗纹，两边的纹饰不对称。同时石雕题材多雷同不够宽广，也在一定程度上反映出其思维和技艺的局限性。

三　民国时期的墓碑

民国时期的墓碑，相对于清朝时期的墓碑来说，变化很大（附表4）。民国时期的墓碑，除了有一座墓碑是双重檐悬山顶一间二柱门楼结构外，其他都为单体式，只在碑座处立一块碑板，刻着墓主姓名、生卒年月日、享寿、子孙、立碑人、对联、安葬或重葬的时间等内容。同时，碑板的高宽也比清朝的碑板小，多数墓碑没有对联，有的只有石碑没有碑文。总体而言，民国时期的墓碑结构单一，墓碑形制结构为单体式，相对清朝时期的墓碑形制、碑文上显示出比较简约随意，缺少清朝时期的厚重感。同时，民国时期的墓碑宽高比清朝时期相对较小，而且没有雕刻纹饰。

墓主姓名相对清朝时期有所变化，即村民取名直译侗语语音的名字减少，有着明显的字辈意识。出现外姓"潘民辉"，其原因可能是：①外姓迁入本村；②入赘，男性入赘女方家；③继男，从表中墓主"梁瑞芝"的立碑人是"继男梁金魁"可知，"潘民辉"也可能是继男身份。列表中出现世系关系的墓主和立碑人很少，只有"梁缙知—梁绍本—梁达贤"三代，这与墓地并不是大团村所有民国时期的墓碑有关。

从墓主生卒年上看，也有墓主的生年、卒年、寿命的矛盾现象，有墓主"梁清源""梁母梁氏""梁母石氏""梁含义""梁母石氏""梁绍本""梁缙知"。同时，民国时期出现儿童墓，即墓主梁香孟为 10 岁。当地侗族丧葬风俗中，中华人民共和国成立之前存在对于死去的儿童进行树葬，而不是土葬，即用篓子装着儿童的尸体吊在树上，让其自然腐化。儿童墓的出现，说明儿童树葬的观念在淡化，至今已经没有这种丧葬了，虽然对于死去的儿童进行土葬，但很少立碑，或者不立碑。

民国时期的墓碑形制为单体式，如清朝时期的碑身，碑文除了缺少碑柱的对联外，碑文与清朝时期的碑身刻文一样，但对联所占比重很少，民国时期抄录的 19 座墓碑中，有 10 座有横批，4 座有对联，8 座无对联和横批。同时男性为 12 人，女性为 7 人，男女比例差距拉大。

四 中华人民共和国成立后的墓碑

相对民国时期，中华人民共和国成立后的墓碑在规模、结构、材料上有所变化。中华人民共和国成立后的墓碑，可分为两个时期。第一时期为改革开放之前，与民国时期的墓碑形制结构相差无几，但是碑文有所变化，立碑人增加了女儿、孙女姓名，如墓主梁运光的立碑人是"孝女梁金少、金还、金云、金柳、月英、月美"，而不是墓主的兄弟。第二时期为改革开放至今，坟墓的规模逐渐扩大，墓碑材料发生了变化，有的墓碑材料由水泥和瓷砖做成（见图9），形状如清朝时期的复合式墓碑形制结构，这体现了仿古之意和时代的发展变化给墓碑带来的影响。

五 从墓碑看当地社会历史文化变迁

从清朝、民国、中华人民共和国成立后三个时期的墓碑特征看，墓地的墓碑群是大团村社会历史发展的一个缩影，墓碑形制结构等不断变化，具有明显的时代性，反映了深刻的历史事实及其文化发展变化。

（一）清朝以前的社会历史文化

墓地墓碑所刻最早时间为嘉庆二十三年（1818 年），并且该墓碑碑

图 9

帽、碑柱、碑身是连为一体的墓碑形制，由一块青石雕刻而成，雕刻单一，相对复合式墓碑规模小得多，可见清朝时期，大团村及其该区域的侗族已经受到汉文化的影响并形成发展趋势。而清朝以前的坟墓没有墓碑，或有墓碑但无碑文，在墓地中无法辨认。

明代永乐十一年（1413年）贵州建省，自那以后从江县的历史才渐次清晰。明代以前的宋元史籍有"洞丁"的记载，可略见侗族早期历史文化的影子。宋以前则语焉不详。

从江县属区域在元朝时期，隶属思州宣慰司，至明朝，中央政府才设行政区，置永从县①隶属黎平府，中央权力开始深入当地的侗族社会组织。在明朝，该区域已经受到汉文化的影响，但是汉字并未得到普及。明代朱元璋为了政治的需要，稳定边疆，对西南采取"怀柔"政策，"治国以教化为先，教化以学校为本"②的治国方针，在贵州普遍修建学校，推行科举，土流并治，鼓励汉人迁入贵州，普及汉文化，以此教化"苗民"。从江县处于多山、交通不便的偏远地区，比较封闭，经济落后，可以说明代在该区域除了中央设置行政区外，侗族、苗族等少数民族文化、生活风俗习惯并不受到影响和冲击。因此大团村在清朝以前，坟墓没有立墓碑或立碑无碑文，老人去世所埋之处凭记忆，每代相传进行祭拜。

---

① 从江县，元设福禄永从、西山大洞长官，属思州军民安抚司，明洪武三年（1370年）置福禄永从长官司，属思州宣慰司；正统六年（1441年）改福禄永从、西山阳洞蛮夷长官司为永从县，属黎平府。1941年撤永从，以东北地入黎平，西南地入下江，置从江县，以永从、下江各取一字为名。

② （清）张廷玉等撰：《明史》，中华书局1974年版，第4页。

(二) 清朝时期社会历史文化变迁

清朝时期的墓碑形制结构为复合式，墓碑采用青石，加工规整，石块厚重，结构严整、规范。从墓碑的形状结构看，大团村在嘉庆、道光、咸丰、同治年间处于历史发展繁盛时期，村里出现大地主或官员，如"前清应授修植郎显伯考梁公讳廷辅墓"和"状元顶"。最早的墓碑是嘉庆年间所立，正是在大团村梁氏家族兴起阶段；道光至咸丰时期是大团村梁氏家族的繁荣阶段。从其墓碑形制可看出，清朝时期的墓碑规模比较大，坟墓的石围也是经过精心加工的，同时双重檐悬山顶一间二柱门楼结构的墓碑，属于比较富裕的家庭才会修建。一个区域的社会经济文化走向衰落有一个缓冲阶段，而咸丰、同治年间就是黔南桂北社会经济文化走向衰落的缓冲阶段。故咸丰、同治年间的墓碑与道光时期的墓碑之间，除了对联有所减少以外，其规模、结构上区别不太明显。但是光绪年间的墓碑形制结构属单体式，是大团村梁氏家族已走向衰落的时期，当地社会经济文化的发展明显走入低谷。

从贵州历史来看，清朝在康熙、雍正、乾隆时期，对贵州"苗民"起义进行残酷的镇压，以武力"开辟苗疆"，施行改土归流，在黔东南设立"苗疆六厅"，打通黔桂、湘黔边界，使西南连成一片。"开辟苗疆"后，中央对黔东南的驿道进行修复和新修。在从江县区域的有："（1）镇远经天柱、黎平至丙妹（今从江县城）县丞干道。（2）施秉县丞（胜秉）经台拱厅、清江厅、古州厅、下江厅至丙妹县丞干道。"[①] 同时加强了汉文化输入，科举制度进一步完善。清政府的一系列措施，在一定程度上改善了黔南桂北一带的交通，促进了当地社会经济的发展。中央进一步对黔南桂北一带少数民族聚居地方的控制，侗族内部社会组织"侗款"成为清政府统治侗族的工具，当地的侗族、苗族等少数民族风俗习惯、社会文化深受汉文化影响，并接受了汉文化。

从江县在嘉庆、道光时期，社会安定，经济发展，学堂建立，为大团村梁氏家族的兴盛提供了条件。特别是道光年间，社会安定、交通便利、文化的发展，使当地的社会经济得到空前发展。从墓碑碑文看，当

---

① 贵州通史编委会：《贵州通史简编》，当代中国出版社2005年版，第143页。

地居民对科举的重视可见一斑，这与当时清政府加强汉文化的"教化"有重要关系。"康熙三十八年（己卯）二月十八日（1699年3月19日）设贵州清浪卫学教授一员……普安、余庆、安化、普定、平越、都匀、镇远、铜仁、龙泉、永从十县学训导各一员，取进文武生员额各八名。"① "康熙四十四年（乙酉）十月十四日（1705年11月29日）……普定、平越、都匀、镇远、安化、铜仁、龙泉、永从八县教谕各一员。"② "乾隆五年（庚申）二月初十（1740年3月7日）礼部议准贵州总都监管巡抚张广泗查复：'贵州学政邹一桂条奏黔省设立社学一款，应如所奏……永从县属之丙妹，开泰县属之朗洞……准各设社学一所。永从县在城在乡，准设社学二所。'"③ "嘉庆十二年（丁卯）十二月十七日（1807年1月14日）礼部议准贵州学政顾皋疏请：'载永从县学额文童二名，武童四名；增黎平府、开泰县文童各一名。'从之。"④ 科举录取人数与当地的社会经济发展有关外，还与中央政权的需要有关，这在一定程度上促进了汉文化与当地社会文化的相融。"状元顶"坟墓的存在，说明大团村梁氏家族有做官的人或地主，当时大团村的村民易接受汉文化影响，为大团村梁氏家族的壮大和兴盛提供了条件，并对当地社会文化产生重要影响。

从咸丰年间开始，从江县的农民起义风起云涌。《从江县志》载："咸丰二年（1852年）三月，首批太平军三千余人进入八洛（今八洛村，地处贵州广西交界的都柳江岸上）、贯洞等地，当地一些绅士和农民加入太平军。"⑤ "咸丰六年（1856年）5月，梁维干、陆大汉等率'六洞'农民起义，配合斋教军余正纪再克下江城，通判张叔度逃府城。继而攻丙妹县丞署，打死千总董定国"⑥。"光绪三年（1877年），黎平知府袁开第拟将永从县署迁至洛香，于当地修筑城墙、河道。后因应付下江农民起义而终止。"⑦ 从光绪年间的梁氏家族坟墓碑可看出，

---

① 《清实录·圣祖实录》（卷192），中华书局2008年版，第11页。
② 《清实录·圣祖实录》（卷222），中华书局2008年版，第20页。
③ 《清实录·高宗实录》（卷110），中华书局2008年版，第15页。
④ 《清实录·仁宗实录》（卷190），中华书局2008年版，第7页。
⑤ 贵州省从江县地方志编纂委员会：《从江县志》，贵州人民出版社1999年版，第3页。
⑥ 同上。
⑦ 同上。

大团村梁氏已经衰落,这与农民起义和社会动乱频仍,社会生产受到严重破坏有很大的联系。但是墓碑的文化体现不曾改变,也就是汉文化已经深入当地文化体系中。

从清朝时期的墓碑形制结构看,抄录的清朝时期的32座坟墓,立碑的31座清朝墓碑为复合式,一座为单体式(光绪年间),这并不是清代大团村所有的坟墓,清朝时期的石围墓相对于乱石墓在数量上少得多,这在一定程度上体现出清朝时期的大团村这个社会基层组织的贫困与富裕家庭的多寡结构,即相对于其他地区而言,大团村并不富裕,且贫困差距比较大。"明清时期黔南桂北一带少数民族聚居的地方,社会经济的发展相对于其他地区滞后,即使是在同一块地域(村寨)、同一个基层的社会组织(家族)中,家庭经济条件的好坏也是不尽相同的,这种现象时至今日依然存在。"①

(三)民国至中华人民共和国成立初期的社会历史文化变迁

墓地的墓碑中,民国至中华人民共和国成立初期的墓碑形制结构除了一座为复合式,其余为单体式,结构单一,无雕纹,这与当时当地的社会经济文化发展落后有着密切的关系。从咸丰、光绪年间至民国,农民起义连续不断,民国至中华人民共和国成立初,由于列强侵略、军阀混战、政权交替等造成战乱不断,当地农业生产、社会经济受到严重破坏,人民生活贫困。此时期的墓碑普遍结构为单体式,碑文简化,从侧面反映了当地社会经济文化发展比较滞后。

中华人民共和国成立初期,社会经济、生产力处于恢复期,人民生活水平得到改善,墓碑的长度和宽度相对民国时期有所增加,墓碑用材相对讲究、加工比较规整等,一定程度上体现了社会经济的发展变化。

(四)改革开放后社会历史文化变迁

改革开放至今,随着社会的发展,墓碑的规模和形制也不断发生变化。从中华人民共和国成立后开始,墓碑规模逐渐增大,墓地出现三座

---

① 贵州省文物考古研究所:《水族墓群调查发掘报告》,科学出版社2012年版,第223页。

规模比较大、封土高的现代墓，墓碑水泥制成清朝时期的复合式墓型。虽有仿古趋势，但现在大团村梁氏墓碑已经不比清朝时期的墓碑庄重。同时碑文出现女性姓名，说明当地社会经济文化快速发展，女性社会地位不断提高。

同时从今天的大团村梁氏家族的文化及其风俗习惯看，大团村村民过春节的活动中，老人穿着清朝时期的满族服装，可看出满族文化对大团村的发展起着重要影响，并延续至今。墓碑的延续，说明大团村的墓碑是侗族文化和汉族文化结合的体现。当今，汉文化在当地普及和当地文化与汉文化为主的多民族文化的融合，显现当地文化的多元性，侗族文化受到冲击，并随时代的变化而变化。

六 总结

不同区域的墓碑显现不同的特点，一个区域的墓碑文化是该区域社会经济文化的综合反映。大团村墓地的墓碑群是当地社会历史发展的一个缩影，具有明显的时代性，反映了深刻的历史事实及其文化发展变化。洛香镇以侗族最多，大团村属侗族，周围的村庄居住的是侗族，清朝嘉庆年间至今约两百年，大团村"大规杠"墓地梁氏墓碑的形制结构独特、用材讲究、加工规整及其碑文内容丰富多样，都具体生动地反映出大团村及其邻近区域的社会历史文化发生了重大变化。

大团村的梁氏墓地墓碑，是侗族文化与汉族文化相结合的体现。清朝时期的墓碑除光绪年间的墓碑只为碑板外，其他墓碑都为双重檐悬山顶一间二柱门楼造型，碑帽形如侗族风雨桥的悬山青瓦顶。同时，汉字是汉文化的载体，墓主姓名有明确的字辈，也有侗语音译的名字，这是侗族文化和汉族文化相融合的直接体现。

笔者对大团村墓地的墓碑调查研究，是对当地墓碑文化的初步探索，还需要对该地区的墓碑以及该地区历史文化遗存进行全面深入的调查研究，才能更准确地探讨、分析该地区的社会历史文化的发展情况及其历史问题。

参考文献

（明）赵瓒、王佐等纂：《（弘治）贵州图经新志》，国家图书出版社 2009 年版。

（明）张道纂，谢东山删正：《（嘉靖）贵州通志》，上海书店 1990 年版。

（清）张廷玉等撰：《明史》（卷六十九），中华书局 1974 年版。

《清实录》，中华书局 2008 年版。

（清）余泽春修，余嵩庆等纂：《古州厅志》，光绪十四年刻本。

（清）杨书魁修：《黎平府志》，道光二十五年刻本。

（清）徐家幹撰：《苗疆闻见录》，上海书店出版社 1994 年版。

（清）爱必达修：《黔南识略》，贵州人民出版社 1987 年版。

（清）罗绕典：《黔南职方纪略》，贵州人民出版社 1987 年版。

（清）方显：《平苗纪略》，贵州人民出版社 1987 年版。

（清）张澍撰：《嘉庆续黔书》，贵州人民出版社 1992 年版。

中国科学院民族研究所、贵州少数民族社会历史调查组、中国科学院贵州分院民族研究所编：《清实录·贵州资料辑要》，贵州人民出版社 1964 年版。

席克定：《贵州水族石板墓》，《贵州文物》1984 年第 2 期。

贵州省从江县地方志编纂委员会：《从江县志》，贵州人民出版社 1999 年版。

张泽忠、吴鹏毅、米舜：《侗族古俗文化的生态存在论研究》，广西师范大学出版社 2011 年版。

贵州通史编委会：《贵州通史简编》，当代中国出版社 2005 年版。

贵州省文物考古研究所：《水族墓群调查发掘报告》，科学出版社 2012 年版。

段晓昀、王英莉：《贵州黎平侗族墓碑石刻的形制结构与图案纹饰研究》，《装饰》2011 年第 12 期。

余继平：《乌江流域墓碑雕刻艺术研究》，《装饰》2008 年第 12 期。

吴大旬：《试论清朝经营侗族政策的专制性》，《贵州民族大学学报》（哲学社会科学版）2007 年第 2 期。

杨文军:《明朝中后期贵州侗族基层自治组织执行习惯法的功能刍议——兼论该地区普遍存在的"乡公"制度》,《西北民族大学学报》(哲学社会科学版) 2009 年第 1 期。

杨曦:《从江增盈侗族古墓石雕艺术》,《贵州文史丛刊》1994 年第 7 期。

附表 1　墓主信息表（按时间排列，无立碑时间的以墓主去世时间排列）

序号	墓主 姓名	性别	生年	卒年	寿命	立碑人	立碑时间
1	梁倒挽	男		嘉庆二十三年（1818年）		儿子：梁天明	
2	梁母□吴太君	女	乾隆十四年（1749年）	同治	73岁	不详	
3	梁倒海	男	乾隆	不详	55岁		道光五年（1825年）乙酉十二月十二日
4	梁母梁氏	女	乾隆四十三年（1778年）	道光十一年四月初三日（1831年）	53岁	儿子：梁用鳌、梁用跳	
5	梁甫香	男	乾隆三十九年（1774年）	道光十六年（1836年）	62岁		
6	梁华弄	男	乾隆二十六年（1761年）	道光十九年（1839年）岁次己亥正月六日	78岁	儿子：梁用汤 孙子：梁廷栋	
7	梁华□	男	乾隆四十二年（1777年）	道光十九年（1839年）	62岁	儿子：梁用鳌、梁用跳 孙子：梁廷标、梁廷桂	
8	梁母梁氏	女	乾隆丙申年（乾隆四十一年即1776年）	道光十九年（1839年）月	63岁	不详	
9	梁母梁氏	女	乾隆三十二年（1767年）	道光七年（1827年）	60岁	儿子：梁用报 孙子：梁廷□、梁廷彩	道光十九年（1839年）十一月三十日
10	梁朝或	男	乾隆□年	道光九年（1829年）		孝男文□□孙国庆	道光二十年（1840年）九月十九日
11	梁母黄氏	女	嘉庆乙丑年（嘉庆十年即1805年）	道光二十年（1840年）至□□元年	35岁	儿子：梁元龙、梁元会	
12	梁老嘴	男	道光九年（1829年）	道光二十三年（1843年）五月十二日	14岁	亲弟：梁国兴、梁国英	
13	梁母张氏	女	嘉庆癸酉年（嘉庆十八年即1813年）	道光甲午年（道光十四年1834年）	21岁	儿子：梁士林、梁士儒	
14	梁母李氏	女	乾隆丁酉年（乾隆四十二年即1777年）	道光甲申年（道光四年即1824年）	47岁	儿子：梁用朝 孙子：梁和清	
15	梁道长	男	乾隆癸卯年（乾隆四十八年即1783年）	道光二十六年（1846年）	63岁		

续表

序号	墓主						立碑时间
	姓名	性别	生年	卒年	寿命	立碑人	
16	梁母张氏	女	道光己丑年（道光九年即1829年）	道光二十九年（1849年）	20岁	儿子：梁泽熙、梁泽光	
17	刘母蒋氏太君	女				孝男刘学信、刘学德、刘学忠；孙义松、清、榜	道光二十九年（1849年）三月清明节日立
18	梁士彦	男	道光辛巳年（1821年）八月十五日	咸丰三年（1853年）四月二十日	32岁	儿子：梁璨英、梁广润 孙子：梁多议	
19	梁母吴氏	女	乾隆乙巳年（乾隆五十年即1785年）	咸丰十年（1860年）	75岁	儿子：梁和清 孙子：梁士林	
20	梁用鳌	男	嘉庆戊午年（嘉庆三年即1798年）	同治丁卯年（同治六年即1867年）正月十九日未时（13点至15点）	69岁	儿子：梁廷桢 孙子：梁则林、梁则辉	
21	梁用跳	男	嘉庆四年（1799年）	同治八年（1869年）十一月十六日	70岁	儿子：梁廷标、梁廷桂 孙子：梁泽熙、梁泽光	
22	梁金理	男	雍正年（1723—1735年）	乾隆年（1736—1795年）	不详	儿子：梁金达、梁金勇	同治十一年（1872年）
23	梁母	女	嘉庆乙丑年（嘉庆十年即1805年）	不详	不详	儿子：梁国庆	
24	梁广运	男	咸丰元年（1851年）	光绪十二年（1886年）	35岁	孝男梁瑞和孙梁乾刚	
25	梁廷辅	男	道光癸巳年（道光十三年即1833年）	不详	不详	儿子：梁普荣 孙子：梁瑞芝	
26	梁开才	男	同治八年（1869年）	光绪三十四年（1908年）	39岁	儿子：梁润庭	

清代具体时间不明墓主身份信息表

序号	墓主						立碑时间
	姓名	性别	生年	卒年	寿命	立碑人	
1	梁起才	男	嘉庆庚午年（嘉庆十五年即1810年）六月十日亥时（21时至23时）				
2	不详	不详	不详	不详	不详	不详	

续表

序号	墓主							立碑时间
	姓名	性别	生年	卒年	寿命	立碑人	
3	梁用富	男	不详	不详	不详	儿子：梁德彰；孙子：梁艮你、梁士雄、梁三汉	
4	梁母英吴太君	女				孝男梁瑞和孙梁乾刚	
5	梁母氏石	女	无	无	无	孝男梁□和孙梁乾刚	
6	刘崇送	男					

附表2　　墓碑对联表

序号	墓主姓名	立碑时间	对联				对联字体刻法			对联对数
			碑帽横批	碑身横批	碑柱对联	碑身对联	碑帽	碑身	碑柱	
1	梁倒挽	嘉庆二十三年（1818年）		佑启后仁	无	无	阳刻楷书			
2	梁母□吴太君	嘉庆十三年（1808年）	孙枝厅秀	孝孙有庆	文笔插天开虎榜　金钟伏地兆龙彰	书声□□□□茹茶节惠孝孙	阳刻楷书	阳刻楷书	阳刻行书	2
3	梁倒海	道光五年（1825年）十二月十二日	长发其祥	永发堂	当前千峰来拱照　到头一穴获祯祥	戌山生贵子甲向出贤人	阳刻楷书	阳刻楷书	阳刻楷书	2
4	梁母梁氏	道光十一年（1831年）四月初二三日	垂裕后昆		地脉好生金满座龙神乐产玉莹堂永有千秋吉庆必或万古康祥	交龙正穴兴富贵　合脉著象旺子孙				3
5	梁甫香	道光十六年（1836年）	佑启后人		欲报深恩悲罔极　惟修炬护以常存	砂明千载旺水秀历昆冒		阴刻楷书	阳刻楷书	2
6	梁华弄	道光十九年（1839年）正月初六日	安且吉昌	祭如在	虎踞龙盘昌吉利砂明水秀益儿孙马□坚封千载旺牛眠吉地万年兴	飞直为观美然后尽人心	阳刻楷书	阴刻行书	阳刻楷书	2
7	梁华□	道光十九年（1839年）	永庆	思孝	镜地脉绳深富魅山穴聚表才砂明怀远德水秀招永贤	宗功悬远千年　祖德长流下古	阳刻楷书	阴刻楷书		3

续表

序号	墓主姓名	立碑时间	对联				对联字体刻法			对联对数
			碑帽横批	碑身横批	碑柱对联	碑身对联	碑帽	碑身	碑柱	
8	梁母梁氏	道光十九年（1839年）十月			水回朝后秀□□高举转顾育英□厚山龙穴正大地虎乂威	青山环吉穴绿水绕佳城				3
9	梁母梁氏	道光十九年（1839年）十一月三十日	万寿无疆	垂裕后昆	水□腾芳方德荣山绕饶财才是富崇山叠叠启人文曲水湾湾生富贵	牛眠真吉地龙耳是祥山	阳刻楷书	阳刻行书	阴刻楷书	3
10	梁朝彧	道光二十年（1840年）九月十九日	克昌厥后	祭如在	虎踞龙盘开甲第砂秀启人文当年早卜牛眠穴此日初培马鬣封	爰筑一抔之土长高三尺之封	阳刻楷书	阳刻行书	阳刻楷书	3
11	梁母黄氏	道光二十年（1840年）至□□元年	昌厥后	百世其昌	天光发新气清秀地德悠长运福峰黄得配后保金马山峡	早择一抔土□□三尺□	阳刻楷书	阳刻楷书	阳刻楷书	3
12	梁老嘴	道光二十三年（1843年）五月十二日	克昌厥后	万古佳城	水秀砂明光奕模龙真穴正兆人文前有配风厚得保嶂金马山岐	正□生麟趾吉穴起凤毛	阳刻行书	阴刻楷书	阳刻行书	3
13	梁母张氏	道光甲午年（道光十四年即1834年）	锡福无疆	百世其昌	名山实右尤反正广谷大川砂水奇	爰筑一抔土长高三尺封	阳刻行书	阴刻楷书	阳刻行书	2
14	梁母李氏	道光甲申年（道光四年即1824年）	世代恩荣	卜云其吉	之玄绕抱潮真穴屏帐周围护秀龙	砂明三多士水秀流群孙	阳刻楷书	阴刻楷书	阳刻楷书	2
15	梁道长	道光二十六年（1846年）	安且	洁兮	永有千秋吉□必护万古康祥吉穴荣华久福地富贵长	非且为观美然后尽子心	阳刻行书	阴刻行书	阳刻行书	3

续表

序号	墓主姓名	立碑时间	对联				对联字体刻法			对联对数
			碑帽横批	碑身横批	碑柱对联	碑身对联	碑帽	碑身	碑柱	
16	梁母张氏	道光二十九年（1849年）	克昌厥后	祭如在	数峰插天外九曲入明堂	即择一抔土且安千古灵	阳刻行书	阳刻行书	阳刻行书	2
17	刘母蒋氏	道光二十九年（1849年）三月清明节								
18	梁士彦	咸丰三年（1853年）四月二十日	克昌厥后	明德煌馨		巽山耸翠人文起乾向层峦甲第开	阳刻楷书		阳刻楷书	2
19	梁母吴氏	咸丰十年（1860年）	重裕后昆	祭如在	左笔倒池□陵秀右峰叠聚息箱□	慎终思无育追远忆□劳	阳刻行书	阴刻行书	阳刻行书	2
20	梁用鳌	同治丁卯年（同治六年即1867年）正月十九日未时（13点至15点）	长发其祥	永言孝思	库叠龙盘兴地□仓堆虎踞旺财丁	音容虽杳矣懿范常存焉				2
21	梁用跳	同治八年（1869年）十一月十六日	勿替引之	庆有孙孝	当年早卜牛眼穴此日初培马□封青山环吉穴绿水绕佳城	□德难□悲未已抚恩不报愧莫辞	阳刻行书	阳刻行书	阳刻行书	3
22	梁金理	同治十一年（1872年）	是谓不朽	不云其吉	助孙枝人财两发抚后裔富贵双全祖有功兮宗有德积之厚者流之光	早卜牛眠穴初培马□封			阳刻	3
23	梁广运	光绪十二年（1886年）	无	无	无	无				2
24	梁廷辅	光绪十三年（1887年）	佳城	永垂福庇	水域流兑财发光山顾台其人丁长	芳声不朽矣遗爱留各嫣	阴刻楷书	阳刻行书	阴刻楷书	
25	梁母梁氏	光绪四年（1878年）	佳城	安且吉	福地生麟子佳山产凤毛	虎踞宏奕业龙盘裕后昆	阳刻行书	阳刻行书	阳刻行书	2
26	梁开才	光绪三十四年（1908年）								

清代具体时间不明的墓碑对联表

序号	墓主姓名	立碑时间	对联				对联字体刻法			对联对数
			碑帽横批	碑身横批	碑柱对联	碑身对联	碑帽	碑身	碑柱	
1	梁起才		厥后寝昌	永世克孝	玉井□文波□□三台凌汉表金钟鸿武库声传万振吾爽	感恩云雨秋露悬望春雷白云	阳刻楷书	阴刻楷书	阳刻楷书	2
2			垂裕后昆		□火真人财两发砂水秀富贵双全	不明	阳刻楷书		阳刻楷书	2
3	梁用富				真龙涌势千古秀双峰胎息发儿孙	宝盖飞蛾兴富贵雌雄交度万年隆	阳刻行书	横批阳刻，对联阴刻，楷书	阴刻楷书	2
4	梁母英吴		百代荣昌		不明	但云封马□体道巩牛□				2
5	梁氏石太君	无	无		佑启后人 不明	万水朝来真吉第千山拱覆是佳城	无	阳刻	无	2
6	刘崇送									

附表 3   **墓碑纹饰表**

序号	墓主姓名	纹饰			备注
		碑帽	碑身	碑柱	
1	梁倒挽	悬山青瓦顶	门匾、拱形门	柱纹	碑帽与墓碑为一体，这是墓地最早的墓碑
2	梁母□吴太君	悬山青瓦顶	门匾、拱形门、回字纹	双龙抱柱回字纹	
3	梁倒海	悬山青瓦顶	门匾、拱形门	窗形，左边碑柱雕刻有一个圆形，圆形内是花纹，圆形下面是格子纹；碑柱右边是钱纹，钱纹下是格子纹	
4	梁母梁氏	悬山青瓦顶	门匾、拱形门	碑柱比较宽，分别刻有格子纹、花纹的窗纹，左右窗花纹宽都是34厘米	
5	梁甫香				
6	梁华弄	悬山青瓦顶	门匾、拱形门	双龙抱柱回字纹	

续表

序号	墓主姓名	纹饰			备注
		碑帽	碑身	碑柱	
7	梁华□	悬山青瓦顶	门匾、拱形门	双龙抱柱	
8	梁母梁氏				
9	梁母梁氏	悬山青瓦顶	门匾、拱形门	回字纹	
10	梁朝或	悬山青瓦顶水纹	门匾、拱形门、花纹		
11	梁母黄氏	悬山青瓦顶水纹	门匾、拱形门		
12	梁老嘴	悬山青瓦顶水纹	门匾、方形门、门帘		
13	梁母张氏	悬山青瓦顶水纹	门匾、方形门		
14	梁母李氏	悬山青瓦顶云纹	门匾、方形门、门帘		
15	梁道长	悬山青瓦顶水纹	门匾、拱形门		
16	梁母张氏	悬檐青瓦顶、线形纹	线形纹		
17	刘母蒋氏太君				
18	梁士彦	悬山青瓦顶云纹	门匾、拱形门	回字纹	
19	梁母吴氏		门匾、拱形门		
20	梁用鳌	悬山青瓦顶			
21	梁用跳	两只对鸣鸟，线纹	方形门，门帘	双龙抱柱	
22	梁金理	悬山青瓦顶	方形门		
23	梁母	悬山青瓦顶线纹	弯门匾，方形门、门帘		
24	梁广运				
25	梁廷辅	悬山青瓦顶云纹	门匾、拱形门、门匾两边分别有只不对称的凤凰纹（雕工比较粗）	双龙抱柱	
26	梁开才				

清代具体时期不明纹饰表：

序号	墓主姓名	纹饰			备注
		碑帽	碑身	碑柱	
1	梁起才	悬山青瓦顶云纹	门匾方形门、门帘	双龙抱柱	
2	不详	悬山青瓦顶云纹	镂空花纹碑身罩	双龙抱柱回字纹	墓碑前碑雕刻有花纹的石扁挡住，因此碑文无法看到
3	梁用富	悬山青瓦顶水纹、鸟纹	门匾、方形门、门帘；镂空花纹碑身罩被毁，留下底部，刻有花纹	双龙抱柱	碑柱刻有龙纹，碑帽刻有鸟纹。对联雕刻错位
4	梁母英吴太君				
5	梁母氏石				
6	刘崇送				

附表 4　　　　　民国时期墓碑信息表

序号	墓主							形制			对联					纹饰	备注
	姓名	性别	生年	卒年	寿命	立碑人	立碑时间	碑高	碑宽	结构	横批	内容	字体	刻法	碑联数		
1	梁母	女	同治二年(1863年)	民国九年(1920年)岁次庚申八月二十二日	57岁	孝男梁廷英		32厘米	21厘米	单体式							
2	梁清源	男	同治十三年(1874年)	民国十六年(1927年)	53岁			50厘米	40厘米	单体式	右启后人卜云其吉克昌厥后		楷书	阳刻			
3	梁母梁氏	女	光绪元年(1875年)	民国二十五年(1936年)	61岁	孝男梁缙贤		43厘米	30厘米	单体式			楷书	阳刻			
4	梁瑞和	男	同治七年(1868年)	民国十六年(1927年)	59岁	孝男梁朝刚		37厘米	30厘米	单体式			楷书	阳刻			
5	梁母石氏	女	咸丰六年(1856年)	民国十九年(1930年)	74岁	孝男梁廷举		34厘米	25厘米	单体式							

续表

序号	墓主						形制			对联					纹饰	备注
	姓名	性别	生年	卒年	寿命	立碑人	立碑时间	碑高	碑宽	结构	横批	内容	字体	刻法	碑联数		
6	潘民辉	男	同治十二年（1873年）	民国十九年（1930年）十月二十八日	57岁	孝男潘木瑜、潘锦雍	民国三十三年三月十三日	73厘米	49厘米	单体式	佳城永固	山峰贵乾高彦英兒 巽起生子向崟	楷书	阳刻	1		拱形碑
7	梁乾刚	男	光绪十五年（1889年）	民国二十二年（1933年）岁次癸酉十一月二十七日丑时	44岁	孝男梁继先、梁继辉、梁继贤、梁继荣		42厘米	30厘米	单体式							
8	梁母石氏	女	光绪十二年（1886年）	民国二十九年（1940年）	54岁	孝男梁乾修		39厘米	26厘米	单体式	祭如在	秀明载龙穴万代兴 永砂千盛真正	楷书	阳刻	1		
9	梁含义	男	民国七年（1918年）	民国三十一年（1942年）	23岁	孝侄男梁汉周		50厘米	32厘米	单体式	卜云其吉		楷书	阳刻			
10	梁开正	男	光绪二年（1876年）	民国三十一年（1942年）六月十二日	66岁	孝男梁荣相、梁金隆、梁金和	至民国三十四年（1945年）岁次己酉十二月十五戊时安葬	88厘米	86厘米	复合式	碑帽：卜云其吉；碑身：佳城	碑柱：水湾甲离叠启文身；是官然尽美后人心 震湾开第山叠人碑非为	楷书	阳刻	3	山青瓦顶圆、悬门、拱形门、双龙抱柱	

续表

序号	墓主							形制			对联					纹饰	备注
	姓名	性别	生年	卒年	寿命	立碑人	立碑时间	碑高	碑宽	结构	横批	内容	字体	刻法	碑联数		
11	梁母石氏	女	光绪戊子年（1888年）	民国三十一年（1942年）十二月	54岁	孝男绍先		28厘米	24厘米	单体式							
12	梁香孟		民国二十二年（1933年）	民国三十二年（1943年）	10岁	胞兄梁金连		31厘米	29厘米	单体式							
13	梁润延	男	光绪己卯年（1879年）二月十日丑时	民国三十三年（1944年）岁次甲申二月二十四	65岁	继男梁金魁		47厘米	30.5厘米	单体式							
14	梁瑞芝	男	光绪十三年（1887年）	民国三十三年(1944年)	57岁	孝男梁乾修		40厘米	27厘米	单体式	万世流芳	青千秀虎年兴 龙古白万	楷书	阳刻			
15	梁绍本	男	民国二十年（1931年）	民国三十七年(1948年)	17岁	孝男梁达贤孙梁元妹		44厘米	30厘米	单体式	万代荣昌						
16	梁缙知	男	光绪二十四年（1898年）	民国三十七年（1948年）	50岁	孝男梁绍本		39厘米	27厘米	单体式	祭如在						
17	梁母石氏	女	民国二年（1913年）	民国三十七年（1948年）	35岁	孝男梁灿光、梁灿华，妹梁平花		42厘米	39厘米	单体式							

民国具体时间不明墓碑信息表

序号	墓主						形制			对联					纹饰	备注
	姓名	性别	生年	卒年	寿命	立碑人	立碑时间	碑高	碑宽	结构	横批	内容	字体	刻法	碑联数		
1	梁廷英	男	光绪七年（1881年）					42厘米	32厘米	单体式							
	梁氏石太君	女				孝男梁□和孙梁乾刚	42厘米		33厘米	单体式							